Kai Detlev Sievers

Leben in Armut

Zeugnisse der Armutskultur
aus Lübeck und Schleswig-Holstein
vom Mittelalter
bis ins 20. Jahrhundert

Westholsteinische Verlagsanstalt Boyens & Co., Heide

Umschlag

Vorderseite:
Hospitalitinnen im Innenhof des
Lübecker Heiligen-Geist-Hospitals.
Photo vor dem Ersten Weltkrieg.

Rückseite:
Reventlowstift in Altona.
Gouache, 1754–57, von einem unbekannten
Künstler (Altonaer Museum).

Vorsatz

Vorne:
Hausordnung der Armen- und
Arbeits-Anstalt zu Flensburg
(Stadtarchiv Flensburg)

Hinten:
Hausordnung der Armen- und
Arbeits-Anstalt zu Husum
(Kreisarchiv Nordfriesland)

ISBN 3-8042-0528-3

© Westholsteinische Verlagsanstalt Boyens & Co., Heide 1991
Alle Rechte, auch die des auszugsweisen oder fotomechanischen Nachdrucks, vorbehalten.
Gestaltung: Dietrich Dorfstecher
Lithos: Gries GmbH, Ahrensburg
Herstellung: Westholsteinische Verlagsdruckerei Boyens & Co., Heide
Printed in Germany

Inhaltsverzeichnis

Vorwort	7
Einführung	8
I. Der Kreis der Armen, ihre Patrone und weltlichen Wohltäter	10
II. Nahrungsversorgung der Armen	27
III. Kleidung der Armen	33
IV. Unterbringung der Armen	38

    1. Gebäude der Armenpflege in der Stadt

        Hospitäler

        Stiftungen

        Waisenhäuser

        Armen- und Werkhäuser

        Armenwohnungen

    2. Gebäude der Armenpflege auf dem Land

V. Beschäftigung der Armen	82
VI. Gerätschaften und Abzeichen der Armut und Armenfürsorge	91
Anmerkungen	117
Literatur	120
Personenverzeichnis	126
Ortsnamen	128

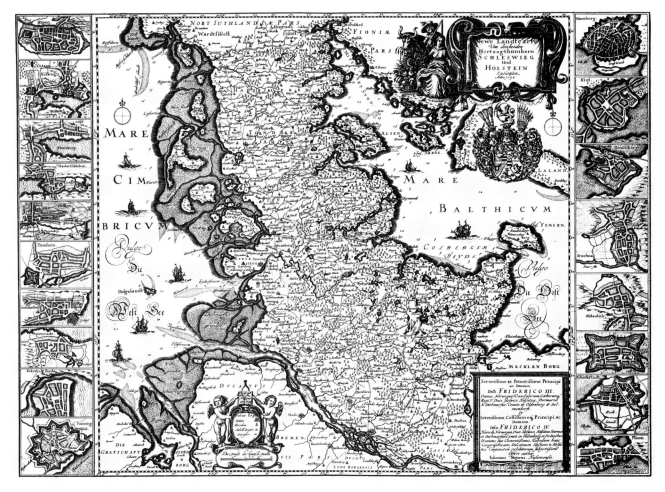

Caspar Danckwerths »Newe Landtcarte von den beiden Hertzogthümbern Schleswieg und Holstein zusammen. Anno 1650«.

Vorwort

Wer sich mit dem Thema Armut in der Geschichte Lübecks und Schleswig-Holsteins beschäftigt, wird feststellen, daß es auf diesem Gebiet nur wenige Forschungen gibt. Sie fehlen ganz und gar im Bereich der Sachkultur, wie sie zum Umkreis der Armen gehörte. Gegenstände aber haben von jeher eine wichtige Rolle in deren Lebenswelt gespielt, vor allem wenn sie knapp waren, wie Kleidung, oder auf räumliche Enge und dürftige Unterbringung hinwiesen, wie die Armenhäuser. Den dinglichen Überlieferungen der Armutskultur nachzugehen, ist das Anliegen dieses Buches. Anfragen bei Museen und Landkreisen, ferner die Durchsicht der Inventare im Landesamt für Denkmalspflege Schleswig-Holsteins ergaben, daß es eine Menge Material in dieser Hinsicht gibt. Es erschien daher reizvoll, davon eine Auswahl in einem Bildband zusammenzustellen. Das Buch informiert anhand von Text und kommentierten Abbildungen. Beide lassen sich aber auch getrennt voneinander lesen.

Zur Finanzierung trug der Schleswig-Holsteinische Sparkassen- und Giroverband bei. Dafür gibt es gute Gründe. Denn zwischen Armut und Sparkassen besteht ein historischer Zusammenhang. Schon Ende des 18. Jahrhunderts begann man in Schleswig-Holstein damit, die Idee der Hilfe durch Selbsthilfe zu praktizieren und die unbemittelten Bevölkerungsschichten zur Daseinsvorsorge durch Sparsamkeit anzuregen. 1796 entstand die Kieler Sparkasse. Noch heute gehört die Erfüllung sozialer Anliegen zu den Aufgaben der Sparkassen im Lande, und so lag es auf der Hand, daß eine Veröffentlichung, die sich mit dem Leben in Armut beschäftigt, die Unterstützung der Sparkassenorganisation fand.

Zu danken habe ich Herrn Ortwin Pelc für die Beschaffung von Literatur und Bildvorlagen zu Lübeck, Herrn Hubertus Hiller, der mir bei der Anfertigung des wissenschaftlichen Apparates behilflich war, vor allem aber meiner Frau Hannelore für kritische Unterstützung bei den Redaktions- und Korrekturarbeiten.

Kiel, im Sommer 1990 *Kai Detlev Sievers*

Einführung

Die Not in der Dritten Welt und nun neuerdings auch unsere eigene Neue Armut führt uns täglich vor Augen, was einst das Schicksal vieler Menschen unseres Kontinents war: Dauernde oder wiederkehrende Armut. Bis in die Mitte des 19. Jahrhunderts wurde Europa immer wieder in zyklischen Wellen von Massenarmut und Hungerkrisen heimgesucht.[1] Es waren die ohnehin am Rande des Existenzminimums Lebenden, die durch Mißernten, Kriege oder Naturkatastrophen ins Elend gerieten. Sie sanken entweder für immer in die totale Verarmung ab oder fanden nur mühsam und nach Jahren der Entbehrung und oft auch nur für kurze Zeit wieder in die Normalität eines arbeitsreichen Alltags zurück. Man schätzt, daß etwa 60 % der städtischen Bevölkerung im 15. und 16. Jahrhundert nicht imstande waren, sich ihre gesellschaftlichen Bedürfnisse, z. B. als Handwerker und Kleingewerbetreibende, zu erfüllen. Weitere 20 % konnten nicht einmal ihre unmittelbaren physischen Ansprüche erfüllen, waren also direkt vom Hunger bedroht. Über die ländliche Armut liegen derart verläßliche Schätzungen nicht vor.[2] Doch wissen wir, daß Verarmung auf dem Lande stärker von Familie und Verwandtschaft aufgefangen wurde. Dagegen war die ländliche Bevölkerung viel mehr jenem Heer vagierender Bettler ausgesetzt, die heimat- und brotlos umherzogen und bis in die Mitte des 19. Jahrhunderts zum charakteristischen Bild der vorindustriellen Gesellschaft gehörten.[3]

Ein bislang noch nie gekanntes Ausmaß erreichte die Verelendung in der ersten Hälfte des 19. Jahrhunderts infolge des auf die Agrarreformen zurückzuführenden, sprunghaften Bevölkerungswachstums. In der zeitgenössischen Diskussion sprach man von Pauperismus.[4] Industrialisierung und Verstädterung brachten nach der Jahrhundertmitte eine neue Qualität von Armut hervor. Denn nun wurden Millionen von Menschen von einem Arbeitsmarkt abhängig, der für den langen Arbeitstag nicht genug Lohn bot, um sich gegen Krankheit, Unfall und Erwerbslosigkeit abzusichern. Zu dieser Zeit entwickelte sich in bürgerlichen Kreisen ein neues sozialpolitisches Verantwortungsbewußtsein. Auch die Wirtschafts- und Sozialwissenschaften begannen, sich systematisch mit dem Armutsproblem zu befassen. In dem 1872 gegründeten „Verein für Socialpolitik" diskutierte man lebhaft über die bedrängte Lage der Landarbeiter, der Hausierer und Heimarbeiter und setzte sich mit der Wohnungsnot in den städtischen Ballungszentren auseinander.[5] Einer der führenden Köpfe des Vereins, der Nationalökonom Wilhelm Roscher, behandelte 1894 in seinem „System der Volkswirtschaft" u. a. auch das gesamtgesellschaftliche Phänomen der Armut.[6] Das Thema blieb bis zum Ersten Weltkrieg aktuell. Dann wurde die Massenarbeitslosigkeit in den europäischen Industriestaaten zum zentralen Problem. Sie drängte alle anderen sozialen Fragen in den Hintergrund. Denn nun war eine neue Armut entstanden: Die der dauerarbeitslosen Jugendlichen, älteren Männer und jungen Frauen, die an der allgemeinen Verbesserung des Lebensstandards der übrigen Bevölkerung nicht im wünschenswerten Maße teilhatten.[7]

Erst nachdem die Bundesrepublik Deutschland in den letzten Jahren wiederholt wirtschaftlichen Rezessionen ausgesetzt war, haben sich Historiker hierzulande wieder dem Armutsproblem der Vergangenheit zugewandt. In kurzer Zeit erschienen zusammenfassende Untersuchungen, in denen Juristen, Sozialwirte, Sozial- und Wirtschaftshistoriker zu neuen Erkenntnissen gelangten. Dabei standen sozialpolitische, -rechtliche, -pädagogische und -strukturelle Fragestellungen im Vordergrund.[8] Sie zeigen zwar die Rahmenbedingungen dieser Lebenswelt auf, deren eigentlicher Vollzug bleibt aber noch weitgehend im dunkeln. Um so mehr erscheint es notwendig, daß auch aus kulturwissenschaftlicher Perspektive das Armenproblem untersucht wird. Von Interesse ist in diesem Zusammenhang die Frage, ob es eine Kultur der Armen gab als Ergebnis von Überlebensstrategien, oder ob es eine Kultur für die Armen war, die ihnen aufgezwungen wurde, um ihre Position als Randseiter der Gesellschaft deutlich zu markieren. Denn wer arm war, lebte in einer Welt, die spezifischen Gesetzen folgte. Armut war an Einstellungen und Verhaltensweisen gebunden, die sich unverwechselbar von der Normalität unterschieden. Aber Mittellosigkeit hat auch zu allen Zeiten das Recht für sich beansprucht, einem eigenen Wertesystem zu folgen und daran orientierte subkulturelle Lebensformen zu entwickeln. Stigmatisierung von seiten der herrschenden Kultur verschaffte den Betroffenen immer auch ein Stück Freiraum, den sie zu nutzen wußten, wie hart das Dasein in solchen Grenzen auch sein mochte. Ferner bestanden zwischen Besitzenden und Besitzlosen trotz aller gravierenden Unterschiede Kontakte. Denn in früheren Jahrhunderten wurden Almosen direkt von wohlhabenden Bürgern an Bedürftige gereicht. Auch beruhte die organisierte Wohlfahrt auf ehrenamtlicher Mitarbeit der Vermögenden. Schließlich darf nicht übersehen werden, daß das soziale Netz nur schwach geknüpft war und die Gefahr, in Not zu geraten, viele treffen konnte.[9]

Armut als wirtschaftliche Not und gesellschaftliche Ausgrenzung trat nach außen hin in Sachzeugnissen, d. h. in materiellen Gegenständen, in Erscheinung, mit denen sich die Armen umgaben oder mit denen sie umgeben bzw. in Verbindung gebracht wurden. Diese Gegenstände spiegeln eine Lebenswelt mit eigener Sprache und Ausdrucksfähigkeit wider.[10] Gemeint sind dürftige Kleidung oder Lumpen, die sie trugen, armselige Möbel und Geräte, die sie besaßen, Behausungen, in denen sie untergebracht waren, d. h.

Armen-, Arbeits-, Waisenhäuser und Spitäler in Städten und Dörfern. Es gehört aber auch jene Vielzahl von Kleingeräten dazu, die einst in der Armenpflege eine wichtige Rolle spielten und zum Teil bis heute in Gebrauch geblieben sind wie Opferstöcke, Armenbüchsen und Klingelbeutel. Hinzu kommen Abzeichen wie Messingschilder von Armenvögten und Blechmarken städtisch konzessionierter Bettler. Auch Armenglocken als audiovisuelle Zeichen der Armut zählen zu diesen dinglichen Überlieferungen.

Aber haben die Elenden und Bedürftigen überhaupt etwas von dem hinterlassen, was ihr Dasein so offenkundig prägte? Von ihrer armseligen Kleidung und dem wenigen primitiven Wohninventar, in dem sie lebten, ist so gut wie kaum etwas überliefert, weil es der Aufbewahrung nicht wert schien. Dagegen sind noch viele Gebäude, die der Armenunterbringung dienten, erhalten geblieben. Das gleiche gilt für das Sammelgerät, das in der Armenfürsorge verwendet wurde wie z. B. Bettelbretter oder Klingelbeutel.

Darüber hinaus geben sekundäre Quellen Aufschluß über Sachgegenstände der Armutskultur. Das sind zum einen obrigkeitliche Mandate und Verordnungen, in denen der Umgang mit Becken, Opferstöcken und Klingelbeuteln geregelt wurde. Zum andern sind umfangreiche Archivalien aus der Armenverwaltung überliefert mit Angaben über die Wohnverhältnisse der Armen, ihre Ausstattung mit Kleidungsstücken und ihre Ernährung. Die mühevolle Auswertung dieser Bestände hat erst begonnen.[11]

Wir verfügen aber auch über Abbildungen, auf denen Armut in vielfältiger Weise dargestellt ist. Ihr Aussagewert ist freilich stark von der zeitgebundenen Sehweise der Künstler bestimmt.[12] Alle diese Überlieferungen zusammengenommen ergeben noch kein lückenloses Bild der einstigen Armutskultur. Aber sie können doch wenigstens deren Konturen nachzeichnen und ahnen lassen, wie ein Leben in Armut aussah. Denn von den Betroffenen selbst besitzen wir darüber so gut wie keine Äußerungen.

Ein erster Versuch, uns die so ferne Lebenswelt dennoch ein wenig näher zu rücken, soll am Beispiel der Herzogtümer Schleswig-Holstein und der Hansestadt Lübeck für die Jahrhunderte vom späten Mittelalter bis zum beginnenden 20. Jahrhundert gewagt werden. Dabei erscheint es reizvoll, das Leben von Armen in einer traditionsreichen Handelsmetropole dem in einem agrarisch geprägten Flächenstaat mit kleinen Städten gegenüber zu stellen. Angesichts der Komplexität des Themas konnten allerdings nur einige dominante Aspekte berücksichtigt werden. Aus dem reichlich vorhandenen Bildmaterial mußte eine Auswahl getroffen werden. In einigen Fällen gab es kein geeignetes Bildmaterial. Deshalb wurden Abbildungen aus anderen Regionen herangezogen.[13]

I. Der Kreis der Armen, ihre Patrone und weltlichen Wohltäter

In Armut geriet man durch Geburt, Krankheit, wirtschaftliche Katastrophen, Kriege, Seuchen oder Naturereignisse wie Überschwemmungen. Arm war, wer sich ständig oder vorübergehend in einer Situation der Schwäche, Abhängigkeit oder Erniedrigung befand und weder über Vermögen, noch über Einfluß oder Macht, oft auch nicht über die nötige Gesundheit verfügte, um sich ohne Hilfe anderer am Leben zu erhalten.

Im ausgehenden Mittelalter war oft nur von *„de Arme Lüde"* die Rede, wie z.B. in einem Rechtsvergleich von 1484 zwischen dem Schleswiger Junker Claus von der Wisch und Bürgermeistern und Rat der Stadt Rendsburg, in dem es um Unterstützungsleistungen ging.[1] Im Statut der Flensburger Heiligen-Leichnamsgilde von 1529 findet sich ein näherer Hinweis, wer mit den „armen luden" gemeint war: *„Rechte arme notruftige krancke lude und rechte hwesarmen syck (hausarme Sieche)"*.[2] Hier klingt bereits eine Einschränkung des Kreises von Unterstützungsbe-

1
INSCHRIFTTAFEL AM ARMENHAUS IN GLÜCKSTADT 1782.
Der Glaube an göttliche Hilfe und die Hoffnung auf Unterstützung durch christliche Nächstenliebe prägten das Dasein der in Not Geratenen.
(Photo Holger Janzen)

2
INSCHRIFTTAFEL AM ARMENHAUS IN PREETZ 1755.
Adelige Herrschaften wie Priörin und Propst des Klosters Preetz setzten sich gern ein Denkmal ihrer Mildtätigkeit.
(Photo Holger Janzen)

3
CORPUS CONSTITUTIONUM REGIO HOLSATICARUM. 1753.
Schon in vorreformatorischer Zeit wurden wichtige rechtliche Auseinandersetzungen um Armensachen in landesherrlichen Verordnungen geregelt.

rechtigten an: Kranke und Sieche. Aber es findet sich auch schon der Begriff der Hausarmen, d. h. der Ortsarmen, deren Versorgung mit der Reformation immer stärker gegenüber fremden Bettlern in den Vordergrund trat.

In der schleswig-holsteinischen Kirchenordnung von 1542 werden sie zwar als Anwärter für die Aufnahme im Hospital noch sehr allgemein als Personen genannt, *„de ock gewisse Arme sint edder ere gesundheit vorloren hebben"*.[3] Aber in seinem Testament von 1603 wird der vermögende Flensburger Bürger Reinhold thor Smeden deutlicher: *„Alt breßhafte Leute, Bürger und Bürgerinnen in dieser Stadt, die sich Christlich Ehrlich und wol in Ihrem Leben und Wandel erhalten, Schoß und Schult gegeben und die Bürgerliche Last getragen, und aber Elters oder sonsten Unfals und minderwertigen glückes in unvermißliche Armuth gerathen"*.[4] Sie sollten in den Genuß einer von ihm hinterlassenen Stiftung gelangen. Hier wird eine qualitative Auswahl unter den Armen getroffen, die eindeutig bürgerlichen Wertmaßstäben entsprach.

In Lübeck sah man sich 1601 genötigt, den Kreis der Unterstützungsberechtigten in einer Armenordnung festzulegen. Man unterschied zwischen einheimischen und auswärtigen Armen. Zu den einheimischen zählten Bettlägerige, die nicht imstande waren zu arbeiten, aber auch Kranke, die sich nur gelegentlich etwas zuverdienen konnten, und gesunde Arbeitslose. Ferner wurden Kleinkinder und Heranwachsende hinzugerechnet, die von ihren Eltern nicht versorgt wurden. Schließlich tauchen Berufsinvaliden auf, Bürger und Einwohner, die *„bei Schiffer-Handwerkern und anderen Arbeitsleuten"* gedient oder in der Stadt gearbeitet und sich dabei verletzt oder sogar ihre Gesundheit verloren hatten. Wahrscheinlich handelte es sich um beim Schiffbau und bei Transportarbeiten Verunglückte. Die Lübecker Armenordnung umfaßte insofern sehr weitreichende Fürsorgebestimmungen.[5]

Aus Kiel ist der Kreis der Stadtarmen für das Jahr 1765 ziemlich genau bekannt. Dazu zählten *„verarmte Bürger, Bürgerwitwen und Bürgerkinder, Verbittelsinsten oder deren Witwen, ehemalige Hofbediente, abgedankte Solda-*

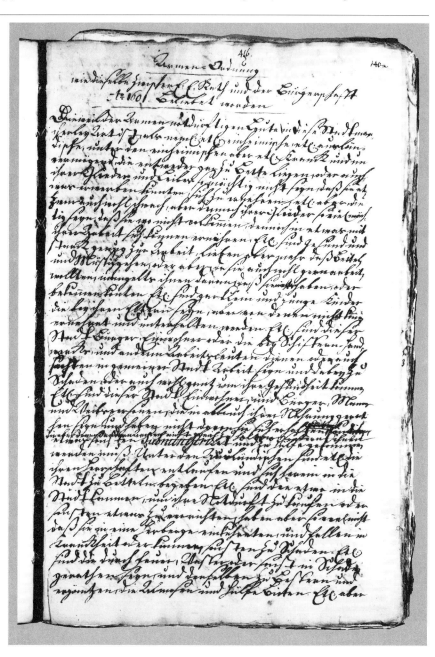

4
SCHLESWIG-HOLSTEINISCHE KIRCHENORDNUNG VON 1542.
In diesem wichtigsten nachreformatorischen Gesetzgebungswerk wurden bereits wesentliche Rahmenbedingungen der Armenfürsorge festgelegt.

5
LÜBECKER ARMENORDNUNG VON 1601.
Schon früh schufen sich die Lübecker ein eigenes Gesetz zum Schutz einheimischer Bedürftiger und zur Abwehr fremder Bettler.

ten oder deren Frauen, Witwen und Kinder und alte arbeitsunfähige Dienstboten".[6]

Daß viele ansässige Arme ein Handwerk erlernt hatten und nach Gelegenheit auch ausübten oder sonst einer geregelten Tätigkeit nachgingen, ohne doch aus eigener Kraft ihren Unterhalt bestreiten zu können, zeigt das Beispiel Flensburgs. Im Armenprotokoll des Kirchspiels St. Marien aus dem Jahre 1795 sind als Almosenempfänger angegeben: Schiffer, Steuerleute, Matrosen, Schiffszimmerleute, Schneider, Schuster, Schuhflicker, Drechsler, Tischler, Reifer, Polizeidiener, Stadtdiener, Feldhüter, Gärtner und Kuhhirten. Die Handwerker waren vermutlich überwiegend unselbständig und daher in Armut geraten.[7]

1736 wurde die erste umfassende Armenordnung für die Herzogtümer erlassen. Sie wollte vor allem die *„wahren Armen, alten, gebrechlichen, verwayseten und nothleidenden"* Bedürftigen versorgen. Man dachte aber auch an fremde Arme, soweit sie invalide waren oder durch Brandkatastrophen oder Glaubenskriege in Not geraten waren, ferner an verabschiedete Soldaten.

Ausgeschlossen von der Versorgung wurden dagegen alle gesunden einheimischen und fremden Bettler und Vaganten. Sie stellten eine sehr heterogene Gruppe von Menschen dar. Noch in einem Zirkularreskript Friedrich V. von Dänemark aus dem Jahre 1754 ist verächtlich von *„unverschämten Landstreichern, starken Müßiggängern, liederlichen Handwerksburschen, Betteljuden, Italienern, angeblichen Sklaven aus der Türkey, Exulanten, Brandbriefträgern mit und ohne Attestat und dergleichen, verdorbenes fremdes Gesindel, zum Theil mit Weibern und Kindern"* die Rede.[8] Die Negativtypisierung dieses Personenkreises kann jedoch nicht darüber hinwegtäuschen, daß eine ganze Menge wirklich Bedürftiger unter ihnen waren, die daher auch Unterstützung erhielten. Vor allem der Dreißigjährige Krieg hatte seine Spuren hinterlassen und viele Menschen ins Unglück gestürzt. Unzählige von ihnen mußten ihre Heimat verlassen und sich mit Betteln durchschlagen. Manch einer geriet auf diese Weise auch nach Schleswig-Holstein und taucht in den Kirchenrechnungsbüchern als Empfänger milder Gaben auf.

6
SCHLESWIG-HOLSTEINISCHE ARMENORDNUNG VON 1736.
Erst spät regelten die Landesherren die Armenversorgung für die Herzogtümer.

7
HAMBURGER SKLAVENKASSE AUS DEM 17. JAHRHUNDERT.
Die 18 holzgeschnitzten Figuren durften nur viermal im Jahr mit einer Büchse vor den Kirchentüren aufgestellt werden, um Geld zur Auslösung gefangener Seeleute zu sammeln. In Schleswig-Holstein mußten einfache Becken vor der Kirche dafür genügen.

[Museum für Hamburgische Geschichte]

Diese sog. Exulanten kamen nicht nur aus dem Österreichischen und Böhmen, wo die Habsburger rigoros gegen Andersgläubige vorgingen, sondern auch aus Mecklenburg, der Mark Brandenburg, Pommern, Schlesien, Thüringen, Braunschweig, der Lüneburger Heide, der Grafschaft Schauenburg, Hessen und der Pfalz. Gegen Ende des 17. Jahrhunderts machte sich der Vorstoß der Türken nach Wien bemerkbar und verursachte erneut einen Strom von Bedürftigen, die teilweise bis in den Norden gelangten.

Für das 17. Jahrhundert gibt es eine Reihe von Belegen aus der kleinen holsteinischen Stadt Wilster, die die Schicksale von Flüchtlingen beleuchten. Da erschien aus Grünberg aus Schlesien „*ein von pabstlichen vertriebener schulmeister*", aus Ungarn „*ein lutherischer edelmann*" und „*eines predigers witbe…, deren man von den türcken nieder gesäbelt*" worden war. Im folgenden Jahr gab man „*einem zum lutherischen religion aus dem babsthum getretenen studiosi auß München in Beyern*", „*einer vertriebenen prediger frawen auß Schlesien, deren man bei der vertreibung in tumulti der kopff entzwey gehawen und sie mit vielen Kindern nachgeblieben*", „*einem vertriebenen von adel auß Burgund, so die Königin auß Frankreich wegen der religion vertrieben*", „*einem deputirten der evangelischen gemeine zu Kunitz in Polen, so von Jesuiten wollen vertrieben*"[9] Unterstützungen.

Während der Réunionskriege (1679–1681) unter Ludwig XIV. hatte Frankreich linksrheinisches Gebiet des Deutschen Reiches annektiert und verlangte Kontributionen. Deshalb bat in Wilster der Sohn eines Amtmannes aus Steinau, „*deßen vater von den frantzosen weckgeführt und er 400 rdlr. zu rantion (Freikauf) geben sollte*", um Geld, ebenso der Sohn eines Geistlichen, um die von den Franzosen angedrohte Brandschatzung von seiner Heimatstadt abzuwenden.[10]

Unter den Hilfsbedürftigen fanden sich auch Angehörige von Gefangenen, die durch Seeräuber aus Tunis, Algier, Marokko und Tripolis verschleppt worden waren und nur mit hohen Lösegeldern freigekauft werden konnten. Eine andere Gruppe von Bittstellern hatte Brandschaden erlitten. Nach Hohenwestedt kamen Ende des 17. Jahrhunderts

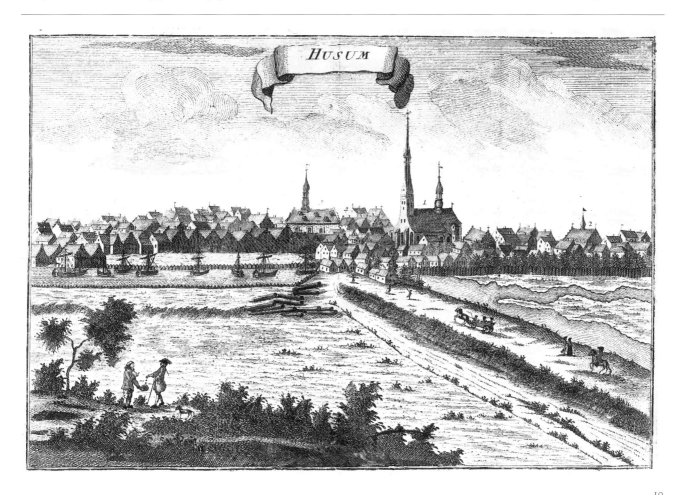

10

8
SCHLESWIG-HOLSTEINISCHE ARMEN-
ORDNUNG VON 1841.
Dieses umfassende Gesetzgebungswerk blieb bis zur Neuregelung durch das Reichsgesetz über den Unterstützungswohnsitz von 1871 in Kraft.

9
BETTLERGRUPPE. Caspar Danckwerths Newe Landesbeschreibung der zwey Hertzogthümer Schleswich und Holstein 1652.
Vagabundierende Bevölkerungsgruppen gehörten für den Kartographen zum Landschaftsbild.
(Schleswig-Holsteinische Landesbibliothek)

10
BETTLER. Erik Pontoppidans Danske Atlas 1781.
Fremde Bettler sah man lieber vor als in der Stadt, denn die städtische Armenfürsorge hatte genug mit der Versorgung einheimischer Bedürftiger zu tun.
(Schleswig-Holsteinische Landesbibliothek)

ein „abgebrannter Mann" aus Kopenhagen und eine „Frau mit Verbrennungen" aus Rostock. Viele sammelten auch für eine niedergebrannte und neu zu errichtende Kirche. Unter ihnen waren manche aus dem Osten: Ostpreußen, Schlesien, aus der Lausitz und aus Polen. Die Mehrzahl stammte jedoch aus den Herzogtümern und Dänemark.[11]

Unter den durchziehenden Bettlern tauchten zahlreiche alte Leute auf, darunter ehemalige Prediger, Rektoren, Küster und Schulmeister, aber auch Handwerker, die im Alter ihren Beruf nicht mehr ausüben konnten. 1801 berichtete ein in der Armenpflege engagierter Geistlicher erschüttert vom Anblick eines siebenundneunzigjährigen Greises, der mit seiner fünfundachtzigjährigen Frau bettelnd von Ort zu Ort ziehen mußte.[12]

Am meisten konnten einem wohl die Kinder leid tun, für die das Betteln ein hartes Dasein bedeutete. Nicht selten wurden blinde und gebrechliche Kinder von ihren Eltern tageweise zum Betteln vermietet. Von den ärmeren Bauern heißt es am Ende des 18. Jahrhunderts sogar, sie hätten ihre Kinder regelrecht zum Betteln erzogen.[13] Materiell gesichert, wenn auch streng beaufsichtigt, waren Kinder in Waisenhäusern.

Groß war auch die Flut der Lahmen, Blinden, Krüppel und Schwindsüchtigen, die im 17. und 18. Jahrhundert durch die Lande zogen. Nicht zu vergessen schließlich das bunte Volk der Fahrenden: Marionettenspieler, Seiltänzer, Bärenzieher und Kesselflicker, Lumpensammler, Hausierer und vagabundierende Handwerksgesellen, daneben abgedankte Soldaten, entlaufene Gefangene und entwichene Dienstboten.[14]

Ein besonderes Problem stellten die Zigeuner dar. Sie wurden als „Tartern" bezeichnet, weil man an ihre tartarische Herkunft glaubte, obgleich sie ursprünglich aus Indien kamen. Da sie in Sippenverbänden unter einem Oberhaupt lebten, wurden sie mit verbrecherischen Rotten gleichgesetzt, und man hielt sie deshalb für besonders gefährlich. Sie gehörten keiner christlichen Konfession an und galten als atheistisch. Aus allen diesen Gründen wurden sie von der Obrigkeit besonders hart verfolgt. Einen ähnlichen

11
SCHEINHEILIGER SPENDER. Kupferstich von Petrus Kaerius 1616.
Nicht selten nahm der Reiche dem Armen durch Betrügereien wieder ab, was er ihm zuvor gegeben hatte.
(Museum für Kunst und Kulturgeschichte Lübeck)

12
BETTLER VOR LÜBECK. Gemälde von Johann Willingers 17. Jahrhundert.
Seit der Kommunalisierung der Armenpflege in der frühen Neuzeit wurden fremde Bettler von der Stadtwache vor dem Tor abgewiesen.
(Museum für Kunst und Kulturgeschichte Lübeck)

schweren Stand hatten auch die sog. Betteljuden wegen ihres mosaischen Glaubens.[15]

Lange dauerte es, bis sich die Obrigkeit dazu entschloß, die alte Armenordnung von 1736 durch eine neue, zeitgemäßere zu ersetzen. Sie wurde erst 1841 erlassen und regelte nun in umfassender Weise die Versorgungsberechtigung, ihre Finanzierung und sah vermehrt die Einrichtung von Armenhäusern vor allem auf dem Lande vor.

Der ganze Umfang der Verarmung in Schleswig-Holstein und Lübeck kann weder für das Spätmittelalter noch für die frühere Neuzeit exakt ermittelt werden, weil genaue Zahlen nicht vorliegen. Über Lübeck ist bekannt, daß 1380 etwa 42 % der Bevölkerung der Unterschicht angehörten. Aber der Anteil der Armen, die ständig von Unterstützung lebten, ist nicht rekonstruierbar. Um 1460 soll es dort 14 % Verarmte gegeben haben. Damals hatte Lübeck 24 000 Einwohner. Hamburg mußte 1451 16 % Arme versorgen (von 18 000 Einwohnern 2880 Bedürftige).[16]

Für die Jahre 1784–1840 gab die Armenanstalt zwischen 500 und 900 in der offenen Armenpflege Unterstützte an, wobei die Zahlen 1802 bis 1806 rückläufig waren. Mit der französischen Besetzung der Stadt 1806–1813 wuchs das Elend, so daß zu den regulär versorgten Armen bis April 1809 noch über 5000 Menschen dazu kamen, die sich aus eigener Kraft nicht mehr unterhalten konnten. Besonders schlimm wurde es im Winter 1813/14, als Lübeck etwa 5500 Flüchtlinge aufnahm, die der französische Marschall Davout aus Hamburg vertrieben hatte. Für 1829 errechneten die Brüder Heinrich Ludwig und Carl Georg Behrens in ihrer „Topographie und Statistik von Lübeck und dem mit Hamburg gemeinschaftlichen Amte Bergedorf": *„In der Stadt allein erhalten von milden Anstalten über 800 Erwachsene und 350 Kinder Obdach und Unterstützung. Milde Gaben allein werden außerdem noch an mehr als 3000 Personen gereicht; so daß also der sechste Teil der Bevölkerung ganz oder teilweise durch fremde Beihülfe ernährt wird."* Zehn Jahre später lag die Zahl bei 2078 Personen.[17]

Über den Umfang der Armut in den Herzogtümern erfahren wir erst im 19. Jahrhundert genaueres. Dabei ergeben

13
BETTELNDE KOLONISTENFRAU. Zeichnung von Friedrich Wilhelm v. Koch 1767.
Der Künstler traf die Frau mit ihren Kindern am Straßenrand vor Schleswig. Sie kam aus Jütland und hatte bereits einen langen und entbehrungsreichen Weg hinter sich.
(Schleswig-Holsteinisches Landesmuseum)

14
BETTELNDE GÄNSEHIRTEN. Federzeichnung von Otto Fikentscher um 1865.
Arme Kinder verdienten sich gern durch Aufführung von Kunststückchen vor Reisenden ein wenig Geld.
(A. v. Baudissin, Schleswig-Holstein Meerumschlungen, 1865)

15
ARMENKIND. Zeichnung von 1889.
Ein armes Mädchen mußte sauber gekleidet und fleißig in der Schule sein, wollte es auf bürgerliche Mildtätigkeit hoffen. Daß es im November noch barfuß lief, sollte Mitleid erregen und die Hilfsbereitschaft der Betrachter wecken.
(Briefe und Blätter aus Alsterdorf, 1889)

16
STIFTSFRAUEN. Photo 1912.
Anspruchslos und unauffällig war die Kleidung der alten Frauen im Preetzer Klosterstift: Schwarze Hauben, lange graue Röcke und Schürzen.
(Schleswig-Holsteinisches Landesmuseum)

sich konjunkturbedingte Auf- und Abschwünge. Kurz nach der Jahrhundertwende waren es 2,7 %, nach den napoleonischen Kriegen 3,1 %.[18] Die Volkszählung von 1835 ergab ein umfassenderes Bild. Demnach lag die Armut in Schleswig bei 6,7 % und in Holstein bei 5,6 % der Gesamtbevölkerung. Die Verteilung im Lande ergibt ein erstaunliches Bild. In den westlichen Teilen Holsteins, wo gute Böden vorherrschten, wiesen das Kloster Uetersen (11,47 %), das Amt Steinburg (7,3 %) und die Flecken Elmshorn (19,76 %) und Marne (7,7 %) extrem hohe Werte auf, die sonst nur vom „Jüngeren herzoglich Holstein-Gottorfer Fideicommiß" (10,3 %), dem Kloster Preetz (9,5 %) und Amt Reinfeld (9,5 %) im Osten des Landes und dem Amt Ahrensbök im Fürstbistum Lübeck (9,6 %) erreicht wurden. Auch im Herzogtum Schleswig wirkte sich die Verarmung an der Westküste stärker aus als im Osten: Außergewöhnlich hoch lag der Prozentsatz in Eiderstedt (13,2 %, im Flecken Oldenswort sogar 30,9 %!), aber auch in den Ämtern Tondern (8,7 %), Bredstedt (8,4 %) und Husum (7,1 %) sowie auf der Insel Nordstrand (8,4 %) herrschte viel Armut.

Ähnlich lagen die Verhältnisse auf den Inseln Aerroe (8,4 %) und Fehmarn (7,7 %) sowie im Amt Flensburg (8,2 %).[19]

Im Laufe der folgenden Jahrzehnte machten sich jedoch deutlich rückläufige Tendenzen bemerkbar: In Schleswig betrug die Verarmung 1867 nur noch 1,7 %, in Holstein 1,2 %.

Um 1880 wird wieder ein Anstieg auf insgesamt 4,7 % sichtbar.[20] Das hing sicherlich mit der Landflucht und dem Unvermögen der Städte zusammen, genügend Arbeitsplätze in einer Zeit erst allmählich zunehmender Industrialisierung zur Verfügung zu stellen. 1885 ging die Armut in Schleswig-Holstein wieder zurück (3,7 %), und seit den neunziger Jahren ist sogar ein drastischer Abschwung zu verzeichnen (0,6 %). Dabei blieb es bis zum Ersten Weltkrieg. Grund dafür waren die zunehmende wirtschaftliche Stabilisierung und die Auswirkungen der Bismarckschen Sozialgesetzgebung seit 1883.

Insgesamt gesehen ist es schwierig, die Gründe für Zu- und

17
HOSPITALIT. Photo vor dem Ersten Weltkrieg.
Die Insassen des Lübecker Heiligen-Geist-Hospitals legten Wert auf ihr gepflegtes Äußeres und wurden vom Hausvater wohl auch dazu angehalten.
(Museum für Kunst und Kulturgeschichte Lübeck)

18
HOSPITALITEN. Photo vor dem Ersten Weltkrieg.
Bescheidenheit im Auftreten und Sauberkeit in der Kleidung gehörten zu den von Armen erwarteten Tugenden.
(Museum für Kunst und Kulturgeschichte Lübeck)

19/20
ARMENHÄUSLERINNEN. Gemälde von Luise Wagner Ende der 1920er Jahre.
Resignation oder Mißmut drückten sich oft am Ende eines langen entbehrungsreichen und erfolglosen Lebens in den Gesichtern alter Frauen im Armenhaus aus.
(Kreisheimatmuseum Eutin)

21
ARMENHÄUSLER. Gemälde von Luise Wagner Ende der 1920er Jahre.
Liegt ein Zug von Bitterkeit um den Mund dieses alten Mannes, oder ist es nur die träumerische Versonnenheit des sich Erinnernden?
(Kreisheimatmuseum Eutin)

22
ARMENHÄUSLER. Studie von Carl Ludwig Jessen 1884.
Die Arbeitsschürze gehörte auch noch im Alter zur täglichen Kleidung aus Tradition oder aus praktischen Gründen.
(Kunstkalender Schleswig-Holstein 1918/19)

Abnahme der Armut im Laufe der Jahrhunderte eindeutig zu benennen. Neben klimabedingten konjunkturellen Abschwüngen in der Wirtschaft waren Naturkatastrophen und Kriege dafür verantwortlich, später im 19. Jahrhundert Absatzkrisen, die zur Massenarbeitslosigkeit führten. Stets müssen auch die spezifischen regionalen und lokalen Strukturen berücksichtigt werden, und schließlich trifft auch die Betroffenen ein Rest von Verantwortung, so schwierig ihre Lage unter den damaligen gesellschaftlichen Verhältnissen auch immer war.

Nach christlicher Ethik war es jedem Gläubigen aufgegeben, Arme nach Kräften mit Almosen zu unterstützen. Denn Armut stellte ein Ideal dar, das Christus durch sein Leben ohne Besitz und Anspruch verwirklicht hatte. Diesem Vorbild eiferten vor allem Bettelmönche wie Franziskaner und Dominikaner nach. Da Armut in der Realität jedoch nur schwer zu ertragen war, strebten die meisten Menschen eher nach materieller Sicherheit und Wohlhabenheit. Wer sie erreichte, hielt sich an das Christuswort, daß nicht nur den Armen das Himmelreich offenstehe, sondern auch denen, die Almosen gaben. Papst Simplicius hatte im 5. Jahrhundert sogar ein Viertel des Kirchenvermögens für die Armen bestimmt. So wurde von Kirche und Laien fleißig gespendet, um durch gute Werke Vergebung der Sünden und ein ewiges Leben zu erlangen. Insofern ergab sich geradezu eine Allianz zwischen Armen und Almosengebern.[21]

Patrone

Der Gedanke der Liebestätigkeit fand auch in der darstellenden Kunst weite Verbreitung. Auf Altarbildern wurde dem Volk das Vorbild von Heiligen vor Augen geführt, die sich selbstlos der Armen und Bedürftigen angenommen hatten.[22] Auch in den Kirchen Schleswig-Holsteins und Lübecks finden sich dafür Beispiele.

Zu den am häufigsten dargestellten Figuren gehört der Heilige Martin. Der Überlieferung nach war er 316/17 nach Christus geboren, römischer Reiter in Gallien geworden und hatte am Stadttor von Amiens seinen Soldatenmantel mit einem frierenden Bettler geteilt. Später zum Bischof

23

VERTEILUNG DER LEGATE. Gemälde von Christian Kleinsang 1936.

Die Auszahlung der Geldbeträge durch den Armenpfleger – von der Hausmutter mit der Glocke angekündigt – war ein wichtiges Ereignis für die Insassen des Neustädter Heiligen-Geist-Hospitals.
(Kreisheimatmuseum Ostholstein)

von Tours gewählt, blieb er dem einfachen Leben treu und wurde zu einem Vorbild abendländischen Mönchtums. Er galt als einer der beliebtesten Heiligen in Europa und als Beschützer der Bettler und Bedrängten. Dargestellt wurde er entweder als Bischof in pontifikaler Kleidung oder als Soldat zu Pferde oder zu Fuß mit dem Schwert, wie er für einen Bettler ein Stück seines Mantels abschneidet oder ihm seine Tunika reicht oder ihm eine Münze spendet. Stets erscheint zu seinen Füßen ein Bettler in kleiner Gestalt. Die übergroße Gestalt des Heiligen sollte seine überragende Bedeutung als Fürsprecher bei Gott und die Bedürftigkeit des in Not Geratenen verdeutlichen.

Auch der Heilige Laurentius zählt zu den Patronen der Armen. Während der Christenverfolgung unter Kaiser Valerian 258 wirkte er als Archidiakon Papst Sixtus II. in Rom und weigerte sich, dem Kaiser die Kirchenschätze herauszugeben, vielmehr verteilte er Lebensmittel an die Bedürftigen. Vor dem Richterstuhl auf dem Marktplatz wies er auf eine große Schar ihn umgebender zerlumpter Menschen, Krüppel, Greise und Bettler als die wahren Schätze der Kirche hin. Zur Strafe wurde er auf einem glühenden Rost zu Tode gequält. Auf bildlichen Darstellungen erscheint er daher vor allem mit dem Rost, doch auch mit Geldbeutel oder Armenkiste, aus denen er den Armen spendet, oder wie er Brot an Bedürftige verteilt.

Der Heilige Georg, in Norddeutschland Sankt Jürgen genannt, diente im Jahre 303 als kappadokischer Offizier im Heer des römischen Kaisers Diokletian. Nach der Legende mußte er, da er für die Christen eintrat und ihre Verfolgung verurteilte, verschiedene gräßliche Martyrien erleiden. Seit dem 11. Jahrhundert trat zu dieser Überlieferung die Geschichte vom Ritter Georg, der durch das Kreuzeszeichen einen Drachen besiegte und so die nordafrikanische Stadt Gilena vor weiteren Menschenopfern bewahrte. Schon früh wurde er als einer der vierzehn Nothelfer verehrt, und man sah in ihm einen Beschützer der Hilflosen und Kranken. Unter seinem Patronat standen vor allem die Leprosenhäuser außerhalb der Städte.

Seltener taucht eine Darstellung des Heiligen Bernhardin

24
DER HEILIGE MARTIN. Niedersächsischer Kreuzaltar um 1480.
Mitleidig schneidet der Heilige ein Stück von seinem prächtigen Mantel ab und überläßt es einem zerlumpten, bettelnden Krüppel. Diese Geste galt im Mittelalter als Symbolhandlung tätiger Fürsorge.
(Niedersächsisches Landesmuseum Hannover)

25
DER HEILIGE MARTIN. Altar in Jerne/Jütland 1500.
So wie hier der große Heilige weit entrückt vor dem kleinen Bettler zu seinen Füßen steht, hatte sich die Kirche am Ende des Mittelalters von den Armen entfernt.
(Nationalmusum Kopenhagen)

26
DER HEILIGE MARTIN. Altar in Hald/Jütland 1510.
Die Rolle des prächtig gekleideten Kirchenfürsten war um diese Zeit wichtiger geworden als die des Armenpatrons.
(Nationalmuseum Kopenhagen)

27
DER HEILIGE LAURENTIUS. Laurentiusalter in Lübeck 1522.
Umgeben von Reichen und Armen der mittelalterlichen Ständegesellschaft reicht der Heilige einem Aussätzigen Münzen.
(Museum für Kunst und Kulturgeschichte Lübeck)

von Siena (1380–1444) auf, der als junger Mönch Krankendienste im Spital della Scala verrichtete und später als Franziskanermönch zu den hervorragenden Predigern des 15. Jahrhunderts zählte. Wegen seiner krankenpflegerischen Tätigkeit wurde er auch mit Siechen und Bettlern in Verbindung gebracht.

Eine besondere Aufgabe hatte der Arme Lazarus zu erfüllen. Im Lukasevangelium Kapitel 16, Vers 19 heißt es von ihm: *„Es war aber ein reicher Mann, der kleidete sich in Purpur und kostbare Leinwand und lebte alle Tage herrlich und in Freuden. Ein Armer aber namens Lazarus lag vor seiner Türhalle; der war mit Geschwüren bedeckt und hatte nur den Wunsch, sich von den Abfällen vom Tisch des Reichen zu sättigen; ja es kamen sogar die Hunde herbei und beleckten seine Geschwüre."* Die Geschichte endet damit, daß der Arme Lazarus in den Himmel gelangt, weil er auf Erden so viel Übles erfahren hat, während der Reiche nach seinem Tode Höllenqualen erleiden muß. Aus diesem biblischen Gleichnis entwickelte die mittelalterliche Volksfrömmigkeit die Vorstellung vom gerechten Ausgleich für irdische Qualen, insbesondere der Leprakranken, deren Leiden durch Beulen und Geschwüre sichtbar in Erscheinung trat. So wurde der Arme Lazarus zum Patron der Aussätzigen.

Fraglich ist, ob Antonius der Große (251/52–356), ägyptischer Eremit und Vorbild des Mönchtums für die Armen von Bedeutung war. Sein Patronat galt den Haustieren, besonders den Schweinen. Er wurde aber auch als Schutzheiliger gegen das Antoniusfeuer, wahrscheinlich eine Art Mutterkornvergiftung, um Hilfe angefleht und gegen Feuersnot. Möglicherweise besteht ein Zusammenhang zwischen den von dieser Krankheit Betroffenen und den Armen. Zu den Attributen des Heiligen gehören häufig ein Schwein, ein Stab und eine Glocke.

Elisabeth von Thüringen (1207–1231) war eine der großen Frauengestalten des Mittelalters. In selbstloser Liebestätigkeit und Entsagung verzehrte sie sich frühzeitig im Dienst der Armen, Kranken und Aussätzigen. Im Hungerjahr 1226 praktizierte sie vorbildliche Nächstenliebe und errichtete

27

29

28

28
DER HEILIGE LAURENTIUS. Laurentiusaltar in Lübeck 1522.
Nicht alle Armen waren abgerissene Bettler. Es gab auch sog. verschämte Arme, die auf ihr Äußeres achteten.
(Museum für Kunst und Kulturgeschichte Lübeck)

29
DER HEILIGE GEORG. Türfeld der St. Jürgenkapelle in Itzehoe um 1670.
Nicht nur der wehrhafte Heilige sollte das Gebäude schützen, sondern auch der Sinnspruch:
„Herr Gott nim dieses Haus vor andern wohl in acht
den Ort davon du sprichst da soll dein Name wohnen
dein Auge das nie schläft bewacht es tag und Nacht
und trift uns sonst dein Arm so wollest Du hier schonen."
(Heimatbuch des Kreises Steinburg Bd. III, 1926)

1229 ein Spital in Marburg, in dem sie Krankendienste leistete. Schon 1235 wurde sie heiliggesprochen. In der Kunst erscheint sie als gekrönte Fürstin mit Witwenschleier (ihr Gemahl war schon 1227 auf einer Kreuzfahrt gestorben), umgeben von Armen und Kranken. Ihre Attribute sind Kanne und Brot, die auf große Mildtätigkeit hinweisen.

Katharina von Siena (1347–1380) besaß wegen ihrer entsagungsvollen Dienste an Armen und Kranken hohes Ansehen bei weltlichen und geistlichen Würdenträgern, wurde aber auch vom Volk allgemein verehrt. Noch im Jahre ihres Todes erfolgte ihre Heiligsprechung.

Marias Eltern, Anna und Joachim, treten gelegentlich als Gabenspender auf. Anna galt als Patronin der Müller, Bergleute und Kaufleute.

Wohltätigkeit wurde aber nicht nur durch das ikonographische Programm der Kirche propagiert, sondern auch von gläubigen Laien praktiziert. Eine Vielzahl frommer Bruderschaften verrichtete unter geistlichem Einfluß gute Werke.

So verteilten die Gertrudsgilde von 1379 und die Heiligen-Leichnamsgilde von 1431 in Flensburg regelmäßig Almosen. Sie stammten zum Teil aus dem Erlös von Handwerksartikeln, die außerhalb hergestellt und verbotenerweise in der Stadt zum Verkauf angeboten worden waren. Die Älterleute der Gertrudsgilde, die vor allem Fremde und Heimatlose betreuten, bestimmten, daß „*man schal dat geven armen lüden*".[23]

In diesem Sinne handelten auch viele Kalande. Sie waren ursprünglich Zusammenschlüsse von Priestern gewesen, nahmen später aber auch Laien auf und erhielten dadurch einen mehr weltlichen Charakter. Im Vordergrund ihrer Bestrebungen stand das Prinzip gegenseitiger Unterstützung in Notfällen. So heißt es 1334 für Kiel: „*Weret da unser Broder welk vorarmede und kranke worde, dem schole deme to Ülpe komen...; des ghelichen, eft en arm noteraftig Prester binnen dem Kyle krank worde.*"[24] In Flensburg erfreuen sich Kranke und Hausarme der „almysszen" (Almosen) des Kalands von 1362.[25] Vom Dithmarscher Kaland in Meldorf (1468) und vom Nordstrander

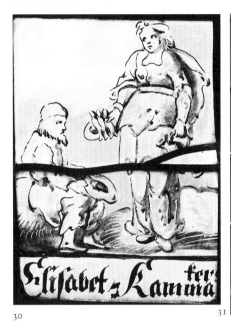
30

31

32

30
DIE HEILIGE KATHARINA. Lübecker Fensterbierscheibe 18. Jahrhundert.
Solcher Schmuck war nicht nur ein Geschenk unter vermögenden Bürgern zur Ausstattung eines neuen Hauses, sondern auch eine Mahnung, die Armen nicht zu vergessen und dem Vorbild der heiligen Katharina zu folgen.
(Museum für Kunst und Kulturgeschichte Lübeck)

31
DER HEILIGE BERNHARD. Schlutuper Sippenaltar um 1500.
Fürsprache und Segensspruch geistlicher Patrone waren Werte, die bedürftige Menschen im Mittelalter zu schätzen wußten.
(Museum für Kunst und Kulturgeschichte Lübeck)

32
HIMMELFAHRT DES ARMEN LAZARUS. Gemälde von Steffano Torelli zwischen 1754 und 1761.
Wer ein entbehrungsreiches, aber rechtschaffenes Leben auf Erden geführt hatte, durfte nach christlichem Verständnis wie der Arme Lazarus auf gerechten Lohn im Jenseits hoffen. Das war zwar ein Trost, half den Armen aber im Alltag wenig.
(Museum für Kunst und Kulturgeschichte Lübeck)

33

33
DIE HEILIGE ELISABETH. Altar im Lübecker Heiligen-Geist-Hospital Anfang 15. Jahrhundert.
Im Schutz des hier angedeuteten städtischen Mauerringes konnte sich private Wohltätigkeit am besten entfalten.
(Museum für Kunst und Kulturgeschichte Lübeck)

Marien-Kaland (1510) sind gleiche Hilfeleistungen für Arme zu vermuten.[26]

Dem Dienst an mittellosen, reisenden Pilgern, an erkrankten Fremden widmeten sich die Elendenbrüderschaften und -gilden (von ahd. elilenti = Fremde). Sie sorgten für deren Unterbringung und Unterstützung in Hospitälern, aber auch für ihr christliches Begräbnis. Solche Vereinigungen gab es in Klipplev/Nordschleswig, Kiel, Oldenburg, Grömitz und Petersdorf/Fehmarn.[27]

Lübeck besaß nicht weniger als 63 geistliche Brüderschaften fast aller Stände und Zünfte. Die älteste war der Clemens-Kaland (1350 erstmals erwähnt). Er speiste täglich 13 Arme. Von großer Bedeutung für die Armenpflege war auch die St. Antonius-Brüderschaft, deren Statuten von 1436 stammten. Sie unterhielt auf dem Marienkirchhof „prövenbuden", von denen aus Nahrungsmittel und Geld verteilt wurden. In ähnlicher Weise speisten Brüderschaften der Heiligen Barbara, der Dreieinigkeit, des Heiligen Leichnams und des Heiligen Leonhard eine ausgewählte Anzahl von Prövenern (von mittellat. Praebenda = Pfründe).[28]

Weltliche Wohltäter

Religiös motivierte Mildtätigkeit bewog auch wohlhabende Bürger, bereits zu Lebzeiten oder nach ihrem Tod erhebliche Teile ihres Vermögens für wohltätige Zwecke herzugeben. Auf diese Weise entstand eine Vielzahl von privaten Stiftungen. Diesen Weg hatten Lübecker Bürger schon im Mittelalter beschritten. Nach ihren Stiftern hießen diese Häuser Ilienstift, Crusen-, Cramerkonvent. Sie stammten aus dem 13. Jahrhundert und besaßen eigene Gebäude, in denen die Präbenden versorgt wurden. In Lübeck gab es außerdem zehn Armenhäuser, die überwiegend im 15. Jahrhundert aus privater Wohltätigkeit ins Leben gerufen worden waren. Als Beispiel sei nur das Moyelken- oder Engelsteden-Armenhaus genannt. Der Stifter Evert Moyelken hatte 1437 in seinem Testament bestimmt: *„Mein Haus, am Ende meines Hofes nach dem Langen-Lohberg zu gelegen gebe ich pfand- und lastenfrei den Armen zu ewigen Zeiten darin zu wohnen, wie das schon zu Lebzeiten gehalten. Auch gebe ich dazu 50 Mark lübsch, das Haus in Stand zu halten, zu Nutz und*

34
ANNA UND JOACHIM. Marienaltar in der Lübecker Marienkirche 1518.
Bei der Verteilung von Geldbeträgen ging es am Almosentisch oft turbulent zu. Nicht nur Bettler und verschämte Arme, sondern auch Pilger drängten heran.
(Museum für Kunst und Kulturgeschichte Lübeck)

35
ANNA UND JOACHIM. Wurzel-Jesse-Altar in der Lübecker Jacobikirche 1518.
Die meisten Bettler versammelten sich im Mittelalter vor den Kirchenportalen und hofften auf milde Gaben.
(Museum für Kunst und Kulturgeschichte Lübeck)

Annehmlichkeit der Armen, damit sie unserem Herrgott treulich für mein Seelenheil beten."[29] Es war also nicht nur Uneigennützigkeit, die zu solchen sozialen Taten führte, sondern ebenso der Glaube an göttliches Wohlgefallen zum eigenen Vorteil. Im 16. und 17. Jahrhundert entstand in Lübeck noch eine ganze Reihe weiterer Stiftsbauten, sowohl einzelne Gebäude wie das Cleysen-Armenhaus (1530), das Elsabenhaus (vor 1539) und Koehlers Armenhaus (1561) als auch die für Lübeck so charakteristischen, anspruchsvollen Stiftshöfe: Glandorps Hof, Flüchtings Hof und Haasenhof, alle aus der Zeit um 1620. Nicht zu vergessen sind auch die Lübecker Armengänge, die bis ins 15. Jahrhundert zurückgingen und in denen die Menschen in drangvoller Enge leben mußten.[30]

Auffallend groß war die Anzahl der Legate in Flensburg. Hier hatte der Prediger Thomas Atzersen vorbildhaft gewirkt, als er kurz vor seinem Tod 1553 den bedeutenden Betrag von 2700 Mark für arme Studenten, ehrbare Dienstmägde, die heiraten wollten, und für Waisen und andere in Not befindliche Personen aussetzte. Bis 1630 zählte Flensburg nicht weniger als 30 größere und kleinere Legate, wie z. B. das des Hans Kellinghusen, in dem verfügt wurde, man solle *"twolff Arme Personen einem Jederen des Sondages wenn de Miße* (Messe) *uth ist in der kerken Nicolai an einem Orde ein Spon* (Löffel) *botter und vor dree Penning Brodt und ein Soßling* (Sechsling) *tho Beer, einem Jederen datt rechte Arme Luede sindt, de gerne in der kerken gaen"*, zur Unterstützung reichen.[31]

Nicht nur in den Städten, auch auf dem Lande wurden größere Geldbeträge für Arme gestiftet. So bestimmte der Lundener Achtundvierziger und erste bedeutende Dithmarscher Chronist, Johann Russe, 1555 300 Mark lübsch für die Versorgung der Armen. Seine Witwe Annecke erhöhte die Summe um weitere 200 Mark mit der einsichtigen Bemerkung: *"Up dat ick ock jegen unsen Heren Gade* (Gott) *ock nicht so gandtz undankbar moge gefunden werden."* Die Zinsbeträge bestimmte sie für bedürftige Hausarme und für die Aussteuer armer Dienstmägde, die sich rechtschaffen, fromm und gottesfürchtig verhalten hätten.[32]

36
BARMHERZIGKEIT. Gemälde von Steffano Torelli zwischen 1754 und 1761.
Die Caritas als Kardinaltugend sollte die Stadtherren im Audienzsaal des Lübecker Rathauses an ihre christliche Pflicht der Nächstenliebe gemahnen.
(Museum für Kunst und Kulturgeschichte Lübeck)

Wie verbreitet das Stiftungswesen in den Jahrhunderten nach der Reformation blieb, zeigt sich daran, daß zwischen 1500 und 1700 allein in Holstein nicht weniger als 90 Bürger und Adelige Legate und Stiftungen, zum Teil mit hohen Summen, zum Wohl der Armen aussetzten.[33]

Einen neuen Anstoß erhielt die Armenfürsorge in der Zeit der Aufklärung. Die sie tragenden Kräfte nahmen mit Schwung und Optimismus den Kampf gegen Verelendung und Not auf. Getragen von der Zuversicht, jedes gesellschaftliche Problem mit Hilfe der Vernunft lösen zu können, entstanden Vereinigungen, die eine neue, auf dem Prinzip bürgerlicher Selbsthilfe basierende und individuellen Bedürfnissen mehr Rechnung tragende Armenversorgung aufbauten.

In Hamburg nahm sich die 1765 gegründete Patriotische Gesellschaft der Sozialfürsorge an. Hier wirkte vor allem der Kaufmann Caspar Voght (1752–1839).[34] Er war nicht nur als Handelsherr erfolgreich, sondern auch als Pionier einer modernen Landwirtschaft, die er auf seinem Mustergut Flottbek im Kirchspiel Nienstedten betrieb. Seine finanzielle Unabhängigkeit gestattete ihm, sich gründlich mit der Armenfrage auseinanderzusetzen und auf diesem Gebiet erste, wichtige, sozialreformerisch-pädagogische Schritte einzuleiten. Zusammen mit dem Hamburger Wirtschaftspublizisten Johann Georg Büsch erkannte er, daß Arbeitsbeschaffung ein wirksamer Weg war, um Erwerbslosigkeit abzubauen und dadurch der Armut vorzubeugen. Zu diesem Zweck organisierte er im Rahmen der Hamburger Patriotischen Gesellschaft 1788 eine Allgemeine Armenanstalt, die so erfolgreich wurde, daß in den folgenden Jahren über vierzig europäische Städte ihr Armenwesen danach reorganisierten. In Anerkennung dieser Verdienste – Voght wirkte als Berater in vielen Städten mit – erhob ihn Kaiser Franz II. 1802 in den Reichsfreiherrnstand.

In Kiel machte das „Hamburger System" vor allem auf den 31jährigen außerordentlichen Professor der Kameralwissenschaften, August Christian Heinrich Niemann (1762–1831)[35], einen tiefen Eindruck. Nach diesem Vorbild

37
Reichsfreiherr Caspar von Voght (1752–1839).
Kupferstich nach Johann Joachim Faber.
Kaufmann in Hamburg und Landwirt auf dem holsteinischen Gut Flottbek, gründete er 1788 die Hamburger Allgemeine Armenanstalt, um durch Beschäftigung von Erwerbslosen die Armut einzudämmen. Das „Hamburger System" wurde zum Vorbild für viele Städte in Europa.
(Schleswig-Holsteinische Landesbibliothek)

38
August Christian Heinrich Niemann (1761–1832).
Kieler Professor für Kameralistik, setzte sich wie kein anderer seiner Kollegen an der Universität für die Armenpflege ein und veröffentlichte darüber zahlreiche Beiträge in den von ihm herausgegebenen Schleswig-Holsteinischen Provinzialberichten.
(Schleswig-Holsteinische Landesbibliothek)

arbeitete er ein Konzept für eine zeitgemäße Kieler Armenversorgung aus. Träger wurde die 1793 gegründete „Gesellschaft freiwilliger Armenfreunde". Sie teilte die Stadt in vier Hauptbezirke mit mehreren Unterabteilungen auf, in denen ehrenamtlich tätige Armenpfleger wirkten. Die finanziellen Mittel wurden durch Kieler Bürger aufgebracht, die der Gesellschaft als Mitglieder angehörten. In den von Niemann seit 1787 herausgegebenen Schleswig-Holsteinischen Provinzialberichten erschienen fortlaufend Berichte über den Fortgang der Armenversorgung durch die Gesellschaft. 1795 kam es zur Errichtung der Kieler Sparkasse, die der Selbstvorsorge derjenigen Bevölkerungsschichten diente, die in ungesicherten Verhältnissen lebten. Sie hatte den Zweck, wie es in der umständlichen Sprache der Zeit hieß, „*der Verarmung zu wehren, und den Hang zur Sparsamkeit in demjenigen Theil des Kieler Publikums, welcher uns besonders am Herzen liegt, und auf welchen die gesegneten Folgen unserer rastlosen Bemühungen, zwar im stillen, aber desto sicherer wirken, rege zu machen und mehr zu verbreiten.*"[36] Auf diese Weise erhoffte man sich eine Entlastung der Armenkasse. Das gelang jedoch erst, nachdem der Spar- eine Leihkasse angegliedert worden war, die aus Darlehnszinsen allmählich immer größere Überschüsse erzielte. Alle diese Erfolge wären ohne die aufopferungsvolle Arbeit Niemanns nicht möglich geworden.

In die gleiche Richtung gingen auch die Bestrebungen des Altonaer Bankiers und Fabrikanten Johann Daniel Lawaetz (1750–1826)[37]. In England und Schlesien hatte er die mit den aufkommenden Fabriken zusammenhängenden sozialen Probleme kennengelernt und daher in der Nähe seiner Woll-, Leinen- und Segeltuchmanufakturen in Altona-Neumühlen zahlreiche Wohnungen für seine Arbeiter bauen lassen. 1812 rief er die Schleswig-Holsteinische Patriotische Gesellschaft ins Leben, die sich u. a. in ihrer Sektion für das Kirchen-, Schul- und Armenwesen zur Aufgabe machte, Erhebungen über die Armut in den Herzogtümern anzustellen und geeignete Hilfsmaßnahmen vorzuschlagen. Die größte Leistung, die Lawaetz auf dem Gebiet der Armenfürsorge zustande brachte, war die

39
KIELER SPAR- UND LEIHKASSE VON 1796. Tuschzeichnung um 1800.
In diesem Bürgerhaus, das die Gesellschaft freiwilliger Armenfreunde zur Einrichtung eines Instituts der Armenpflege erworben hatte, konnten Dienstboten, Tagelöhner, kleine Handwerker und Seeleute Geldbeträge zur Alterssicherung einzahlen.
(E. Graber, Kiel und die Gesellschaft freiwilliger Armenfreunde in Kiel 1793–1953, 1953)

40
MARNER SPARKASSE VON 1821. Photo um 1890.
Auch auf dem Lande setzte sich der Spargedanke nach 1800 durch. Die Geschäfte wurden in Privathäusern größerer Orte abgewickelt.
(W. Stock, 150 Jahre Alte Marner Sparkasse, 1971)

41
SEGEBERGER KREISSPARKASSE. PHOTO UM 1900.
Aus kleinen Anfängen entwickelten sich im Sparkassenwesen nach der Jahrhundertwende überörtliche Unternehmen, die längst nicht mehr nur der Vorsorge unbemittelter Schichten dienten, sondern von weiten Kreisen des Bürgertums in Anspruch genommen wurden und repräsentative Gebäude errichteten.
(Segeberger Kreissparkasse)

Armenkolonie auf der Harksheide bei Quickborn. Dort entstand 1821 unter seiner Führung und mit Unterstützung König Friedrich VI. von Dänemark die landwirtschaftliche Ansiedlung Friedrichsgabe für etwa hundert Stadtarme aus Altona. Es handelte sich um ein zu seiner Zeit einzigartiges Projekt, dem der Humanist und Aufklärer Lawaetz den größten Teil seines Vermögens vermachte.

Aus Altona kam auch Pastor Nikolaus Funk (1767–1847), ein gemäßigter rationalistischer Theologe. 1794 gelang ihm der Neubau eines Waisenhauses, das neue Maßstäbe für die Versorgung unbemittelter elternloser Kinder setzte. Mit dem Schicksal der Waisenkinder hat er sich zeit seines Lebens beschäftigt. Energisch kämpfte er gegen ihre körperliche und seelisch-geistige Verelendung und sorgte dafür, daß sie in gesunden Verhältnissen aufwuchsen. Auch ihrer Ausbildung schenkte er viel Aufmerksamkeit. 1803 veröffentlichte Funk eine „Geschichte und Beschreibung des Waisen-, Schul- und Arbeitshauses in Altona", die zugleich eine umfassende Geschichte des Altonaer Armenwesens enthält. Denn über das Waisenproblem hinaus galt sein Interesse der Armut schlechthin. Diesem Thema widmete er zwei weitere damals sehr beachtete Schriften. Es war die Epoche, in der die Publizität als Mittel der öffentlichen Diskussion sozialpolitisch drängender Fragen in steigendem Maße erkannt wurde. Funk hat diese Möglichkeit erfolgreich genutzt. Seine Stimme wurde unter den Fachleuten gehört. Sein Standpunkt war eindeutig: Armut gehe nicht nur auf eigenes Verschulden zurück, sondern „*die Armuth mancher Menschen rührt unstreitig von fehlerhaften gesellschaftlichen Einrichtungen selbst her.*"[38]

In Lübeck hatte sich 1789 eine „Literarische Gesellschaft" gebildet, die sich neben wissenschaftlich-geselliger Unterhaltung auch Anregungen für vaterstädtisch-gemeinnützige Aktionen zum Ziel setzte. Aus dieser Vereinigung ging 1793 die „Gesellschaft zur Beförderung gemeinnütziger Tätigkeit" hervor. Sie kümmerte sich in besonderer Weise um die Verpflegung der verarmten Bevölkerung und richtete für sie 1800 eine „Wohlfeile Speiseanstalt" ein, in der zu geringen Preisen oder kostenlos Essen ausgegeben

42
JOHANN DANIEL LAWAETZ (1750–1826).
Altonaer Bankier und Fabrikant, wandte seine ganze Kraft und schließlich auch den größten Teil seines Vermögens für die Armenfürsorge und -beschäftigung auf.
(Schleswig-Holsteinische Landesbibliothek)

43
NIKOLAUS FUNK (1767–1847).
Lithographie nach einem Gemälde von Hanson.
Pastor in Altona, widmete sich der Armen- und Waisenfürsorge und warb für ein neues Verständnis von sozialer Verantwortung.
(Schleswig-Holsteinische Landesbibliothek)

wurde. Weitere Initiativen auf dem Gebiet der Sozialfürsorge waren eine Spar- und Anleihekasse (1817), Kleinkinderschulen für Kinder berufstätiger Eltern (1834) und eine Herberge zur Heimat für wandernde Handwerksgesellen (1872). Eine der treibenden Kräfte der Gesellschaft seit ihrer Gründung war der Lübecker Assessor des Domkapitels Ludwig Suhl (1753–1819). Als engagierter Aufklärer kämpfte er gegen das zu seiner Zeit noch immer herrschende Vorurteil, Arme seien nur faul und daher für ihre Lage selbst verantwortlich. Schon 1792 hatte er im Burgkloster eine Arbeitsanstalt mit Wollspinnerei und Friesmanufaktur gegründet, um Bedürftigen eine Verdienstmöglichkeit zu geben. Auch der Lübecker Mediziner Dr. Johann Julius Walbaum (1724–1799) ist zum Kreis der aktiven Sozialpolitiker in der Hansestadt zu rechnen. Als bedeutendster Lübecker Mediziner sorgte er für die Verbesserung des Hebammen- und des Apothekenwesens. Im Rahmen der „Gesellschaft" entstanden auf seine Anregung hin eine „Rettungsanstalt für im Wasser Verunglückte" und Badeanstalten (1794), die vor allem der Gesundheitspflege der unteren Bevölkerungsschichten dienten.[39]

So war gerade das ausgehende 18. und beginnende 19. Jahrhundert reich an Einzelpersönlichkeiten, die in den Herzogtümern und Lübeck nicht nur auf der Grundlage von eigenen Stiftungen und Hinterlassenschaften segensreich für die Armen im Lande wirkten, sondern auch mit neuen Ideen zu Verbesserungen der Alltagswirklichkeit Bedürftiger beitrugen. Sie waren soziale Wohltäter, die sich dem Reformprogramm der Aufklärung verschrieben hatten und danach handelten.

44
LUDWIG SUHL (1753–1819).
Assessor des Lübecker Domkapitels, wirkte auf dem Gebiet der Berufsbildung, Gewerbeförderung, des Gesundheits- und Armenwesens und bemühte sich, breiten Volksschichten aufgeklärtes Denken und Handeln zu vermitteln.
(Museum für Kunst und Kulturgeschichte Lübeck)

45
JOHANN JULIUS WALBAUM (1724–1799).
Gemälde von Julius Gröger 1802.
Er war Lübecker Arzt und Naturforscher und engagierte sich als Aufklärer in der Gesundheitsfürsorge, im Erziehungs- und Bildungswesen, um den Unterschichten den Alltag zu erleichtern.
(Gesellschaft zur Beförderung gemeinnütziger Tätigkeiten in Lübeck)

II. Nahrungsversorgung der Armen

Zu den Grundbedürfnissen des menschlichen Lebens gehören Nahrung, Kleidung und ein Dach über dem Kopf. Die Unfähigkeit, sich diese drei Bedürfnisse ohne fremde Hilfe zu verschaffen, kennzeichnet den Armen. Dabei läßt sich folgende Rangordnung unter den drei wichtigsten Ansprüchen ermitteln. An erster Stelle steht die Notwendigkeit, sich zu ernähren, um die physische Existenz zu erhalten. Erst danach folgt der Drang, den Körper vor Kälte und Hitze zu schützen oder aus Gründen der Scham zu bedecken, sofern das gesellschaftliche Wertesystem dies erfordert. Schließlich gilt es als menschenwürdig, eine Behausung zu haben. Die Geschichte der Armut zeigt, daß häufig nur eine dieser Bedingung erfüllt war.

Vordringlich blieb stets die Nahrung, der Kampf um das tägliche Brot zum Überleben. Wer hungern mußte, besaß nicht mehr die Kraft, um zu arbeiten, konnte sich also auch keine anderen lebensnotwendigen Dinge verschaffen, wie Kleidung oder Wohnung. Außerdem führte dieser höllische Kreislauf seit der Reformationszeit mit ihrer hohen Bewertung des Arbeitsethos dazu, daß Armut in den Verdacht von Faulheit und Müßiggang geriet. Als Begründung mußte das Wort des Apostels Paulus herhalten, der im 2. Brief an die Thessalonicher geschrieben hatte: *„Wenn einer nicht arbeiten will, dann soll er auch nicht essen."*[1]

Aber nicht immer fand sich Arbeit, und daran waren oftmals Wirtschaftskrisen schuld. Sie durchziehen wie ein roter Faden die Jahrhunderte vom ausgehenden Mittelalter bis in die Mitte des 19. Jahrhunderts. Der französische Wirtschaftshistoriker E. Labrousse hat sich bemüht, Ursachen, Verlauf und Ende der vorindustriellen Krise herauszufinden. Er kam zu dem Ergebnis, daß lange und harte Winter, verregnete Sommer oder Naturkatastrophen, wie Überflutungen von Flüssen, Deichbrüche, übermäßiges Auftreten von Pflanzenschädlingen, zu gravierenden Ernteausfällen führten, so daß die Getreidepreise sprunghaft stiegen und Einkommensverluste mit sich brachten. Die Nachfrage nach Arbeitskräften ging zurück. Erwerbslosigkeit griff um sich, und Hunger breitete sich aus[2]. Auch wenn der Verlauf der Krisen nicht immer und überall in dieser Weise geschah, so kann doch kein Zweifel darüber bestehen, daß schlechte klimatische Bedingungen stets unmittelbare Auswirkungen auf die Ernte und damit auf Löhne und Preise hatten und zu Teuerungen führten, als deren Folge schließlich Hungersnöte auftraten, von denen zu allererst und unmittelbar die von Armut gefährdete oder bereits in Armut gefallene Bevölkerung betroffen wurde.

Extreme Wetterlagen kamen auch in Schleswig-Holstein regelmäßig vor: Mindestens 10 Jahre waren in einem Jahrhundert von großen Regen- oder Trockenperioden gekennzeichnet. So regnete es 1315 vom 1. Mai bis Ende des Jahres täglich, so daß viele Menschen vor Hunger umkamen oder außer Landes gehen mußten. 1588 regnete es 23 Tage lang. Das Korn wuchs aus, verdarb und konnte zum Teil erst im Winter mit Schlitten geborgen werden. 1794 war ein Jahr der Dürre. Weder wuchs genügend Getreide, noch konnten die Mühlen das Wenige verarbeiten, weil Wind und Wasser fehlten[3].

In den Städten wirkte sich der Hunger schneller und verheerender aus als auf dem Lande, wo mehr Nahrungsmittel zur Verfügung standen. Obgleich den Seestädten der billi-

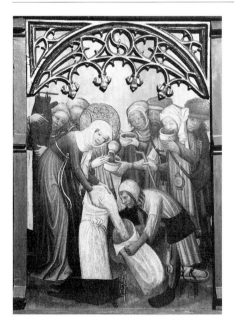

46
KORNAUSGABE DURCH DIE HEILIGE ELISABETH. Altar im Heiligen-Geist-Hospital Lübeck Anfang 15. Jahrhundert. Getreide war im Mittelalter das wichtigste Nahrungsmittel. Es wurde in Breiform oder als Brot genossen.
(Museum für Kunst und Kulturgeschichte Lübeck)

47
VOLKSKÜCHE. Photo um 1909.
In der von der „Gesellschaft freiwilliger Armenfreunde in Kiel" geschaffenen Einrichtung konnten Angehörige der ärmeren Bevölkerung preiswert an gedeckten Tischen essen.
(E. Graber, Kiel und die Gesellschaft freiwilliger Armenfreunde 1793–1953, 1953)

gere Transport auf dem Wasser zur Verfügung stand, blieben ihnen Teuerungen nicht erspart. 1531 heißt es für Hamburg: *„Das Brot war so klein, daß mans durch die Hand ziehen konnte."*[4] Als der Roggenpreis im Herbst 1698 innerhalb von nur drei Wochen auf nahezu das Doppelte anstieg, setzte der Rat den Mehlpreis fest. Aber auf der Ratsmühle entstand *„ein solches Gedränge, daß täglich mehrere Personen zu Schanden gedrückt wurden, von denen mehrere gestorben sind, und man 20 Soldaten dahin zur Aufrechterhaltung der Ordnung kommandierte, die aber bei dem rasenden Gedränge nicht viel ausrichten konnten".*[5] Die angespannte Versorgungssituation konnte dann auch zu Unruhen führen, wie z. B. in Flensburg. Dort war im Frühsommer 1795 das Brotgetreide infolge einer schwachen Ernte im Vorjahr knapp geworden. Die steigenden Lebensmittelpreise erregten besonders bei Handwerkern, Tagelöhnern und Seeleuten Unzufriedenheit, und es kam schließlich zu Gewaltakten, die sich vor allem gegen Kornhändler, Branntweinbrenner und Speckhändler richteten und denen der Magistrat mit militärischer Hilfe begegnen mußte[6].

Wieviele Kalorien benötigte man, um existenzfähig bleiben zu können? Als Mindestbedarf für eine fünfköpfige Familie um 1800 wurden 11 200 Kalorien pro Tag angenommen. Davon entfielen 3600 auf den Familienvater, 2400 auf die Mutter und 2400–1200 auf drei Kinder unterschiedlichen Alters. Das entsprach einem jährlichen Konsum von 1250 kg Brotgetreide, 135 kg Erbsen, 50 kg Butter, 100 kg Fleisch[7]. Allerdings ist anzunehmen, daß der Anteil an Butter und Fleisch bei der Armenbevölkerung zugunsten von Brot- und Grobgemüsen erheblich geringer war.

Interessant ist, auf welche Weise Nahrungsmittel verteilt und verzehrt wurden. In der offenen Armenpflege war es generell üblich, Speisen entweder von Straßen- oder Marktbuden – wie in Lübeck – an Arme zu verteilen oder sie ihnen an Haustüren zu reichen. Die Lebensmittel wurden auf offener Straße stehend oder an eine Hauswand gedrückt sofort verschlungen, oder im Bettelsack gesammelt. Der rasche öffentliche, ambulante und elementare Nahrungsverzehr vieler Armen folgte damit eigenen Regeln, die in scharfem Kontrast zur geltenden Eßkultur standen und jedermann sichtbar die besondere soziale Situation der Armut vor Augen führte. In der geschlossenen Armenpflege wurden die Mahlzeiten dagegen gemeinsam an langen Tischen in schmucklosen Räumen unter Aufsicht der Hausväter, Ökonomen und Offizianten der Spitäler, Stifte, Armen- und Waisenhäuser eingenommen. Auf den ersten Blick hin entsprach das zwar dem, was traditionell unter Eßgemeinschaft in der bürgerlichen oder bäuerlichen großen Haushaltsfamilie verstanden wurde. Aber bei näherem Zusehen läßt dich doch schnell erkennen, daß es sich im Spital oder Armenhaus um eine bunt zusammengewürfelte Gesellschaft handelte, deren Zusammensetzung auf Zufall beruhte und die sich keinesfalls familiär gebunden fühlte, sondern einzig aus Not zusammengefunden hatte. Ernährung zeigte sich demnach als ein vom sozialen Raum abhängiger Vorgang[8].

Die regelmäßige Nahrungsversorgung der Armen gehört schon recht früh zu den Leistungen der Kirche, privater Wohltäter oder der Kommune. Im spätmittelalterlichen Lübeck waren es die geistlichen Brüderschaften, die wie der St. Clemens-Kaland täglich Speisen an Arme ausgaben. Von der St. Antoniusbrüderschaft wurden ihnen Brot und Butter, zur Fastenzeit aber Heringe und Trockenfisch gereicht[9]. Der Lübecker Bischof Nicolaus II. (1439–1449) ordnete an, daß sonnabends an 13 arme Personen je ein halbes Pfund Butter, 3 Heringe und 3 Brote ausgegeben wurden[10]. Im Möllner Heiligengeist-Hospital fand um 1504 ein „Seelenbad" statt.

Der Begriff ist nicht eindeutig zu klären. Möglicherweise handelt es sich um das Ausgießen heilsamen Weihwassers gegen das Böse und zur Rettung der Seelen. Es könnte aber auch die in unserem Zusammenhang interessantere Bezeichnung für Almosen als sündentilgendes Wasser sein, das dem Spender zugute kam.[11] Die Möllner Hospitalinsassen erhielten bei dieser Gelegenheit Weißbrot und Bier.[12]

Am besten erging es den Armen, die in der geschlossenen Armenpflege versorgt wurden. Dazu zählten z. B. die Insassen des Lübecker Waisenhauses. Über ihren Speiseplan in der Mitte des 18. Jahrhunderts sind wir genau unterrichtet: *„An Frühstück ward an allen Wochentagen um acht Uhr – denn Sonntagsmorgens wurde gar nichts gereicht – jedem*

48
DIE HEILIGEN DREIKÖNIGE. Gemälde von Christian Dalsgaard nach 1862.
Als Kaspar, Melchior und Balthasar verkleidet zogen arme Leute mit einem beleuchteten Stern von Haus zu Haus, sangen und wünschten ein glückliches Neues Jahr. Dafür erhielten sie Lebensmittel.
(Kunstmuseum Sorø)

Kinde ein Roggenbutterbrod gegeben. Zu Mittag wurde gegessen um zehn Uhr, und da gab es, am Montag und Freitag dicke Grütze in Milch und ein Butterbrod, Dienstags und Donnerstags Kohl oder Erbsen und kleingeschnittene Kaldaunen, Mittwochs Grütze in Milch und Rothscheer (getrockneter Fisch) Sonnabends Grütze in Milch und Sutermuß.[13] Am Sonntag gab es Pöckelfleisch oder wohl Kalbfleisch mit Kohl und Erbsen. Wenn aber eine sogenannte Speisung war, so erhielt jedes Kind am Sonntag dicken Reis und Zucker, eine Portion Ochsenfleisch, eine Sechsling-Semmel und einen Becher Bier. Alle Abende um fünf Uhr gab es ein Butterbrod und etwas kalte Schaale oder Milch, welche im Winter gewärmt ward."[14] Hundert Jahre später hatten sich Gehalt und Menge des Essens verändert. Es gab zwar immer noch regelmäßig Milchgrütze, aber Graupen, Kartoffeln und weiße Bohnen, im Sommer bisweilen frisches Gemüse und im Herbst Grünkohl, wurden häufiger gereicht. Mehlspeisen und Fisch dagegen fehlten völlig[15].

Nachdem im letzten Drittel des 18. Jahrhunderts die Verarmung in Norddeutschland sprunghaft zugenommen hatte, geriet das Armenproblem immer mehr in den Mittelpunkt aufklärerischer Sozialplanung. In diesem Zusammenhang stellte man erstmals 1788 in Hamburg Berechnungen über die Kosten zur Bestreitung der Lebenshaltung auf und kam zu dem Ergebnis, ein alleinstehender Erwachsener brauche jährlich 68 Mark und sieben Schillinge für Brot und Zuspeise. Die Hamburger Armenanstalt meinte jedoch, das „wahre tägliche Bedürfnis des Armen" könne um ein Viertel niedriger angesetzt werden. Vier Jahre später wurden die Lebenshaltungskosten erneut berechnet. Diesmal fand eine genauere Aufschlüsselung der lebensnotwendigen Nahrungsmittel statt. Danach benötigte ein Erwachsener jährlich 90 Mark und 42 Schillinge für:

1 Spint Brot (6,87 Pf.)
2 Spint Kartoffeln (13,6 Pf.)
½ Pf. Butter
Milch
½ Pfund Zucker
1 Lot Tee (15 g)
Salz

Die Lebenshaltungskosten waren demnach von 1788 bis 1792 erheblich gestiegen[16]. Auffallend ist auch der hohe Anteil an Kartoffeln. Der Schwerpunkt der Ernährung lag demnach auf Kohlehydraten.

Die Kieler Gesellschaft freiwilliger Armenfreunde hängte 1793 den Brotkorb jedoch sehr viel höher und meinte, ein erwachsener Armer müßte mit 75 Mark jährlich auskommen, um sich davon Brot, Butter, Kartoffeln, Milch und Bier zu kaufen. Die Einschränkung des Fleischgenusses schade nichts, auch wenn viele Arme an Fleisch gewöhnt seien[17].

Seit dem Ausgang des 18. Jahrhunderts waren in Schleswig-Holstein unter dem Einfluß aufgeklärter Armenfürsorger auch Pläne aufgetaucht, öffentliche Garküchen für die bedürftige Bevölkerung zu schaffen. In diese Richtung hatte bereits der in Amerika geborene und lange Zeit am kurbayerischen Hof tätige Graf von Rumford (1753–1814) gearbeitet, als er für Soldaten und Bettler eine preiswerte Suppe aus Erbsen, Graupen, Kartoffeln und Speckschwarten entwickelte, die sich schnell und preiswert bereiten ließ. Der Kieler Kameralist August Chr. H. Niemann wünschte 1799, daß die Rumfordsuppe überall in Armen- und Pflege-, Waisen- und Zuchthäusern eingeführt würde. In Glückstadt und Eckernförde war das bereits der Fall[18].

In Flensburg kam es 1822 im Waisenhaus zur Einrichtung einer Kochanstalt. Dort erhielten Arme zwischen elf und zwölf Uhr mittags warme Mahlzeiten, wenn sie eine Blechmarke vorweisen konnten, die sie von einem Pfleger erhielten, oder einen Schilling bezahlten. Das Speisenangebot wechselte zwischen Erbsensuppe, Graupensuppe mit und ohne Fleisch und Gerstengrütze in Milch und Wasser. Es ist offenbar gut angenommen worden: 1831 wurden nicht weniger als 78 405 Portionen ausgegeben[19].

Das Flensburger Vorbild wirkte auf andere Städte in Schleswig-Holstein. In Kiel kam es jedoch erst 1878 durch die „Gesellschaft freiwilliger Armenfreunde" zur Eröffnung einer Volksküche, die täglich etwa 200 Portionen ausgab und von 6 Uhr morgens bis 8 Uhr abends geöffnet war. Das Essen richtete sich nach Geschmack und Gewohnheit der Bevölkerung. Täglich wurde zudem in der „Kieler Zei-

49
RUMMELPOTTSÄNGER. Zeichnung von Carl Schildt 1894.
In der Adventszeit, am Weihnachts- und am Neujahrsabend gingen Kinder mit dem Rummelpott, einem irdenen Topf mit Schweinsblase und durchgezogenem Rohr lärmend und singend von Haus zu Haus und sammelten für sich Äpfel und Nüsse ein. Dieser Bettelbrauch wurde im 19. Jahrhundert meist von Arbeiter- und Tagelöhnerkindern geübt.
(Schleswig-Holsteinische Landesbibliothek)

50
STERNSINGER. Holzschnitt um 1920 (?)
Nach dem Ersten Weltkrieg wußte man offenbar kaum noch etwas davon, daß Sternsingen einstmals ein Bettelbrauch Erwachsener gewesen war, sonst hätte man die Heiligen Dreikönige auf diesem Bild nicht wie würdige Bürgersleute dargestellt.
(Schleswig-Holsteinische Landesbibliothek)

tung", in den „Kieler Neuesten Nachrichten" und in der „Schleswig-Holsteinischen Volkszeitung" der Speisezettel veröffentlicht. So gab es Anfang Juli 1879:

Donnerstag	Suppe mit Reis, Rindfleisch, Senfsoße, Kartoffeln
Freitag	Bohnensuppe, gesalzenes Fleisch, Kartoffeln
Sonnabend	Biersuppe, Ragout, Kartoffeln
Sonntag	Weinsuppe, Schweinsbraten, Kartoffeln
Montag	Graupensuppe, Preßkopf, gestobte Kartoffeln
Dienstag	Buttermilchsuppe, Wurst, Sauerkohl, Kartoffeln
Mittwoch	Suppe mit Reis, Sauerbraten, Kartoffeln
Donnerstag	Brotsuppe, Frikadelle, Kartoffeln

Außerhalb der Mittagszeit wurden in der Kieler Volksküche auch alkoholfreie Getränke, Kaffee, Milch, Schokolade, Brötchen und Kuchen verkauft. Bedürftige Kinder erhielten von Dezember bis April unentgeltlich ein warmes Frühstück mit einem Teller Grütze und Milch und einem Brötchen[20].

Auf dem Lande sah die Nahrungsversorgung bedürftiger Menschen ein wenig anders aus. Dort, wo keine Armenhäuser existierten, gab es die Einrichtung des Wandeltisches, d. h. die Armen erhielten der Reihe nach bei den Bauern täglich, wöchentlich oder monatlich wechselnd ihre Verpflegung. Das klappte wohl nicht immer zufriedenstellend, weil mancher Hausvater seinen armen „Gästen" minderwertiges Essen auf den Tisch stellte. In der Regel war dies jedoch der billigste Weg der Lebensmittelversorgung, und im Amt Bordesholm war es sogar üblich, daß sich die Dorfarmen dafür durch unentgeltliche Mitarbeit in Haus und Hof erkenntlich zeigten[21]. Dadurch verlor die Versorgung den Charakter des bloßen Almosens. Bettlägerige Arme wurden gleichfalls der Reihe nach mit Krankenspeise versehen. Es war in manchen Dörfern aber auch üblich, daß die Hufner Milch, Brot und Mehl ins Armenhaus schickten[22].

Im Kirchspiel Ballum in Nordschleswig waren die Armen, unter Leitung von Aufseher und Aufseherin im Arbeitshaus untergebracht. Auf der Hausdiele standen Speisetische, an denen man gemeinsam die Mahlzeiten einnahm.

Das Essen war ziemlich gleichförmig. Morgens und abends gab es Biergrütze. Mittags wechselten die Mahlzeiten zwischen wöchentlich dreimal Gerstengrütze, zweimal Buchweizengrütze mit Kartoffeln und einmal Erbsen mit Speck. Jeden siebten Tag wurde Kohl mit Fleisch gereicht. Außerdem erhielt jeder Insasse in der Woche 5 Pfund Brot. An Festtagen war es üblich, daß den Armen von großzügigen Gönnern ein Fläschchen Branntwein, Kaffee, Zucker und Reis spendiert wurden[23].

Viele Armenhäuser in Schleswig-Holstein verfügten über Gartenland oder sogar mehrere Hektar Ackerfläche, die mit Hilfe der Insassen selbst bewirtschaftet wurden. Zum 1882 errichteten Armen- und Werkhaus von Bergstedt bei Wandsbek z. B., das mit 25 Männern, Frauen und Kindern belegt war, gehörten 4 ha Land, die landwirtschaftlich genutzt wurden. Pflügen, Eggen, Besäen und Abernten besorgte ein Bauer aus dem Dorf, und für den Drusch wurde einen Tag lang eine Mietdreschmaschine gestellt. Die Kartoffeln mußten aber die alten Männer und Frauen auf einem Kartoffelsack rutschend selbst roden. Zu Gartenarbeiten wurden sie das ganze Jahr über herangezogen. Ferner hielten die Hausverwalter eine größere Anzahl von Schweinen und Hühnern sowie zwei Milchkühe, deren Gräsung wiederum Heiminsassen oblag. Diese Selbstversorgung reichte zwar für die Verpflegung nur teilweise aus, aber sie reduzierte doch die baren Auslagen und ermöglichte zugleich den Armen eine sinnvolle Beschäftigung. Selbst als aus dem Armen- und Werkhaus 1925 ein Altersheim geworden war, behielt man die Landwirtschaft bei, ja erweiterte sie sogar noch, indem Grund und Boden auf ca. 10 ha erweitert und zwei Pferde gehalten wurden[24].

Nicht immer reichte aus, was an Naturalverpflegung für Bedürftige vorhanden war. Sie mußten daher zusätzlich jede sich bietende Gelegenheit nutzen, um ihre Versorgung zu verbessern. Das war vor allem in der Erntezeit möglich, wenn das Korn eingefahren war. Dann konnten die liegengebliebenen Ähren auf den Stoppelfeldern aufgelesen oder mit der sogenannten Hungerharke zusammengekehrt werden. Dieses Recht stand auf der Insel Fehmarn ausdrücklich den notorisch armen Insten und Häuerlingen zu. Sie mußten sich dafür vom Kämmerer des Kirchspiels einen

51
STERNSINGER. Zeichnung von Dorothea Henschel um 1920 (?)
Verwegen und unternehmungslustig haben sich die drei Kinder für ihren Heischegang gerüstet und beraten nun noch über die Einzelheiten ihres Vorhabens.
(Schleswig-Holsteinische Landesbibliothek)

52
STERNSINGER. Lithographie Ende 19. Jahrhundert (?).
Vor dem hell erleuchteten Fenster eines Bürgerhauses nimmt ein Knabe Gaben entgegen, im Hintergrund gespannt von Altersgenossen beobachtet, die hoffen, daß auch für sie etwas abfällt. Sternsingen war zum Heischebrauch der Kinder geworden.
(Schleswig-Holsteinische Landesbibliothek)

Erlaubnisschein holen. Bedingung war, daß sie während dieser Zeit bei Bedarf für Arbeiten im Tagelohn verfügbar waren[25].

Hunger und Not standen zu allen Zeiten Überfluß und Reichtum gegenüber. Zumal in den reichen Marschen aß man gut und viel. Anfang des 19. Jahrhunderts schrieb der Rechtsgelehrte Anselm Ritter von Feuerbach, der von 1802–1804 Professor an der Christian-Albrechts-Universität zu Kiel war: *"Viel mehr als an guten Meistern der Baukunst hat Holstein Vorrat gehabt an großen Leistern in einer anderen Fertigkeit, die in Vollkommenheit sich anzueignen eher mehr als weniger Lehrgeld zu bezahlen ist. Es handelt sich um die Fähigkeit, möglichst große Massen an Nahrungsmitteln in sich aufzunehmen. Dies Land hat wohl in jedem Menschenalter darin seine eigenen Helden gehabt, die um den Kranz der Vollendung zu ringen hatten und in ihrem Streben populär geworden sind im Lande der Roten Grütze und des fetten Rindfleisches"*[26]. Einer davon war der legendäre Branntweinbrenner und Gastwirt Paul Butterbrodt aus Heiligenstedten bei Itzehoe, der 476 Pfund wog und zu den Sehenswürdigkeiten seiner Zeit zählte. Von ihm ist überliefert, daß er sich weniger der Arbeit widmete als dem Essen und Trinken. Als er 1793 dreiundsechzigjährig starb, soll sein Sarg so breit gewesen sein, daß die Türöffnung seines Hauses erweitert werden mußte[27].

Auch in der Universitätsstadt Kiel wußte man, daß Speise und Trank Leib und Seele zusammenhalten. Der Schriftsteller Friedrich A. Ebert berichtete in den 1820er Jahren, daß das gesellige Leben im alten Kiel aus großen Gastereien bestanden habe: *"Nachmittags speisten wir bei einem der reichsten Kaufleute in Kiel ... An Schüsseln und Bäuchen für diese Schüsseln fehlte es hier durchaus nicht. Es war, wie man es sonst in Hamburg nannte, ein Bullengelag, d. h. wo bloß Männer gebeten waren. Man ließ sich die geräucherten und frischen Speisen, die See- und Landdelikatessen so zu Mund und Magen gehen, daß Kopf und Herz dabei völlig in Ruhestand gesetzt zu sein schienen ... auf der einen Seite saß der berühmte Entomologe und Schüler Linnés, der Professor Fabricius, neben mir, der aber hier nur für Zootomie (Tieranatomie) Sinn hatte und mächtig große Happen von Schinken und Kälberbrüsten hinabwürgte. Wenn eine Tracht Schüsseln vorbei war, lüfteten sich die Gäste durch einen Spaziergang in dem Garten und setzten sich dann mit erneuerter Eßkraft wieder an die Arbeit"*[28]. Um diese Zeit gab es in Kiel etwa 400 Arme[29], das waren circa 4 % der Einwohnerzahl[30]. Freilich wurden sie von den gleichen Bürgern unterhalten, deren Tische sich bei den Gastereien bogen.

Nicht weniger aufwendig waren die Schmausereien auf den Hochzeiten begüterter Bauern in Schleswig-Holstein. Man nannte das „groot köst", „Etenköst" oder „lustige Köst", zu der nicht selten das ganze Dorf, zuweilen auch Nachbardörfer eingeladen wurden, so daß bis zu 500 Personen zusammenkamen. Auf der Rückfahrt von der Kirche sperrten Kinder und arme Leute den Weg mit einem Strick oder einer Latte, und das Brautpaar mußte sich durch Kuchen, Schnaps oder Geld freikaufen. Ebenso wurden Speisen an der Grootdör oder am Tokiekerbalken, dem ersten Querbalken des Hauses verteilt, wenn die Hochzeitsgesellschaft tafelte. Auch während der Mahlzeit sammelte man mehrmals für die Armen ein. Um 1800 dauerte eine große Bauernhochzeit 3–8 Tage[31].

Aber nicht nur auf Hochzeiten, sondern auch bei anderen Gelegenheiten fielen Nahrungsmittel für die arme Bevölkerung ab. Besonders die Jahreszeit zwischen Advent und Dreikönigstag erwies sich als lohnend. In der Adventszeit zogen die Kinder ärmerer Leute, aber auch erwachsene Arme von Haus zu Haus und sagten vor der Tür oder auf der Diele ihren Bittspruch auf: *"Arm Lüd ni'n beten mitdelen! Lewer Gott segent rikel un duppelt weller"*. Bauer und Bäuerin teilten von einem Tisch auf der Diele die Gaben aus. Bevorzugter Termin für diese Heischebräuche war jedoch der Abend vor dem 6. Januar, der „Könabend" (Königsabend), an dem arme Männer in weißen Hemden mit einem Stern aus Goldpapier mit Glöckchen auf der Stange als „Sternlöpers" auftraten und um Gaben bettelten. Zunächst sagten sie einen einleitenden Spruch auf, wie: *"Hier treten wir her mit unserem Stern, wir suchen den Herrn und hätten ihn gern"*. Anschließend brachten sie jedem Hausgenossen gereimte Wünsche dar. So war es besonders in der Kremper- und Wilstermarsch, in Dithmar-

53
BETTLER AN DER TÜR. Gemälde von P. Raadsig 1858.
Argwöhnisch vom Hund beschnuppert, mit dem Bettelsack in der Hand steht der Arme an der Küchentür. Das kleine Mädchen ist sich seiner Rolle als Gabenspenderin wohl bewußt. So lernt es schon früh, was Armut bedeutet.
(A. Steensberg, Dagliliv i Danmark I, 1963)

54
BETTELNDER INVALIDE. Holzschnitt von H. Schweil 1853.
Verarmte Soldaten in zerschlissenen Uniformen gehörten zum alltäglichen Bild und waren für einen Teller Suppe stets dankbar.
(Schleswig-Holsteinisches Landesmuseum)

schen, Angeln und im Dänischen Wohld üblich. Zur Belohnung gab es Lebensmittel, die vor allem in der Weihnachtszeit reichlich vorhanden waren, d. h. Kuchen, Nüsse, Äpfel, zuweilen auch Butterbrot und Würste[32].

Zum Fastelabend zogen Knechte oder junge Leute aus dem Dorf von Haus zu Haus und sammelten Würste, Speck, Eier und Butter ein, die sie dann anschließend in einem Gasthaus oder Bauernhaus gemeinsam verzehrten[33].

Das Rummelpottlaufen der Kinder ist ein seit dem frühen 19. Jahrhundert in Schleswig-Holstein nachweisbarer Bettelbrauch, der ursprünglich nur von armen Kindern geübt worden ist. Der Rummelpott war ein Friktionsinstrument, das aus einem irdenen Topf bestand, über den ein Stück Schweinsblase gebunden wurde. In die Mitte wurde das Ende eines Rohrhalmes hineingesteckt, das beim Hin- und Herziehen ein brüllendes Geräusch verursachte. Dazu sangen die Kinder Lieder, wie: „Fieken maak de Dör op un lad den Rummelpott rin", und in Eiderstedt wurde hinzugesetzt: „En Stück Speck und een Stück Brood dat is guud för Hungersnood". In der Gegend um Kiel hießen die heischenden Arbeiter- und Tagelöhnerkinder „Schnurr- oder Bittgänger"[34]. Auch herumziehenden Bettlern wurden an der Tür Essensreste gereicht. Doch nicht immer zeigten sich die Wohlhabenden gebefreudig. Dann hielten die Ärmeren mit ihrer Kritik nicht zurück. Das zeigt ein Tanz- und Trinkreim, den Knechte in der Heider Umgebung in gehobener Stimmung zum besten gaben[35]:

Es muß ein reicher Bauer sein, der uns ernähren soll.
Er nähret uns dreiviertel Jahr dann fressen wir ihn mit Haut und Haar.
Uns geht's wohl, ja uns geht's wohl. Uns geht's wohl und niemals übel.
Wo nichts ist, da bleibt nichts übrig, uns geht's wohl ja uns geht's wohl.
Wenn die Bauern Hafer dreschen, müssen wir die Spreue fressen.
Uns geht's wohl usw.
Wenn die Bauern Eier essen, müssen wir die Schale fressen.
Wenn die Bauern Speck abschneiden, wollen wir nicht Hunger leiden.
Wenn die Bauern Mist kajohlen, woll'n wir uns ihre Weiber holen.
Uns geht's wohl usw.

Wenn die Hungersnot mit den üblichen Mitteln der Armenversorgung nicht mehr zu meistern war, wurden die Grenzen des kulturellen Nahrungssystems durchbrochen und alles Eßbare verfügbar gemacht, was bis dahin tabuisiert war, wie Hunde- und Katzenfleisch, gefallenes Vieh vom Schindanger. Dies alles diente ebenso der Ernährung wie Gras, Disteln, geröstete Haferspreu, Wicken, Laub. Anstelle von Roggenbrot wurde „Notbrot" gebacken als Wurzelbrot aus verschiedenen Gewächsen wie Rüben, Meerrettich, Rettich und Zwiebeln oder Kräuter-, Blätter-, Laub-, Baumrinden-, Sägespänen-, Tannenzapfen- und Fichtenbrot, die allesamt nur schwer zu vertragen waren[36]. Welche Art dieser Notnahrung man in Schleswig-Holstein und Lübeck in den Jahren heftiger Hungerkrisen bevorzugte, läßt sich nur schwer ermitteln. Daß aber die eine oder andere in Stadt und Land im Kampf ums Überleben genossen wurde, kann kaum bezweifelt werden.

Die Deckung des Nahrungsmittelbedarfs blieb für die Armen vom Mittelalter bis ins 19. Jahrhundert das zentrale existentielle Problem. Es verschärfte sich in Zeiten schlechter Ernteerträge, wenn der Preis für Brotgetreide, der untrügliche Indikator für gesamtwirtschaftliche Entwicklungen, stieg. Alsbald trat eine Verknappung der Beträge ein, die die Armenversorgung für Lebensmittel ausgeben konnte. Ebenso wuchs die Anzahl der Bedürftigen, weil die Löhne für breite, am Rand des Existenzminimums stehende Bevölkerungsschichten nicht mehr ausreichten, um sich aus eigener Kraft über Wasser zu halten. Dieser Teufelskreis konnte bis zur Mitte des 19. Jahrhunderts nicht durchbrochen werden. Seine Auswirkungen trafen die Menschen an ihrer empfindlichsten Stelle: dem Bedürfnis, den Hunger zu stillen.

Erst als die vorindustriellen Krisen durch Agrarrevolution und Industrialisierung überwunden werden konnten, ließ sich die Volksernährung sichern. Seitdem ist das Nahrungsproblem sozial schwacher Bevölkerungsgruppen in unseren westlichen Gesellschaften nicht mehr vorrangig.

55
WAISEN SAMMELN FÜR IHREN UNTERHALT.
Federzeichnung von Jes Bundsen um 1830.
Auch Waisenkinder baten um milde Gaben. Wenn sie, wie hier vor dem „Palmaille-Pavillon" in Altona, gesungen hatten, zogen sie mit dem Klingelbeutel umher und nahmen Spenden entgegen.
(Altonaer Museum)

III. Kleidung der Armen

Die Kleidung hat seit jeher nicht nur die Funktion, Schutz gegen Kälte oder Hitze, Regen oder Sonne zu gewähren, sondern sie ist stets auch ein unübersehbar gewolltes oder ungewolltes Signal, das etwas über den Träger auszusagen vermag. Gottfried Kellers Novelle „Kleider machen Leute" verdeutlicht diese Orientierungsfunktion und weist auf die Materialisierung von sozialem Verhalten hin. Das äußert sich nicht zuletzt sinnfällig in der Übereinstimmung von „Habit" als Bezeichnung des Gewandes und „Habitus" als Erscheinungsbild, das wesentlich von der Kleidung mitbestimmt wird[1]. Dabei stellt sich die Frage, ob Kleidung menschliches Verhalten prägt, oder ob sie umgekehrt aus einer spezifischen Einstellung resultiert[2]. Wechselwirkungen sind offensichtlich.

Im Falle der Armenbevölkerung muß man von dem erstgenannten Bezug ausgehen. Denn arme Leute besaßen nur wenig Zeug, und dieses befand sich in einem dürftigen Zustand. Es handelte sich nicht selten um abgelegte Stücke Bessersituierter. Die Diskrepanz zwischen diesen ursprünglich einmal modisch geschnittenen Hosen, Röcken, Mänteln usw. und nun altmodisch Gewordenem betonte die Ärmlichkeit solcher Kleidungsstücke nur noch. Aber auch der bescheidene Kittel des kleinen Mannes, sein schmuckloses Hemd trugen nach Jahren rücksichtslosen Gebrauchs, wenn sie schließlich den Ärmsten als Gewand dienten, zur Verfestigung ihrer sozialen Rolle bei und signalisierten Hilflosigkeit und Not. Solche Kleidung war kaum geeignet, Menschen, die ohnehin auf Almosen angewiesen waren, in ihrem Lebensmut zu stärken. Daß sich Arme bewußt als solche gekleidet haben, um damit Eindruck bei mitleidigen Spendern zu erwecken, hat es allerdings auch gegeben. In den Schleswig-Holsteinischen Provinzialberichten heißt es 1828, es gebe Bettler, die sich rote Jacken anzögen und als abgedankte Soldaten ausgäben, um Bedürftigkeit vorzutäuschen[3].

Es gibt nur wenige Beschreibungen, die etwas darüber aussagen, was für Kleidung die Armen besaßen. Am ehesten noch finden sich Hinweise in obrigkeitlichen Aufzeichnungen. So sind gelegentlich in den veröffentlichten alphabetischen Listen über die „angehaltenen und befragten einheimischen und auswärtigen Herumstreifer und Bettler" in Holstein und Schleswig zwischen 1794 und 1809 Angaben über Kleidung gemacht worden. Da heißt es z.B.: *„Er trug die Infanterie-Uniform, roth und blau"*

56
BETTLERFIGUR. Knagge am Tor des Lübecker Marstalls Ende 14. Jahrhundert.
Die über die Ohren reichende Kopfbedeckung wirkt wie eine abgeschnittene Gugel (Kragenkapuze), die die Angehörigen der niederen Stände im Mittelalter trugen. Sie war der einzige Schutz des obdachlosen Armen gegen Sonne, Regen und Kälte.
(Museum für Kunst und Kulturgeschichte Lübeck)

57
ARMER LAZARUS. Armenblock der Kirche in Ütersen 1780.
Die Figur selbst stammt aus dem 17. Jahrhundert und betont die Dürftigkeit der Armenkleidung: Kurzärmeliger Kittel und zerschlissene Beinkleider.
(Landesamt für Denkmalpflege Schleswig-Holstein)

58
HOSPITALITINNEN. Photo vor dem Ersten Weltkrieg.
Die alten Frauen im Innenhof des Lübecker Heiligen-Geist-Hospitals sind adrett mit Häubchen, Schürze und teilweise auch Schulterumhang gekleidet. Vielleicht haben sie sich für den Photographen zurecht gemacht.
(Museum für Kunst und Kulturgeschichte Lübeck)

(1794), „*angeblich etwa 45 Jahr alt, aus Wien gebürtig, ein Marionetten- und Taschenspieler, kleiner Statur, runden Gesichts, einen Schnurrbart und rothe Husaren-Univorm tragend...*" (1794), „*35 Jahr alt, aus Lübeck, verunglückter Kaufmannsdiener, kleiner Positur, blauen Augen, schwarzbraunen Haaren, eine Perücke tragend*" (1794), „*er trug einen grünen, abgerissenen Überrock*" (1799), „*war mittlerer Größe, stark von Knochen, trug schwarzes rundes Haar und Matrosen-Kleidung*" (1799), „*bekleidet mit einem Kittel und alten Stiefeln*" (1802), „*trug schlechte, lumpigte Kleidung* (1802), „*gekleidet in einer kurzen grünen Jacke mit weissen metallenen Knöpfen, leinenen Beinkleidern und rundem Hut*" (1802), „*ein Bursche in zerlumpten Kleidern, 13 Jahre, gebürtig aus Hamburg*" (1802)[4].

Eine noch anschaulichere Quelle stellen zeitgenössische Abbildungen dar. Doch ist für ältere Darstellungen Vorsicht geboten, weil Stilisierungen bei Kleidungsstücken ein gern benutztes künstlerisches Mittel waren. Dies zeigt sich besonders deutlich bei den beiden folgenden Altarschnitzereien: Im Korpus des Flügelretabels der Kirche von Hald bei Randers in Jütland trägt der vor St. Martin knieende Bettler eine Art Kittel, der um den Leib gegürtet und von geringer Länge ist. Ähnliche Bekleidung trug auch die bäuerliche Bevölkerung. Im Schrein der Kirche von Jerne, Südjütland, findet sich ein Bettler mit einer eng am Kopf liegenden Kappe und einem Karmisol (Wams), unter dem er ein Untergewand trägt, das oberhalb des Knies an der Seite geschlitzt ist. Auf dem Rücken hängt ein Hut mit vorn nach oben geklappter Krempe. Beide, auf den Anfang des 16. Jahrhunderts zu datierende Holzplastiken geben die Bekleidungsstücke typisiert wieder.

Anders verhält es sich mit der Holzfigur eines Bettlers am Lübecker Marstallgebäude. Auffallend ist hier, daß er zerschlissene Hosen trägt, die an den Knien aufgerissen sind und große Löcher zeigen. Hier wird die Armut vom Künstler deutlich in der Kleidung betont. Auch auf den Tafelbildern im Singechor des Lübecker Heiligengeist-Hospitals vom Anfang des 15. Jahrhunderts kommt die ärmliche Kleidung klar zum Ausdruck.

Auf dem Seitenflügel eines niedersächsischen Kreuzaltars um 1480 bettelt ein Armer halb nackt mit ausgefransten Ärmeln und bloßen Knien den Hl. Martin um eine Gabe an. Vollständiger gekleidet erscheint auf dem Heiligentaler Altar in Lüneburg aus der Mitte des 15. Jahrhunderts ein Armer mit einem knielangen Kittel, um den er einen Gürtel trägt, an dem sich eine kleine verschließbare Ledertasche befindet, die vielleicht der Verwahrung von Münzen diente. Der Kopf ist mit einer über die Schultern fallenden Kapuze bedeckt, die nur das Gesicht freiläßt. Die meisten mittelalterlichen Tafelbilder zeigen Arme mit bandagierten Beinen oder Beinstümpfen, häufig auch barfuß. Die Versehrtheit kann auf tatsächliche Gebrechen hindeuten, mag jedoch auch zuweilen vorgetäuscht worden sein, um das Herz potentieller Spender zu rühren, und ging dann als stereotypes Zeichen in das Repertoire der Maler ein.

In der Neuzeit, als das Armen- und Bettelwesen neu organisiert wurde, setzte sich in Lübeck zur Kennzeichnung zweier Gruppen, die unmittelbar damit zu tun hatten, eine uniforme Kleidung durch, die bis in das Jahr 1836 Signalfunktion behielt. Zum einen waren es die Bettel-, Kloster- oder Prachervögte, die bei bestimmten Anlässen Berufskleidung anlegen mußten. Dies war vor allem bei Beerdigungen der Fall, wo sie „*zur Abwehrung des Zulaufs... vor der Bürger Häuser zu stehen*" hatten[5]. Dabei trugen sie um 1777 lange rote Röcke mit einem roten und einem weißen

59
BETTELVÖGTE. Aquarell von Carl Stolle 1881.
Die Lübecker Bettelvögte, die auf Beerdigungen für Ordnung sorgen mußten, steckte der Rat zur Erfüllung dieser Aufgabe in feierliche Ornate.
(Museum für Kunst und Kulturgeschichte Lübeck)

60
WAISENKINDER. Aquarell von Carl Stolle um 1850.
Die für die Zeit um 1617 vom Künstler rekonstruierte Kleidung Lübecker Waisenkinder zeigt am oberen Ärmelteil als Abzeichen ein Kreuz. Der aufwendige Habitus deutet auf Festkleidung hin.
(Museum für Kunst und Kulturgeschichte Lübeck)

61
WAISENKINDER. Aquarell von Carl Stolle um 1850.
Wie kleine Erwachsene gekleidet nehmen die Kinder in demütiger Haltung ein Geldgeschenk entgegen.
(Museum für Kunst und Kulturgeschichte Lübeck)

Ärmel. Die Röcke wurden alle drei Jahre von der Armenkasse gestellt, in der übrigen Zeit vom Armenhaus. Unterm Rock sollten sie das St.-Annen-Zeichen (S.A.) tragen. Als Kopfbedeckung diente ein hoher modischer Zylinder. In der Hand hielten sie einen Stock. Wahrscheinlich sind die Prachervögte mit den Röcken und breitkrempigen Hüten bereits um 1600 aufgetreten, wie ein zeitgenössischer, allerdings schwarz-weißer Kupferstich vom Lübecker Marktplatz verrät. Während ihrer eigentlichen Tätigkeit, die darin bestand, die Bettler zu überwachen und notfalls dingfest zu machen, wenn diese kein Bettelzeichen besaßen, durften sie sich nur *„in beliebiger Kleidung"* zeigen, um sich nicht zu verraten[6].

Die andere Personengruppe, die im Lübecker Stadtbild wegen ihrer äußeren Aufmachung auffiel und auch dem Armenwesen zugerechnet werden konnte, waren die Waisenkinder. Schon auf einem Reliefstein von 1617, der sich an einem Gebäude befand, wo einstmals der Michaeliskonvent gestanden hatte, sind 2 Waisenkinder im Habit ihrer Zeit wiedergegeben. Johannes Warncke hat ihre Kleidung folgendermaßen beschrieben:

„Der Knabe trägt weiße Strümpfe und gleichfarbige Kniehosen, blaue Jacke mit weißem Kragen und rotem Kreuz, dazu schwarze Schuhe. Das Mädchen hat ein rotes Kleid, das aus langem Rock und einer Jacke besteht. Der Rock hat vorne eine weiße Bahn oder Schürze, die Jacke einen weißen Kragen und Puffärmel mit weiß und ein blaues Kreuz. Eng am Kopf liegt eine rote Kappe"[7].

Später erhielten die Knaben einen Dreispitz, die Mädchen eine steife blaue Mütze mit Drahthaube. Im Sommer trugen die Knaben Strümpfe aus weißem Leinen, im Winter aus rotem Tuch, die Mädchen aus blauem Tuch. 1797 wurden für die Knaben lange Hosen eingeführt und Sommerkleidung aus „Raventuch", einem leichteren Stoff, während die schwereren Tuchanzüge der kälteren Jahreszeit vorbehalten blieben. Nun trat an die Stelle des Dreispitzes auch ein schwarzer Zylinderhut. Bei den Mädchen ergab sich erst 1812 eine Anpassung an die Kleidermode.

Ihre Kleidung bestand im Sommer aus rotbedruckter Leinwand, im Winter aus Tuch. Über der ärmellosen Jacke lag ein weißes Brusttuch. Im Winter zogen die Waisenmädchen blaue Ärmel über die Arme und banden ein rotes Kopftuch um. Dazu gehörte noch eine blaue Schürze und ein vierkantiger Armkorb. Um 1870 wandelte sich die Kleidung der Waisenkinder abermals. Nun erhielten die Mädchen ein buntes Umschlagtuch und im Sommer einen breitrandigen Hut aus Stroh, im Winter aus dunkelblauem Filz und die Knaben eine schwarze Schirmmütze aus Tuch. Auch die Sommerkleidung der Mädchen änderte sich. Das Material bestand aus rot- und schwarzgestreiftem Baumwollstoff. Bis in das Jahr 1929 gingen die Waisenkinder in diesem uniformierten Aufzug. Dann verschwand er endgültig mit der Aufhebung des Lübecker Waisenhauses[8].

Zeitgenossen haben es bedauert, daß die Waisenkleidung, deren Anblick zur täglichen Gewohnheit geworden war und die man als malerisch und farbenfroh empfand, nun nicht mehr zum Erscheinungsbild der Hansestadt gehörten. Sicherlich waren diejenigen, die so dachten, selbst niemals Waisenkinder gewesen und konnten wohl auch kaum nachempfinden, wie sehr eine solche gruppenspezifische Kleidung zur Stigmatisierung ihrer Träger beitrug. Es kann keine Frage sein, daß diese „Armentracht" die beabsichtigte Funktion hatte, die Waisen zu zwingen, Wohlverhalten an den Tag zu legen und damit die Dankbarkeit zu demonstrieren, die die sie versorgende bürgerliche Gesellschaft von ihnen erwartete.

62
WAISENMÄDCHEN. Photo um 1870.
Unverkennbar ist der Einfluß der Tracht auf die Kleidung: Weiße Haube, darüber eine andersfarbige Mütze mit breitem schwarzem Band, langärmeliges Hemd, Mieder, Rock und Schürze.
(Museum für Kunst und Kulturgeschichte Lübeck)

63
WAISENKINDER. Photo um 1870.
Der Korb in der Hand des Mädchens ist notwendiges Attribut und Zeichen für die dienende Tätigkeit, die sie künftig als Hausmädchen oder Frau eines Tagelöhners oder kleinen Handwerkers erwartete.
(Museum für Kunst und Kulturgeschichte Lübeck)

64
WAISENMÄDCHEN. Photo um 1870.
Der äußere Habitus eines Waisenmädchens in uniformierter Winterkleidung zeigt peinliche Sauberkeit vom gescheitelten Haar bis zu den geputzten Schuhen. So verlangte es die Hausordnung. Wenn die Mädchen in der Öffentlichkeit auftraten, sollten diese Tugenden repräsentiert werden.
(Museum für Kunst und Kulturgeschichte Lübeck)

Als die Fotografie seit der zweiten Hälfte des 19. Jahrhunderts schließlich eine realistische Abbildung von Kleidung ermöglichte, entstanden Bilder, auf denen die Armen in ihrem Habitus kaum noch von der Arbeiterbevölkerung zu unterscheiden sind. Gewiß gab es auch nun noch Zerlumpte unter den Bedürftigen, aber Armut drückte sich doch nicht mehr so kraß im äußeren Erscheinungsbild aus.

Seit jeher hatte zur Unterstützung der Bedürftigen die Versorgung mit Kleidung gehört. Mancherorts war es üblich, daß die Armenpflege diese zu einem bestimmten Termin im Jahr verteilte. So wurden in Wilster im 17. Jahrhundert Armenkleider auf Martini abgegeben. Aus St. Margarethen in der südwestlichen Wilstermarsch ist wiederum nur allgemein überliefert, daß die Kirchengeschworenen nach der Armenordnung von 1725 die Armenkinder mit Kleidung zu versorgen hatten, die aus der Armenkiste zu bezahlen war.[9]

In Kiel hielt man 1792 als Kleidung für einen männlichen Armen zwei Hemden, einen Leinenkittel und Hosen, ein Brusttuch, ein Paar Schuhe oder Pantoffeln, Hut oder Mütze und ein Halstuch für ausreichend. Eine arme Frau mußte mit „friessem Rock" (Rock aus grobem Stoff), Futterhemd (Jacke), Halstuch, zwei Hemden, einem Paar Strümpfe und einem Paar Schuhe oder Pantoffeln auskommen.[10] Im 19. Jahrhundert wurde es dann die Regel, daß Pfleger und Vorsteher Requisitionszettel ausgaben, für die die Bedürftigen beim Magazinverwalter Stoffe erhielten. Auch der Macherlohn wurde übernommen. Dafür hatten die Armen aber wöchentlich 15 Pfennige abzuzahlen, bis die Ausgaben getilgt waren[11]. Kleideranschaffungen bedeuteten also stets eine Minderung der baren Unterstützung.

Daß die Armen dennoch kein Verfügungsrecht über ihre Kleidung besaßen, zeigt sich noch 1901 in der Geschäftsanweisung für die Armenvorsteher und Armenpfleger der Stadt Kiel, nach der diese die Pflicht hatten, das „Vorhandensein der bewilligten Hausstandssachen und Kleidungsstücke" zu überwachen[12].

Je mehr die Armenversorgung ausgebaut wurde, desto bürokratischer und umfassender wurde sie geregelt. Dies wird an den „Bestimmungen über die von der Armenverwaltung zu liefernde Bekleidung" aus dem Jahre 1891 deutlich. Danach war eine komplette Einkleidung höchstens einmal im Jahr zulässig. Ansonsten durften nur unentbehrliche Stücke geliefert werden. Die Pfleger ließen sich im übrigen die Kleidung vorzeigen und hatten darauf zu achten, „daß schadhafte Stellen ordentlich geflickt und gestopft sind. Nachlässig zusammengenähte oder zerrissene Kleidung ist streng zu rügen"[13]. Hier werden die Ordnungsvorstellungen der bürgerlichen Gesellschaft in der wilhelminischen Epoche deutlich. Die Zeit, daß Arme mit zerlumpten Kleidern umherzogen und auf ihre Lage aufmerksam machten, war vorbei. Erstrebt wurde nunmehr, daß sie einen Kleidungsstandard erreichten, der dem der arbeitenden Klasse entsprach. Dementsprechend erließ die Armenverwaltung eine Art Kleiderordnung, die männliche, weibliche und kindliche Pfleglinge unterschied, wobei die Kinder je nach Alter und Geschlecht ihre eigenen Versorgungsansprüche besaßen.

Allgemein galt, daß Kleidungsstücke für Kinder nur einmal jährlich durch neue ersetzt werden durften, Wintersachen sogar nur alle zwei Jahre. Gängiges Schuhzeug waren Holzpantoffeln. Doch lieferte die Kieler Armenverwaltung ihren Alumnen auch Lederschuhe. Frauen erhielten Lederschuhe oder wollene Schuhe mit Ledersohle oder lederne Pantoffeln, Kinder vom 1.–6. Lebensjahr Schnürstiefel, Knaben vom 6. Lebensjahr bis zur Schulentlassung Leder-

65

schuhe, Mädchen im gleichen Alter sogar hohe Schnürschuhe mit genagelten Absätzen.[14]

Auch für Konfirmationskleidung wurde gesorgt. Sie sah eine ganze Menge Einzelstücke vor und betonte dadurch den besonderen Charakter der Einsegnung als entscheidenden Termin für die Entwicklung eines jungen Menschen:
a) für Knaben:
1 fertiger Anzug (Joppe, Hose, Weste), 3 weißleinene Hemden, 2 blauleinene oder baumwollene Arbeitshemden (je nach zu erlernendem Handwerk oder Geschäft), 2 Paar Socken, 1 weißes baumwollenes Vorhemd, 1 Schlips, 1 schwarzer Hut, 1 Paar Hosenträger, 1 Paar Lederhandschuhe
b) für Mädchen:
1 fertiges schwarzes Kleid, 1 fertiger eigengemachter Rock, 1 Spenzer von starkem Baumwollenzeug, ganz mit grauem Halbleinen gefüttert, 2 weißleinene Hemden, 2 weißleinene Küchenschürzen, 1 baumwollene Stubenschürze, 2 Paar gestrickte schwarze wollene Strümpfe, 1 wollener Unterrock, 2 Paar Unterhosen, 1 Paar Knieriemen, 1 Paar Lederschuhe.

Wer nicht Kind registrierter Armer war oder Kostkind und nur vorübergehend unterstützt wurde, mußte mit einer etwas bescheideneren Ausstattung[15] vorlieb nehmen.

Daß die Armen in aller Regel keine neuwertige Kleidung von der Armenfürsorge erhielten, sondern abgelegte Stücke, darf man wohl annehmen. Nicht umsonst rief die Kieler Stadtmission, wie viele andere karitative Organisationen im Deutschen Kaiserreich, zu Kleiderspenden für Hilfsbedürftige auf. Diese sogenannte Brockensammlung war im Kieler Brockenhaus untergebracht, wo eine Fülle getragener Kleidungsstücke und Schuhwerk nach Männern und Frauen sortiert zusammenkam[16].

Auf dem Lande ging alles weniger formalisiert zu. Wenn wie im Amt Bordesholm seit 1768 die Armen gegen vom Kirchspiel gezahltes Kostgeld reihum bei Familien untergebracht waren, mußten diese auch für Kleidung und Wäsche aufkommen. Seit 1839 hatten deshalb die Kommuneinteressenten, d.h. die Hufner, den Armen neben der Verpflegung Kleidung zu stellen[17]. Daß unter den Bauern Schleswig-Holsteins mehr Verständnis für bedürftige Menschen vorhanden war als in Südwestdeutschland, behauptete der Kameralist Georg Hanssen 1832 in seinen statistischen Forschungen über das Dorf Ballum im nordwestlichen Schleswig. Dort sei die Verpflegung im Arbeitshaus weitaus besser als die eines Tagelöhners im südwestlichen Deutschland, und die Insassen des Ballumer Arbeitshauses würden mit Leinenzeug und dergleichen vollständig und neu ausgestattet.[18]

In welchem Umfang immer die Ausstattung der Armen in Stadt und Land mit Kleidung geschah, ob durch Kleidungsstücke oder nur durch Stoffe, die sie sich selbst zurechtschneidern mußten, der Unterschied zur übrigen Bevölkerung war evident. Er ergab sich meist schon durch die Umarbeitung und Umnutzung, wenn z.B. Kinder in Jakken, Hosen, Mäntel usw. von Erwachsenen gesteckt wurden. Auch das Zuschneiden von Tuchen, Leinen und anderen Materialien entsprach einfachsten Bedürfnissen und nicht modischen Ansprüchen. Eine Ausnahme bildeten die Anstaltskleidung der Waisenhauskinder und die Uniformen von Bettelvögten. Aber auch sie dokumentierten die sinn- und zeichenhafte Bedeutung der Kleidung, die semantische Rolle, die sie bei der sozialen Fixierung ihrer Träger spielten. So ließ sich Armut unschwer über Kleidungsmerkmale identifizieren und trug zur Stigmatisierung der Armen bei.

65
WAISENKINDER. Photo vor dem Ersten Weltkrieg.
Auffällig sind die einheitliche Kleidung – Uniform bei den Jungen, weiße Schürze und Brustlatz bei den Mädchen – und die gleichförmige Haartracht auf diesem Gemeinschaftsbild der Lübecker Waisenkinder. Die Mädchen tragen ihr Haar streng gescheitelt, die Jungen haben glattrasierte Köpfe.
(Museum für Kunst und Kulturgeschichte Lübeck)

66
BROCKENHAUS DER KIELER STADTMISSION.
Zeichnung aus dem Ersten Weltkrieg.
Abgelegte Kleidungsstücke dienten von jeher der Versorgung der Armen, gerade auch während des ersten Weltkriegs, als Textilien immer knapper wurden.
(Bilder aus der Kieler Stadtmission – Milde Stiftung 1915/16)

IV. Unterbringung der Armen

1. Gebäude der Armenpflege in der Stadt

Mit der Bau- und Wohngeschichte haben sich in der Forschung verschiedene Disziplinen beschäftigt. Die volkskundliche Hausforschung legte lange Zeit ihr Schwergewicht auf das bäuerliche Bauen und Wohnen. Neuerdings richtet sich ihr Interesse verstärkt auf die städtische Baukultur. Aber noch immer haben die Gebäude der Armenpflege durch sie so gut wie keine Berücksichtigung gefunden.[1] Auch von soziologischer Seite, die das „Wohnen" als gesellschaftswissenschaftliches Problem durchaus erkannt hat[2], fehlen in dieser Richtung Forschungen. Dagegen hat der französische Sozialhistoriker Michel Foucault sehr weitreichende Thesen zur Bedeutung des Gefängnisses beigesteuert. Er sieht darin eine elementare Institution zur Disziplinierung von Menschen. Ebenso seien Waisenhäuser, Asyle und Spitäler Einrichtungen, die alle Bereiche der Wohlfahrtspflege wie ein „Kerkernetz" überzögen und sich mit ihrem Normen- und Kontrollsystem schließlich über die gesamte Gesellschaft ausbreiten, bis diese zu einem einzigen Gefängnis werde.[3] Auch wenn man dieser weitreichenden Perspektive nicht folgt, wird man ihr eine partielle Berechtigung doch nicht absprechen können.

Mit Bauwerken der Armenversorgung hat sich auch die Architekturgeschichte seit längerem befaßt. Ihr Hauptaugenmerk war bislang freilich auf konstruktive und raumbildende Gestaltungsmöglichkeiten gerichtet.[4] Erst in jüngerer Zeit sind sozialhistorische Fragestellungen stärker einbezogen worden. Von hier aus ließen sich sehr gut Anknüpfungspunkte zu den modernen Ansätzen der volkskundlichen Hausforschung finden, die die Aufdeckung der Funktions- und Sozialstrukturen des Hauses, d.h. den Zusammenhang von Wohnen und Arbeiten, erstrebt.[5]

Genannt werden muß schließlich die Medizingeschichte, die sich allerdings in erster Linie der Hospitalentwicklung zugewandt hat.[6]

Konnten Menschen, wenn sie gezwungenermaßen aus Not in einem Armenhaus untergebracht waren, dort überhaupt im üblichen Sinne des Wortes „wohnen"? Für Gefangene, die sich in Einzelhaft befinden, hat Ernst Schlee mit Recht bezweifelt, daß sie den Ort ihres Aufenthaltes als Wohnung empfinden.[7] Insassen der geschlossenen Armenpflege befanden sich zwar in aller Regel nicht in der gleichen Situation. Aber ihre Lebensverhältnisse entsprachen doch in vielem denen von Inhaftierten. Allerdings muß hier differenziert werden. Denn schon darin bestand ein wesentlicher Unterschied, ob man zwangsweise ins Zucht- und Werkhaus (das Zuchthaus war nach heutigen Maßstäben kein Institut zur Verwahrung von Schwerverbrechern, sondern diente der Erziehung zur Arbeit) eingewiesen worden war, oder ob man einen Platz im Armenhaus oder Spital erhalten hatte, der unter Umständen durchaus begehrt war. Weiterhin muß man bedenken, daß auch im

67

68

Zucht- und Werkhaus das elementare menschliche Grundbedürfnis nach Schutz vor den Widrigkeiten der Natur, wie Regen und Kälte, erfüllt wurde. Andererseits lief das Leben dort nach außerordentlich strengen Ordnungsprinzipien ab. Die Anstaltsleitung übte ihre Herrschaft sehr unmittelbar aus und verlangte von dem einzelnen Insassen vollständige Unterwerfung unter die geltenden Regeln. Täglich fand ein sich immer wiederholender, gleichförmiger Handlungsablauf statt, der unerbittlich befolgt werden mußte. Handlungsräume und -zeiten des gemeinschaftlichen Zusammenlebens waren eng begrenzt. Lange Arbeitszeit, Essen und Schlafen stellten die entscheidenden Markierungspunkte im Einerlei des Alltags dar und bestimmten dessen Rhythmus. Die Entfaltung einer noch so geringen Intimität war unter diesen Umständen kaum möglich. Zwar gilt allgemein für das Wohnen in vorindustrieller Zeit, daß es vorwiegend öffentlich verlief, d. h. daß eine Privatsphäre im heutigen Sinne so gut wie nicht vorhanden war oder zumindest nur in stark eingeschränktem Sinne. Aber normalerweise gab es doch eine wie weit auch immer entwickelte Wohnkultur mit einer Minimalausstattung von Möbeln und Hausrat, die den Bewohnern eines Hauses gehörten und eine vertraute Atmosphäre schufen. Dies alles fehlte in den Zucht- und Werkhäusern. Die schonungslose Öffentlichkeit in ihnen bot keine Nischen und Freiräume, die die Entfaltung individuellen Wohnens gestattete. Anders sah es in Hospitälern und Stiften aus, wenn die Insassen in Einzelräumen untergebracht waren oder gar eigene Wohnungen besaßen.

Die Rekonstruktion der Wohn- und Lebensweise von Armen vergangener Jahrhunderte ist schwierig. Sofern sie Einrichtungsgegenstände wie Betten, Tische, Stühle, Haushaltsgeräte usw. besessen haben, sind diese so gut wie nirgendwo erhalten geblieben, weil sie der Nachwelt in der Regel nicht der Aufbewahrung wert erschienen. Was überliefert ist, sind bildliche Darstellungen, Zeichnungen von Gebäudegrund- und -aufrissen und natürlich eine Vielzahl von Bauwerken der geschlossenen Armenpflege selbst, die jedoch meist inzwischen anderen Zwecken dienen. Ferner gibt es zeitgenössische Literatur, die sich mit der Unterbringung von Armen beschäftigt, und Archivalien, die u. a. Hausordnungen enthalten und über Bau- und Reparaturarbeiten oder den inneren oder äußeren Zustand der Gebäude berichten.

Wie die Betroffenen selbst ihre „Wohnwelt" empfunden haben, wissen wir kaum. Autobiographische Zeugnisse gibt es wenige. Was die Zeitzeugen darüber geäußert haben, muß kritisch bewertet werden. So sind die seit der Mitte des 18. Jahrhunderts einsetzenden aufklärerischen Darstellungen nur bedingt realitätsbezogen, weil sie vielfach aus emanzipatorischen Motiven heraus Bewertungen vornahmen, die eindeutig rationalistischen Maßstäben folgten.[8]

Dennoch läßt sich aus diesen verschiedenartigen Zeugnissen manches über die Unterbringung und damit die Lebensbedingungen der Armenbevölkerung im Laufe der Jahrhunderte aussagen. Wie das Zusammenleben von oft sehr verschieden gearteten, alten und jungen, kranken und gesunden Menschen unter den harten Bedingungen von Subsistenzlosigkeit und dauernder Bevormundung von Seiten der Armenverwaltung im einzelnen verlaufen ist, kann man nur in den wenigsten Fällen ermitteln.

So gut wie gar nichts wissen wir über die Wohnverhältnisse derjenigen Armen, die von der offenen Armenpflege betreut wurden. Hier gibt es nur einzelne Schilderungen, vor allem im ausgehenden 18. und 19. Jahrhundert, die als Momentaufnahme ahnen lassen, unter welchen erniedrigenden Bedingungen offenbar ein großer Teil der Armenbevölkerung in den Städten gehaust hat.[9]

Wie immer sich die Menschen im Laufe der Zeiten dem Phänomen der Armut gegenüber verhalten haben – ob karitativ-mitleidsvoll oder arbeitspädagogisch-streng – der Arme nahm stets einen Sonderstatus in der Gesellschaft ein, und dies um so mehr, je offener sein Mangel nach außen in Erscheinung trat. Der war aber nicht nur an der ärmlichen Kleidung erkennbar, an der Tätigkeit des Bettelns oder am Nichtstun, sondern auch an seiner Unter-

67
HEILIGEN-GEIST-HOSPITAL IN LÜBECK.
Zwischen 1276 und 1286.
Der in Backsteingotik errichtete Hospitalbau gilt als eines der eindruckvollsten und frühesten Beispiele geschlossener Armenfürsorge in Norddeutschland.
(Museum für Kunst und Kulturgeschichte Lübeck)

68
GRUNDRISS DES HEILIGEN-GEIST-HOSPITALS IN LÜBECK.
Besonders beeindruckend ist der Innenraum, das sog. Lange Haus, mit seinen 133 Zellen. Die soziale Gliederung der Hausbewohner wird dadurch deutlich, daß neben den Zellen auch Kammern und kleine Wohnungen für Privilegierte existierten.
(W. Hayessen, Die Gebäude der Lübecker Wohlfahrtspflege, 1925)

69
ALTMÄNNERHAUS LÜBECK. Ölgemälde von Gotthardt Kuehl 1896.
Der Alltag der Insassen des Heiligen-Geist-Hospitals spielte sich in den langen Gängen vor den Zellen ab. Hier las man Zeitung oder gab sich der Muße des Alters hin.
(Nationalgalerie, Staatliche Museen Preußischer Kulturbesitz, Berlin)

69

bringung. Sie drückte, wie alle gegenständlichen Dinge, Stand und Stellung aus, war deutliches Sachsignal, das die Position des einzelnen markierte. Gerade das Haus war von jeher ein Artefakt, das Status und Prestige des Menschen sichtbaren und bleibenden Ausdruck verlieh. Es wirkte durch sein Dasein und Sosein nicht nur auf Außenstehende, sondern prägte vor allem seine Bewohner.[10] Deshalb drückte ein Haus, dessen Stellenwert im öffentlichen Ansehn negativ besetzt war, seinen Bewohnern einen Stempel auf, der nahezu unauslöschlich blieb. Wer einmal im städtischen Armen- und Werkhaus oder im Waisenhaus, wer in der dörflichen Armenkate gelandet war, galt meistens als gestrandet und rangierte am Ende oder sogar außerhalb der gesellschaftlichen Stufenleiter, mochte das ihn beherbergende Gebäude auch zum Ruhm seines Stifters eine noch so stattliche Fassade tragen.

Aber es gab auch Versorgungsinstitute, die hohes Ansehen in der Öffentlichkeit genossen und deren Heimplätze sehr begehrt waren. In der Regel blieben sie ortsansässigen Bedürftigen vorbehalten, deren Reputation unbestritten war. Boten sie darüber hinaus noch vermögenden Bürgern eine angemessene Betreuung, so steigerte sich der gesellschaftliche Stellenwert des Hauses und kam allen Insassen zugute. Immer war es also die soziale Einschätzung im Rahmen der bestehenden Herrschaftsverhältnisse, die die Position einer karitativ genutzten Wohnanlage bestimmte. Dabei spielte dieses Moment in der Stadt bei der dort vorhandenen größeren Anzahl und Varianz der Objekte eine wichtigere Rolle als auf dem Land.

Das Spektrum der geschlossenen Armenfürsorge war in Schleswig-Holstein und Lübeck vielfältig. In den Städten gehörten ihre Gebäude häufig zu den markanten Bauwerken des Weichbildes. Unübertroffen war Lübeck mit seiner Vielzahl karitativer Anstalten. Doch auch in Schleswig-Holstein besaß jede Stadt ein oder mehrere Gebäude dieser Art. Auf dem Lande breitete sich die geschlossene Armenpflege erst im Laufe des 19. Jahrhunderts flächendeckend aus.

Auf alle Baulichkeiten, über deren Beschaffenheit, Ausstattung und innere Organisation etwas bekannt ist, einzugehen, würde zu weit gehen. Es kann nur anhand einer Auswahl von Beispielen versucht werden, einige Schlaglichter auf die Wohn- und Lebensverhältnisse der Insassen zu werfen. Gelegentliche Wiederholungen von Sachverhalten sind dabei unvermeidlich, weil die Grundbedingungen für den Aufenthalt und seine Gestaltung in der geschlossenen Armenpflege entsprechend den dominierenden zeitlichen Tendenzen im wesentlichen übereinstimmen. Da die baulichen Einrichtungen der Armenfürsorge nach ihrer historischen Genese und ihrer Zielsetzung durchaus divergierende Merkmale aufweisen, empfiehlt es sich, sie gewissen Gattungstypen zuzuordnen und danach eingehender zu beschreiben. Als übergeordnetes Kriterium werden Stadt-Land-Unterschiede herangezogen. Auf diese Weise entsteht eine Art Topographie der wichtigsten schleswig-holsteinischen und lübeckischen Gebäudetypen der geschlossenen und offenen Armenpflege.

Hospitäler

In den deutschen Städten des Mittelalter war es mit zunehmender politischer Selbstständigkeit und Wohlhabenheit seiner Bürger üblich geworden, sichtbare architektonische Zeichen christlicher Nächstenliebe zu setzen und Spitäler für Alte und Arme zu errichten. Eines der bedeutendsten Bauwerke dieser Art war das Heiligen-Geist-Hospital in Lübeck.[11] 1230 durch den Rat gegründet, lag es unübersehbar an der Ecke von Pferdemarkt und Marlesgrube, dort wo sich bischöflicher und städtischer Hoheitsbereich berührten.

Der bereits Ende des 12. Jahrhunderts in Europa entstandene Hospitaliterorden zum Heiligen Geist, der sich der Fürsorge von Kranken widmete, die nicht an ansteckenden Krankheiten litten, übernahm auch in Lübeck diese Aufgabe. Aber nach der Feuersbrunst von 1276 wurde das Heiligen-Geist-Hospital städtisch und an den Koberg verlegt, wo nun wenig später jener imponierende Bau ent-

70
LANGER GANG IM LÜBECKER HEILIGEN-GEIST-HOSPITAL
Über den Zellentüren befanden sich Nummern- und Namensschilder der Bewohner. Zimmerpflanzen an den kahlen Bretterwänden gaben dem langen, schmucklosen Raum ein wenig Wohnlichkeit.
(Museum für Kunst und Kulturgeschichte Lübeck)

71
HAUPTPORTAL DES HEILIGEN-GEIST-HOSPITALS IN LÜBECK. Photo nach 1900.
An warmen Tagen saßen die Alten – getrennt nach Männer- oder Frauenseite – vor dem Portaleingang und konnten von hier aus das Leben und Treiben auf der Straße beobachten.
(Museum für Kunst und Kulturgeschichte Lübeck)

72
ST. GEORGS-HOSPITAL IN EUTIN 1770.
Das im Barockstil von dem fürstbischöflichen Baumeister Georg Greggenhofer entworfene Gebäude ist ein typisches Beispiel landesherrlicher Armenfürsorge.
(Photo Holger Janzen 1982)

stand, dessen fünfgiebelige gotische Fassade mit den vier sechseckigen emporstrebenden Türmchen noch heute vom Opferwillen, aber auch vom Repräsentationsbedürfnis der Lübecker Bürgerschaft im Mittelalter zeugt. Kein anderes Gebäude dieser Zweckbestimmung erreichte in Deutschland solche Ausmaße: Auf einem Gundstück von 10 000 qm wurde ein Baukörper geschaffen, der eine Kirche, das daran angrenzende „Lange Haus" und einen Querbau mit einer Vielzahl sich anschließender Räumlichkeiten umfaßte. Dieser Zustand ist im wesentlichen bis heute erhalten geblieben.

Das „Lange Haus", eine riesige ins Dachgebälk hin offene Halle von 86,5 m Länge, 13,5 m Breite und 8 m Höhe, ist der eindrucksvollste Bauteil des Spitals. Hier waren die meisten Insassen untergebracht. Aus dem Bericht des Lübecker Chronisten Hans Jacob Melle von 1787 wissen wir, daß sie in einer Anzahl erhöhter und zum Verschließen eingerichteter Bettstellen an zwei langen Gängen schliefen: Links vom Eingang die Frauen, rechts die Männer.[12] Vierzig Jahre später heißt es in der „Topographie und Statistik Lübecks", 57 Männer und 60 Frauen[13] bewohnten inzwischen kleine mit hölzernen Wänden abgeteilte und nach oben abgeschlossene Zellen von etwa 6 qm Fläche, die aneinandergereiht das „Lange Haus" durchzogen und gelegentlich von kleinen Quergängen unterbrochen waren. Die Inneneinrichtung bestand aus einem doppelten Eckschrank für Putzsachen und Lebensmittel, einem Bett, Tisch, Stuhl und eingebautem Bord. Kleider und andere persönliche Dinge mußten in einem Schrankraum am Ende des Hofes untergebracht werden. Außer über der Tür waren die Zellen numeriert und mit dem Namen des Eigners versehen sowie mit der Jahreszahl seines Eintritts ins Hospital. Allerdings dürfen wir uns nicht vorstellen, daß in den engen Zellen Wohnen im weiteren Sinn möglich gewesen wäre. Geselligkeit konnte man allenfalls in der Männer- und Frauenstube finden. Bei guter Witterung saß man gern auf den Bänken vor dem Spital, um das Leben und Treiben auf der Straße mitzuerleben. Bei schlechtem Wetter hielt man sich wohl überwiegend in den Gängen des „Langen Hauses" auf.[14] In dieser Weise ist das „Lange Haus" bis 1966 bewohnt worden. Die einzige Modernisierung bestand in jüngster Zeit in einem Flächenheizkörper. Zuvor blieben die Zellen unbeheizt, und die alten Leute mußten sich an einem großen Kachelofen in der offenen Halle wärmen oder in der Männer- und der Frauenstube, die als Aufenthaltsräume dienten. Auch eine „Herrenstube" war vorhanden, in der die Spitalvorsteher ihre Sitzungen abhielten.

Bevorzugt waren die 14 „Kammerherren" und „Kammerfrauen". Sie verfügten über eine Stube, die immerhin 11,3 qm maß und zu der auch eine kleine Küche gehörte. Das Mobiliar durfte mitgebracht werden, fiel aber nach dem Tode des Eigentümers an das Spital, wie übrigens das gesamte Vermögen, das die Hospitaliten besaßen. Ihren großen Kachelofen mußten die Kammerbewohner selber beheizen. Im Querhaus, weit entfernt von den Zellen und den meisten Kammern, lagen die Waschräume. Es wurde darauf geachtet, daß sich die Insassen regelmäßig wuschen, was unter diesen Bedingungen, vor allem im Winter, für sie recht beschwerlich war.

Einen gemeinsamen Eßraum gab es nicht. Jeder Hospitalit nahm sein Essen für sich ein. Ein intensives Gemeinschaftsleben kam daher nicht zustande. Dennoch gab es Gelegenheit zu persönlichen Kontakten. Außerdem schrieben die Spitalordnungen von Anfang an die Teilnahme an kirchlichen Veranstaltungen vor. Schon in der Hausordnung von 1263 war die kirchliche Haltung der Bewerber ausschlaggebend. Sie mußten das Gelübde der Keuschheit, der Armut und des Gehorsams ablegen und dies in einer einjährigen Probezeit beweisen. Danach erst wurden sie als Brüder und Schwestern aufgenommen und erhielten Kleider aus ungefärbter Wolle, die sie als Hospitaliten auch nach außen erkennbar machten.[15] Erst mit der Reformation trat eine Änderung ein, und das Hospital verlor seinen klösterlichen Charakter. Es wurde nun zu einer Wohltätigkeitsanstalt für bedürftige altersschwache Männer und Frauen.[16] Hausordnungen mit strengen Regeln bestimmten jedoch auch weiterhin den Tagesablauf der Insassen. So

71

72

war es ihre Pflicht, am Gottesdienst in der nahe gelegenen Jacobikirche teilzunehmen, desgleichen alle Vierteljahr im Hospital der Predigt beizuwohnen und das Abendmahl einzunehmen. Außerdem galt die Regel: „Wenn die Klokken im Hospital geludt werdt sall ein Jeder, vor de Maltidt und na de Maltidt und Avens sin Gebett und Dankseggingge tho Gott den Almechtigen dohn..."[17] Wer dagegen verstieß, erhielt kein Essen. Einige Spitalprediger zwangen die alten Leute sogar zu besonderem Religionsunterricht und täglichen Andachten und Betstunden. Dabei wurden sie auch geistlich geprüft, wobei es gelegentlich zu Widersetzlichkeiten kam. Oppositionelle Hospitaliten erhielten zur Strafe Essensentzug von Martini (11. November) bis zum 20. Januar.

Die meisten Insassen durften vom Dienstpersonal zu leichten Tätigkeiten angehalten werden. Im übrigen hatten sie aber Anspruch auf freundliche Behandlung, vor allem wenn sie bettlägerig waren.[18]

Für die Aufnahme in das Heiligen-Geist-Hospital konnte sich jeder Lübecker bewerben. Die Auswahl wurde seit dem 17. Jahrhundert von den Hospitalherren getroffen, d. h. von den Bürgermeistern und Bürger-Vorstehern, was häufig zu Begünstigungen führte. Dennoch kann man sagen, daß in der Regel Ortsansässige genommen wurden. Die soziale Zugehörigkeit der Insassen war sehr gemischt. Für die Zeit von 1661–1800 läßt sich genau feststellen, welchen Berufsständen und Gewerben sie angehörten. Dabei ergibt sich, daß die Mehrzahl von ihnen Angehörige von Ämtern und Zünften waren, also Kaufleute und Handwerker oder deren Frauen und Töchter. Nicht nur altersschwache Gesellen, sondern auch hilfsbedürftige Meister fanden auf diese Weise Aufnahme im Heiligen-Geist-Hospital. Vertreten waren Maurer, Brauer, Zuckerbäcker, Schuster, Weber, Rademacher, Hauszimmerleute, Goldschmiede usw., aber es gab auch Arbeiter, wie Postknechte, Packer bei den Schonenfahrern, Diener, Schreiber und Buchhalter. Unter den Frauen befanden sich ebenso arbeitsunfähige Dienstmädchen. Vermögende Frauen zahlten für eine Kammer bis zu 800 Talern.[19] Außerdem mußten sie die künftigen Beerdigungskosten in Höhe von 30 Mark aufbringen, gelegentlich auch für Instandhaltung und Reparaturkosten aufkommen. In der Regel handelte es sich bei den „Kammerleuten" um betuchte Leute, keinesfalls um Notleidende. Sie brachten Wäsche, Kleider und Möbel mit, erhielten neben freier Wohnung eine Verpflegung, die reichlicher ausfiel als die der anderen Bewohner des Heiligen-Geist-Hospitals.[20] Auch wurden sie von allen Arbeitsleistungen befreit. Erst 1736 schaffte man das sogenannte Einkäuferwesen formell ab. Es blieb jedoch dabei, daß für die Kammern Angehörige bessergestellter sozialer Schichten bevorzugt wurden. Nur gelegentlich kamen besonders Pflegebedürftige in Betracht.[21]

Die Insassen des Spitals – zwischen 124 (um 1660) und 100 (1739) – spiegelten demnach die soziale Schichtung der Lübecker Bevölkerung deutlich wider. Allein die Tatsache, Insasse dieses Hauses zu sein, indizierte daher noch lange nicht Armut und Verlust ständischer Qualität, wie bei Bewohnern von Armenhäusern.

In einem Punkt jedoch dürfte Gleichbehandlung für alle Bewohner gegolten haben: In der strengen Ausübung der Hausordnung. Das war sicherlich notwendig, weil Alkoholgenuß häufig zu Ausschreitungen führte. Lärmen, Fluchen, Schelten, ja Zank und Tätlichkeiten kamen unter Männern wie Frauen nicht selten vor.[22] Vor allem aber galt es darauf zu achten, daß die alten Leute sorgfältig mit Feuer und Licht umgingen, d. h. „die Mannß im Hause keinen Toback, ohne ein Dopf auf die Pfeifen zu heben, rauchen, die Frauns aber kein Feuer im Hause herumtragen und bey oder unter sich setzen sollen, ohne ein solches in Eine Feuer Kiecke zu haben...".[23] Verstöße gegen die Hausordnung wurden ohne Ansehen der Person mit Kostenzug geahndet.

Gleichmäßige Behandlung erfuhren alle Bewohner des Heiligen-Geist-Hospitals schließlich insofern, als ihre Bewegungsfreiheit durch die sogenannten Türzeiten eingeschränkt war. Im Sommer wurde um 22.00 Uhr die Hospi-

73
STADTANSICHT VON HUSUM UM 1780.
Stich aus Erik Pontoppidans Danske Atlas, Bd. 7, 1781.

Das St. Jürgen-Gasthaus liegt an einer der großen Einfallstraßen (Osterende) des Ortes. Die Lage des wichtigen Gebäudes deutet somit auf seine ursprüngliche Funktion als Siechen- und Leprosenhaus hin.
(Schleswig-Holsteinische Landesbibliothek)

74
GASTHAUS ST. JÜRGEN 1563–1571.
Aquarell von J. Grelstorff 1880.
Das ein wenig steife Bild vermittelt einen guten Eindruck von der 1878/79 im neugotischen Stil veränderten Fassade, die dem alten Gebäude einen repräsentativeren Anstrich verleihen sollte.
(Landesamt für Denkmalpflege Schleswig-Holstein)

75
GRUNDRISS DES GASTHAUSES ST. JÜRGEN IN HUSUM UM 1980. Bauzeichnungen.
Noch heute liegen die Kammern im Erd- und Obergeschoß wie seit Jahrhunderten im rückwärtigen Teil des langgestreckten Gebäudes.
(Nissenhaus. Nordfriesisches Museum Husum)

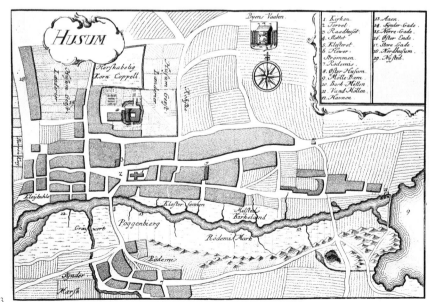

talpforte geschlossen, im Frühling und Herbst um 21.00 Uhr und im Winter sogar schon um 20.00 Uhr.[24] Diese Anordnung stammte aus dem Jahre 1777, als noch allenthalben in deutschen Städten für die Stadttore feste Schließungszeiten galten und der nächtliche Aufenthalt auf Straßen und Plätzen eingeschränkt blieb.

Ganz offensichtlich war es in Lübeck durchaus angesehen, im Heiligen-Geist-Hospital zu leben. Eine Stigmatisierung, wie z. B. im St. Annen-Werkhaus, fand demnach nicht statt.

Von Lübeck aus war Eutin im 12. Jahrhundert als Bischofshof gegründet und 1257 mit Stadtrecht begabt worden. Dort entstand während der Amtszeit Bischof Nicolaus' von Sachau um 1440 neben dem Lübecker Tor ein Gästehaus für Reisende und Wanderer, das aber wohl mehr der Unterkunft Kranker und Bedürftiger diente.[25] Da es in dieser frühen bischöflichen Stiftung zu „allerhand Unordnung" kam, baute man daraus eine St. Jürgenskapelle, neben der eine Unterkunft für Arme eingerichtet wurde. Mitte des 16. Jahrhunderts kam es zum Neubau für 13 arme Männer und Frauen. Verpflegung, Kleidung und Feuerung mußten sie sich selbst halten. Dafür stand ihnen eine jährliche Geldzuwendung zur Verfügung. Wie die Unterbringung im einzelnen gewesen ist, läßt sich nicht mehr rekonstruieren. Bekannt ist nur, daß alle Insassen eine gemeinsame Wohnstube und Kochgelegenheit hatten. Aus ihrer Mitte wählte die Armenhausverwaltung einen Mann und eine Frau aus, die für Ordnung im Haus sorgten. Das St. Jürgenshospital scheint in den nächsten zweihundert Jahren stets ausgebucht gewesen zu sein. Um 1730 lebten dort sogar 19 Arme. Da das Gebäude stabil war, überstand es auch den großen Brand von 1569, dem die anderen Häuser der Lübecker Staße bis zum Tor zum Opfer fielen. Ein Neubau war dennoch im 18. Jahrhundert erforderlich. Dafür gewann Fürstbischof Friedrich August den bedeutenden Architekten und Hofbaumeister Georg Greggenhofer. 1770 errichtete dieser einen zweigeschossigen Backsteinbau mit Krüppelwalmdach und einer repräsentativen Fassade aus Eckpilastern und Mittelrisalit mit Portal, über dem eine lateinische Inschrift davon kündete, daß Friedrich August die Herberge als Wahrzeichen der frommen Fürsorge seiner Vorfahren wiederhergestellt, vergrößert und ausgeschmückt habe.[26] Man hat mit Recht darauf hingewiesen, daß dieses für Eutin hervorragende Gebäude mehr die Geste eines bauliebenden Fürsten war als eine durchgreifende Maßnahme gegen die wachsende Armut.[27] Immerhin stieg die Anzahl der Hospitalinsassen stetig. Sie wurden je nach ihrer Bedürftigkeit in vier Klassen unterteilt und erhielten entsprechend hohe Unterstützungssätze. Diese soziale Differenzierung wirkte sich auch auf ihre Unterbringung aus. Wer der ersten Klasse angehörte, besaß eine eigene Kammer. Die übrigen Kammern verteilten die Vorsteher nach Gutdünken, *„so wie sie finden, daß einer oder der andere verdienet, damit belohnt zu werden".*[28]

Ein durchaus sozial differenziertes Wohnen fand auch im Husumer Gasthaus St. Jürgen statt.[29] Husum, seit dem 13. Jahrhundert nachweisbar, lag an einer durch Frachtverkehr sehr belebten Durchgangsstraße, die von Dithmarschen nordwärts und weiter bis nach Flensburg reichte. Der Transitverkehr führte zahlreiche Menschen vorbei, für die im Krankheitsfall gesorgt werden mußte. Da man sich im ausgehenden Mittelalter besonders vor ansteckenden Krankheiten fürchtete, baute man weit außerhalb des Ortes um 1440 ein Siechenhaus. Die Anlage, die nach dem Heiligen Georg benannt wurde, befand sich noch weiter von Husum entfernt als die Fronerei mit Gefängnis und Abdeckerei. Seit wann auch Ortsarme hier Aufnahme fanden, ist unbekannt.

In der Nähe des Hauses sollen ein Kruzifix und ein Armenblock gestanden haben, um die Reisenden zum Almosengeben aufzufordern. Am Giebel des Gasthauses verwies eine Abbildung des Heiligen Georg weithin sichtbar auf den Zweck des Hauses. Einkünfte resultierten aus Almosen und Stiftungen, reichten aber vor der Reformation nicht einmal aus, um die Gebäude einigermaßen instand zu halten. Erst als König Friedrich I. 1528 das von den Mönchen verlassene Franziskanerkloster als Wohnung für die Armen zur Verfügung stellte, trat eine Besserung ein.

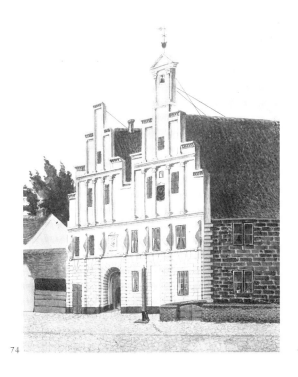
74

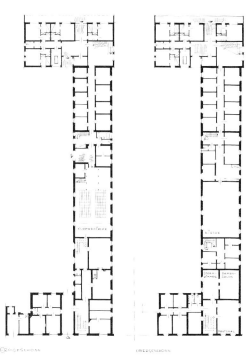
75

26 Insassen des alten St. Jürgenstifts zogen in die Klosterzellen um. Vier von ihnen zählten nicht zu den ausgesprochenen Armen, sondern hatten sich eine Präbende erworben. Vermutlich gab es diese Möglichkeit der Altersversorgung in Husum erst von diesem Zeitpunkt an. In einer sogleich erlassenen Gasthausordnung wurde der Status der „Prövener" genau festgelegt. Daraus geht hervor, daß sie bevorzugt behandelt wurden. Zum einen mußte auf ihre Wohnungswünsche Rücksicht genommen werden, zum anderen brauchten sie nicht mit den Armen an einem Tisch zu essen, sondern hatten das Vorrecht, mit dem Speisemeister gemeinsam die Mahlzeiten einzunehmen. Dieser hatte die Funktion eines Hausvaters. Er war ein verheirateter Gasthausinsasse, dem die Aufsicht über alle Bewohner des Hauses, Arme wie Prövener und Gesinde, oblag, der den zum Gasthaus gehörigen landwirtschaftlichen Betrieb leitete und schließlich für die Verpflegung im Haus verantwortlich war. Da er eine herausragende Position einnahm, galt es als Privileg, mit ihm an einem Tisch zu sitzen und auch als Gewähr für gute Verpflegung. Prövener konnten auf Wunsch aber auch in ihren Wohnungen essen. Nur mußten sie dafür extra bezahlen. Erkrankten sie, so hatten sie Anspruch auf Versorgung in ihren Räumen, ebenso auf „Trost, Hülfe und Handreichung".[30] Ja, sie durften sich sogar auf dem Grund und Boden des Stiftes ein eigenes Haus bauen und es an andere Prövener weitervermieten, ohne Steuern und Abgaben bezahlen zu müssen. Aber nach ihrem Tode fiel das Haus an das Stift. Dasselbe geschah mit einer Anwartschaft, die durch Aufkauf einer Pröve erworben und verzinst werden konnte. Im Sterbefall ging die gesamte Hinterlassenschaft der Präbanden an das Gasthaus über. Damit wurde zweierlei erreicht. Einmal war es vermögenden Leuten möglich, für ihren Lebensabend vorzusorgen und dabei ihre Standesrechte zu wahren. Auf der anderen Seite sicherte sich das Gasthaus erhebliche Vermögenswerte, die wiederum den Bedürftigen zugute kamen.

Nicht jeder Arme fand jedoch Aufnahme im Gasthaus. Vielmehr traf man von vornherein eine Auswahl. Zugang erhielten nur diejenigen, die schon lange in Husum ansässig und im Handwerk oder in sonstigen Berufen tätig gewesen waren, Steuern gezahlt hatten und im Alter oder durch einen Unglücksfall ohne eigene Schuld verarmt waren. Das mußte durch Zeugnisse von Innungen, Quartiersleuten und Nachbarn nachgewiesen werden. Außerdem war für die Aufnahme die Fürsprache von zwei Bevollmächtigten des Quartiers erforderlich, in dem der Arme zuvor gewohnt hatte, und von 10 anderen „frommen und redlichen Leuten". Die Antragsteller konnten jeden Sonntag bei der Zusammenkunft der Armenvorsteher ihre Bitte vortragen, wobei sie zu begründen hatten, wie die von ihnen vertretenen Bewerber in Armut geraten waren und daß sie daran kein eigenes Verschulden traf. Das war eine sehr umständliche Prozedur, und nicht jeder Verarmte in Husum mochte oder konnte sich ihr unterziehen. Es gab aber auch einige unter ihnen, die wegen Platzmangels nicht aufgenommen werden konnten. Sie suchten, in der Nähe des Gasthauses unterzukommen und durften an der Hauptmahlzeit teilnehmen. So ergab sich ein sehr differenziertes Bild von den Partizipanten dieses Instituts.

Das strenge Ausleseverfahren, das seit der Reformation gehandhabt wurde, zeigt die neue Auffassung von Ehrbarkeit, der nun auch die Armen unterworfen waren. Demnach gab es drei Kategorien von ihnen:
1. Unverschuldet in Armut gefallene Husumer Bürger, die einen guten Leumund besaßen und Insassen des Gasthauses waren,
2. die gleiche Gruppe, die aus Raumnot keine Aufnahme fand, aber freien Zugang zum Mittagstisch hatte,
3. Arme, die keinen Nachweis für ihre Honorigkeit erbringen konnten und daher vom Gasthaus nicht versorgt wurden.

Damit kam es zu einer scharfen Trennung auch unter den Armen. Die Standesordnung wurde so selbst am untersten Ende der gesellschaftlichen Pyramide noch fortgeführt. Ganz abgesehen davon mußten aber im Gasthaus die Prö-

76
HOSPITAL ZUM HEILIGEN GEIST FLENSBURG.
Seit 1537 im ehem. Franziskanerkloster.
Wie so viele Klosteranlagen aus vorreformatorischer Zeit ließ sich auch dieses Kloster als Einrichtung der geschlossenen Armenpflege nutzen.
(Landesamt für Denkmalpflege Schleswig-Holstein)

ven und die ehrbaren Armen miteinander auskommen. Es fällt nicht schwer, sich vorzustellen, daß es gerade zwischen den Angehörigen dieser beiden Gruppen zu Spannungen gekommen ist. Sicherlich hatte von den ehrbaren Armen der eine oder die andere auch einmal dem Stand angehört, in dem sich die Präbenden noch immer befanden. Andererseits ist nicht zu verkennen, daß sich die hohen Ansprüche, die von der Stiftung an die Aufzunehmenden gestellt wurden, positiv auf das öffentliche Renommee aller Insassen auswirkten. Wer im Gasthaus St. Jürgen in Husum lebte, konnte nicht als Armer im üblichen Sinn gelten.

Von 1528 bis 1571 diente das repräsentative Franziskanerkloster als Sitz des Gasthauses. In dieser Zeit konnten sich auch Fremde dort einkaufen. So erwarb Hynrick Glesynk aus Wilster 1544 für sich und seine Frau eine Pröve für 150 Mark. Dafür erhielt er folgende Leistungen: Eine jährliche Leibrente von 5 Mark, die „olde garuekamer" (Kleiderkammer, in der sich die Priester umgezogen hatten) als Unterkunft mit eigner Tür zum Hof und reichlich Verpflegung. Zu seiner Bedienung durfte er sich sogar „eyne Derne edder eynen Junghen" halten.[31]

Da Herzog Adolf von Gottorf an der Stelle des Klosters ein Schloß bauen wollte, mußte das Gasthaus umziehen. Anfang der siebziger Jahre des 16. Jahrhunderts wurde daher am gleichen Ort, wo früher das Gasthaus gestanden hatte, ein stattlicher Neubau errichtet, der im Volksmund den Namen „das lange weiße Haus" erhielt.

Die Gasthausrechnungen ermöglichen einen gewissen Einblick in die soziale Zugehörigkeit der Versorgungsempfänger im Laufe der folgenden Jahrhunderte. So wissen wir, daß es z.B. 1635 eine Reihe unterschiedlicher Kostgänger im Hause gab. Da waren 7 sog. Uthspyssers, 5 Männer und 2 Frauen, wohlhabende Husumer Bürger, die sich ihr Essen aus dem Gasthaus kommen ließen. Von den 8 Prövenern, die dort wohnten und aßen, waren 4 Männer und 4 Frauen. Unter den 35 Armen befanden sich 11 Männer und 24 Frauen. Zwei der Gasthausinsassen hießen „Fürstlich Gnaden Arme", da sie aus einem Legat der Herzogin Augusta von 1612 bezahlt wurden.

Manche vermögenden Familien bedienten sich des Gasthauses, um geistesschwache, tobsüchtige, irrsinnige oder körperbehinderte Verwandte dort unterzubringen. Ein ausgefallener Prövener war der Husumer Jürgen Dethlefsen, der 1641 „wegen seiner groben Excessen und Verbrechungen ad perpetuos carceres condemnieret, aber ihm Aus Fürstl. Clementz auf flehentliches Anhalten seiner Freunde ein ehrlicher Ort zu seiner Verhafftung assignieret und verordnet worden war".[32] Dieser Mann war vermögend, hatte aber offenbar im Jähzorn verschiedene Delikte begangen. Da er jedoch eine Standesperson war, mußte man ihm ein ehrbares Gewahrsam verschaffen. Dazu war das Gasthaus geeignet. Hier ließ man den gefährlichen Täter „einmauern", d. h. eine Zelle mit Fenstergittern und stabiler Tür einrichten. Es wurden ihm jedoch verschiedene Bequemlichkeiten zuteil. So erhielt er u. a. ein Gebetbuch, eine Brille, ein Paar gefütterte Pantoffeln und eine Zinnkanne. Nachdem sich sein Verhalten gebessert hatte, wurde er 1645 Prövener, erhielt eine wohnliche Unterkunft, durfte sich frei im Haus bewegen und am Tisch des Speisemeisters essen, nachdem er zuvor standesgemäß eingekleidet worden war.

Gelegentlich kehrten Prövener auch in das alltägliche Leben außerhalb des Gasthauses zurück. Das geschah dann, wenn sie wieder heirateten. In solchen Fällen verblieb ihre Einlage allerdings beim Stift. Sie erhielten höchstens die Zinsen davon.

Daß es vor allem unter den verarmten Insassen Konflikte gab und diese unter Umständen auch einmal handgreiflich ausgetragen wurden, kann nicht verwundern. So heißt es 1642: „Peter Reimers ist wegen seines begangenen Excesses, dass er im Gasthause Friedrich Jensen groblich verwundet hat, auss dem Gasthauss gewiesen."[33] Es ist vermutet worden, daß die Wohnung des Scharfrichters nicht von ungefähr in der Nähe des Stiftes gelegen habe, da dieser gegen unbotmäßige Dienstboten, tobsüchtige oder wahn-

77
GRAUKLOSTER IN SCHLESWIG AUS DEM 13. JAHRHUNDERT
Das mächtige Klausurgebäude des einstigen Franziskanerklosters nahm nach der Reformation 1529 die Bewohner der Hospitäler zum Heiligen Geist und St. Jürgen auf und erfüllte damit einen neuen, landesherrlicher Verantwortung folgenden Zweck.
(Landesamt für Denkmalpflege Schleswig-Holstein)

sinnige Insassen habe Hilfe leisten können. Wenn dies jedoch geschehen wäre, so hätte das eine schwere Belastung für das Ansehen des Gasthauses dargestellt. Denn der Scharfrichter galt als unehrlich. Seine Anwesenheit würde deshalb für das Haus einen Makel bedeutet haben. Es ist daher nicht anzunehmen, daß der Speisemeister oder die Vorsteher den Scharfrichter für solche Fälle in Anspruch nahmen.

Positiv auf die Gemeinschaft dürften sich gemeinsame Arbeiten ausgewirkt haben, wie das Hopfenpflücken zur Bierbereitung, das freiwillig und gegen Vergütung stattfand. Höhepunkte im Jahreslauf sind sicherlich Neujahrsabend, Heilige Dreikönige, Fastnacht, Ostern, Pfingsten, Allerheiligen und Weihnachten gewesen, wenn die Verköstigung besonders abwechslungsreich war. Aber auch Leichenfeiern wurden festlich begangen.

Natürlich fehlte die geistliche Betreuung nicht. So wurden täglich Betstunden abgehalten. Sonntags predigte der Küster, und in der Passionszeit hielten die Pastoren zusätzlich mittwochs und freitags Gottesdienst.

Wie das Gasthaus in der ersten Hälfte des 19. Jahrhunderts aussah, das hat Theodor Storm in seiner Novelle „In St. Jürgen" beschrieben:

„Mit der einen Seite streckt es sich an dem St. Jürgenkirchhof entlang, unter dessen mächtigen Linden schon die ersten Reformatoren gepredigt haben; die andere liegt nach dem inneren Hofe und einem angrenzenden, schmalen Gärtchen, aus dem in meiner Jugendzeit die Pfründerinnen sich ihre Sträußchen zum sonntäglichen Gottesdienste pflückten. Unter zwei schweren gotischen Giebeln führt ein dunkler Torweg von der Straße her in diesen Hof, von welchem aus man durch eine Reihe von Türen in das Innere des Hauses zu der geräumigen Kapelle und zu den Zellen der Stiftsleute gelangt."[34]

An anderer Stelle heißt es: Im oberen Stockwerk gab es *„einen schmalen, endlosen Korridor, welcher nur durch die verhangenen Türfensterchen der zu beiden Seiten liegenden Zellen ein karges Dämmerlicht empfing."* Nach einem Inventarverzeichnis bewohnten um 1830, also zu Storms Jugendzeit, 9 Präbenden das Erdgeschoß und 10 das Obergeschoß. Jede der Stuben war beheizbar.[35] Dieser Zustand ist bis heute im wesentlichen erhalten geblieben. Das äußere Erscheinungsbild des Gasthauses war sehr repräsentativ. Vor dem langgestreckten Hauptgebäude lag zur Straße hin ein zweiteiliges weißgeputztes Vorderhaus mit einer Renaissancefassade wie bei wohlhabenden Bürgerhäusern des 16. Jahrhunderts. In ihr drückte sich der Geltungsanspruch der vermögenden Bewohner des Hauses aus, die auch im Alter Wert darauf legten, daß ihr ständisch abgesichertes Ansehen in der aufwendigen Gestaltung ihres Alterssitzes architektonischen Ausdruck fand. 1878/79 erfuhr der Giebel eine Renovierung in neugotischem Stil mit Backsteinen.

In Flensburg bestand seit Anfang des 14. Jahrhunderts ein Heiligen-Geist-Hospital. Herzog Waldemar hatte ihm 1325 die Aufgabe übertragen, *„allen denenjenigen, welche eine mässige menschliche Hülfe und Vermögen haben und weil sie mässig, oder nichts damit auszukommen beytragt, zu Hülfe zu kommen"*.[36] Es waren also auch hier nicht nur vollkommen Verarmte, die Unterkommen fanden, sondern solche, deren Vermögen nicht ausreichte, um den Lebensabend zu bestreiten. Andererseits ist überliefert, daß das Heiligen-Geist-Hospital auch als Herberge für fromme Pilger und als Heim für Obdachlose, Arme und Kranke diente. Offenbar war die Anzahl der zu Versorgenden nicht gering.

Das könnte man jedenfalls aus dem sehr großen Schornstein schließen, der das Hospital von allen übrigen Häusern merklich unterschieden haben soll. Womöglich diente es auch der Verpflegung von Stadtarmen, die keine Insassen waren, ähnlich wie in Husum. Aus dem Erdbuch von 1451 geht hervor, daß der Gebäudekomplex aus 5 Buden unter einem Dach und einem Querhaus sowie einem eigenen Gotteshaus bestand. Ferner gehörten das nördliche Nachbarhaus und der an der Nordseite des Stadtgrabens gelegene Berg dazu. Wie die Wohnverhältnisse im einzelnen be-

78
HEILIGEN-GEIST-KIRCHE IN KIEL.
Stadtansicht von 1619. Kupferstich von Pieter van der Keere.
Das links im Bild mit Xenodochium bezeichnete Gebäude ist die Kapelle des Kieler Heiligen-Geist-Hospitals. Unmittelbar daneben müssen die Bauten der Armenpflege gelegen haben, die ehemals das Franziskanerkloster beherbergten.
(Schleswig-Holsteinische Landesbibliothek)

79
PRÄBENDENSTIFT IN ELMSHORN 1663.
Gemälde von Heinrich Lange vor 1888.
Der langgestreckte Bau mit Kapelle und Glockenturm lag mitten in der Stadt und mußte 1891 einem Bankhaus weichen. Ein Neubau erfolgte noch im gleichen Jahr an anderer Stelle.
(Konrad Struve-Museum Elmshorn)

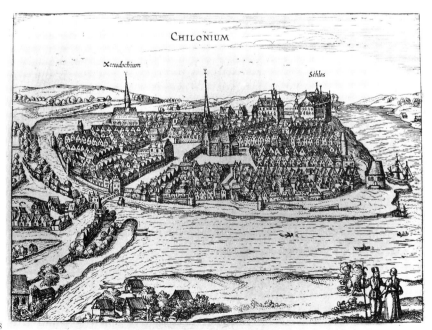

schaffen waren, ist nicht bekannt. Ebenso wenig wissen wir darüber, ob sich die Insassen überwiegend aus eigenen Mitteln versorgten und ob sie für die Aufnahme ins Hospital eine Geldsumme zahlen mußten.

Ein wenig besser sind wir informiert über die Situation nach der in Flensburg 1537 einsetzenden Reformation. Nun kam es nämlich zu einer grundlegenden Neuordnung der geschlossenen Armenpflege. Das Hospital zum Heiligen Geist zog in das 1269 erbaute und seit der Vertreibung seiner Mönche leerstehende stattliche Franziskanerkloster, und König Friedrich I. von Dänemark befahl als Landesherr, die Klostergebäude zu Wohnungen für Arme umzubauen. Aber es wurde wiederum daraus kein reines Armenhaus, sondern wie bisher eine Versorgungsanstalt für alleinstehende, nicht ganz unbemittelte Flensburger Bürger, die mindestens 60 Jahre alt sein mußten und ein Eintrittsgeld zahlen konnten. Die finanzielle Ausstattung des neu etablierten Hospitals zum Heiligen Geist, das als „gemein Gasthus" zunächst einer begrenzten Anzahl von Bürgern und Bürgerinnen vorbehalten blieb, war denkbar gut, da die Reste der klösterlichen Vermögensmasse sowie die der Stiftung St. Jürgen, des Kalands, der Marienstiftung und des Franziskanerklosters zusammenflossen.[37] Außerdem erhielt das Spital eigene Gerichtsbarkeit. Daher genossen seine Vorsteher in der Stadt hohes Ansehen, was sicherlich auch auf die Insassen Auswirkungen gehabt hat.

Die Wohnräume der Spitalinsassen müssen sich in den beiden zwei- und dreistöckigen Querflügeln befunden haben. In weiteren Gebäuden waren Eßsaal und Küchenräume sowie die Wohnung des Klostervogts untergebracht.

Um die Mitte des 19. Jahrhunderts lebten 40–50 über 60jährige Witwer, Witwen und unverheiratete Bürgertöchter im Kloster-Hospital, die meisten davon unentgeltlich.

Schleswigs Bedeutung im Mittelalter als Bischofsstadt kam u.a. in der Niederlassung zahlreicher Orden zum Ausdruck. Die Benediktinerinnen ließen sich im St. Johanniskloster nieder. Die Franziskaner, Dominikaner und Augustiner erbauten sich gleichfalls Klöster. Aber nur das 1240 errichtete Graukloster der Franziskaner erlangte Wert für die Armenversorgung, weil es nach der Vertreibung der Mönche 1528 von König Friedrich I. von Dänemark der Stadt zum Zweck der Unterbringung von 19 hilfsbedürftigen Stadtbewohnern, die einst Hausbesitzer gewesen waren, übereignet wurde.[38] Über die mittelalterliche Klosteranlage wissen wir aufgrund neuerlicher Restaurierungsarbeiten, verbunden mit Grabungen, gut Bescheid.[39] Demnach handelte es sich um einen H-förmigen Grundriß, über dem sich zweigeschossige Backsteinflügelbauten erhoben. In der Mitte befand sich der innere Klosterhof. Der Saalbau ließ sich durch eine Fußbodenheizung mit Heizkammer erwärmen und könnte daher als Hospital oder Winterrefektorium genutzt worden sein. Als der Gebäudekomplex um 1529 säkularisiert wurde, befand er sich in völlig verwahrlostem Zustand und mußte daher für die Unterbringung der Armen instandgesetzt und auch umgebaut werden. So wurde das Innere der Flügelbauten weitgehend ausgekernt, um bedürfnislose Kleinwohnungen zu schaffen. Dafür zog man Zwischenwände aus Fachwerk mit Abbruchsteinen und Geflecht aus Weidenruten in Lehmverstrich ein. Auf diese Art entstanden Wohnungen mit Wohn- und Schlafraum sowie Küche und offenem Kamin. Kamin und Wände wurden weiß geschlemmt, der Fußboden mit Ziegeln gepflastert. In diesem Zustand blieben die Gebäude bis 1980.

Das Graukloster bot 16–20 Präbendisten Unterkunft und Verpflegung, dazu Feuerung und wöchentlich eine Unterstützung in Geld. Als Vorteil ist von den Armen sicherlich empfunden worden, daß sie selbständig wirtschaften konnten, da jede Wohnung eine eigene Küche besaß. Wir wissen allerdings nichts darüber, ob in diesen Kleinwohnungen Familien leben mußten oder ob sie nur für ältere Leute gedacht waren. Nachteilig war die unmittelbare Nachbarschaft des Scharfrichters, dessen Wohnung mit der Gefangenenzelle im Chor der ehemaligen Klosterkirche lagen. Damit haftete dem Gebäudekomplex zweifellos etwas Anrüchiges an. Die Situation ließ sich dadurch etwas mildern, daß sich die Räumlichkeiten in der Nähe des früheren Altars befanden.[40]

79

80
HEILIGEN-GEIST-HOSPITAL IN NEUSTADT
14. JAHRHUNDERT. Gemälde von Christian Kleinsang 1936.
Der Trakt der Armenwohnungen umgibt die Kirche. Die idyllisch dargestellte Platzanlage darf aber über die Not der Hospitalbewohner nicht hinwegtäuschen.
(Kreismuseum Ostholstein in Neustadt)

1614 entstand in Schleswig ein Neubau für das Hospital zum Heiligen Geist am Stadtweg mit maßgeblicher Unterstützung Herzog Johann Adolfs. Es handelte sich um einen einstöckigen länglichen Ziegelbau mit einer nur an der Westseite im Oberstock ausgebauten Kammer. Neben dem Eingang an der Straßenseite befanden sich das herzogliche und das städtische Wappen. Um 1648 lebten 19 Pfleglinge im Heiligen-Geist-Hospital. Ende des 18. Jahrhunderts war das Gebäude so baufällig, daß es 1800 abgebrochen werden mußte. Der Neubau von 1802 war ein schlichtes zweigeschossiges Traufenhaus aus Ziegeln über einem Granitquadersockel mit 11 hohen Rechteckfenstern an der Straßenfront. Im unteren Stockwerk befanden sich 18 Einzelzimmer für 26 Bewohner. Aber nur 4 von ihnen waren mit Öfen beheizbar. Möglicherweise dienten diese Räume der Krankenpflege. Die übrigen Bewohner mußten sich im Winter in einer gemeinschaftlichen Wärmestube aufhalten, wie wir sie aus dem Lübecker Heiligen-Geist-Hospital kennen. Seit Anfang des 19. Jahrhunderts war im Obergeschoß eine Krankenabteilung mit 14 Zimmern untergebracht. Die Mittel dafür hatte eine Freimaurerloge zur Verfügung gestellt. Die Krankenversorgung war in erster Linie für „*hülflose Wöchnerinnen*" und „*unvermögende kranke Untergehörige*" gedacht. Gemeint waren wohl Knechte, Mägde und Tagelöhner. Sie sollten jedoch nach Möglichkeit die geringgehaltenen Kosten dafür selbst aufbringen. Erst im Falle gänzlicher Verarmung sprang die Stadt ein.[41] Bis 1893 diente das Heiligen-Geist-Hospital der Armen- und Krankenpflege, dann wurde es Kaserne.

Mit der Kolonisation Ostholsteins hing die Gründung Kiels 1242 duch den Schauenburger Grafen Johann von Holstein zusammen. Aus dieser frühen Zeit – etwa 1260 – stammte das Heiligengeistkloster. Es lag zunächst mit einer dazugehörigen Kapelle am Wall und siedelte nach dem Verfall seiner Baulichkeiten 1555 in das ehemalige Franziskanerkloster über und bezog 1665, als die neugegründete Universität die Gebäude benötigte, einen Bau am Kütertor.[42] Wie alle Heiligengeisthospitäler nahm es nicht nur arme Reisende vorübergehend auf, sondern beherbergte und verpflegte auf Dauer auch Arme und Schwache.

In vorreformatorischer Zeit war es brüderschaftlich organisiert. An der Spitze stand der Spitalmeister mit weitgehender Strafgewalt über Brüder und Schwestern. Wer ohne Grund besseres Essen forderte oder das Essen kritisierte, Speisen heimlich sammelte und verkaufte, die Mitbewohner beschimpfte oder einen Kranken schlecht behandelte, mußte bei Wasser und Brot fasten. Wer einen anderen schlug, erhielt Prügel. Bei Diebstahl konnte er aus dem Hospital ausgestoßen werden. Kontakte zwischen den Geschlechtern wurden mit Peitschenhieben geahndet. Alle diese Strafen kamen freilich nur für die armen Insassen in Betracht. Sie trugen auch Anstaltskleidung aus weißer und grauer ungefärbter Naturwolle, dazu Schuhe aus Rindsleder. An den gemeinsamen Mahlzeiten von drei Gängen mußten alle Brüder und Schwestern teilnehmen. Außerdem sollten hierbei alle schweigen oder sich wenigstens im Gespräch zurückhalten. Nach der Reformation wurde das Heiligengeistkloster reines Armenhaus.

Erst für die Mitte des 17. Jahrhunderts ist die Anzahl von 20 Präbendisten belegt, jedoch sonst nichts Näheres über deren Unterbringung und Versorgung bekannt.

An der Grenze von Geest und Marsch an dem Flüßchen Krückau liegt Elmshorn, das seit 1649 zur Reichsgrafschaft Rantzau gehörte. Am Michaelistag 1663 ließ Graf Christian Rantzau am Wedenkamp ein Präbendenstift als Armenhaus errichten[43], das in der Nähe des Pastorats lag und zu dem ein Stück Land gehörte, in dem die Armen Gartenbau betreiben konnten. Das Gebäude war ein langgestreckter eingeschossiger Backsteinbau, an dessen einem Ende sich ein Glockenturm mit Dachreiter befand. Ursprünglich enthielt das „Rantzausche Hospital, Gottes- und Armenhaus" 7 einzelne Stuben, in denen je zwei Arme untergebracht waren. Täglich mußte in einer der Stuben Betstunde abgehalten werden. Die Auswahl fand nach strengen Maßstäben statt. Graf Christian Rantzau hatte betimmt, daß die Stiftung nur dem Unterhalt

81
ABLASSBRIEF DES BISCHOFS JOHANNES VON LÜBECK. 1418
Dieses aus dem St. Jürgen-Hospital in Neustadt stammende Dokument sollte einem Aussätzigen die Befreiung von allen Sünden gewähren. Ebenso wie viele Christen seinerzeit hatte auch er das Bedürfnis, durch die Kirche von seinen Sünden freigesprochen zu werden. Vielleicht sah er in seiner Krankheit eine Strafe Gottes.
(Stadtarchiv Neustadt/Holstein)

„*armer, alt-erlebter und sonsten preßhafter Leute…, welche in der Grafschaft Rantzau und dem Gute Breitenburg entweder geboren oder allda vereheliget, und nicht das Ihrige muthwillig verthan, oder sonst der Almosen sich unwürdig gemacht haben, besondern welche durch ihr abgelebtes hohes Alter, kundbare Gebrechen oder andere Göttliche Verhängnisse in beschwerliche Armuth gerathen und gänzlich verarmt seyn und sich sonsten nicht erhalten und ernähren können, auch daneben Wittiber oder Wittiben, dazu eines ehrlichen Gerüchts und Namens seyn*"[44] dienen sollte.

Wenn den Provisoren der gute Lebenswandel des Bewerbers nicht genügend bekannt war, mußte dieser sich ein Zeugnis seiner Obrigkeit oder seines Beichtvaters besorgen und es vorlegen. Damit solche Unterlagen sorgfältig genug geprüft werden konnten, ließ man eine frei werdende Präbendenstelle ein Vierteljahr unbesetzt. Außerdem wurde Buch geführt über Namen, Alter, Geburts- und früheren Aufenthaltsort sowie frühere Tätigkeit der Präbendisten.

Von den Bewerbern wurde erwartet, daß sie ein eigenes Bett mit ins Hospital brachten. Unklar bleibt dabei, ob es sich um Bettstelle und Bettzeug handelte oder nur um ein Federbett. War man aufgenommen, hatte man sich von der wöchentlichen Unterstützung selbst zu kleiden und zu beköstigen. Im ersten Vierteljahr gingen davon 6 RT und 12 Sch. für die künftigen Begräbniskosten ab.

Die Armen durften im Hospital keine „*sonderbare Handthierung, Arbeit oder Handlung*" betreiben. Erwünscht war dagegen, daß sie spannen und nähten, sofern dadurch keine Mitbewohner belästigt wurden. Im übrigen entsprachen die Erwartungen an das Verhalten der Armen den üblichen Vorstellungen der Zeit. So sollten sie einen verträglichen und frommen Lebenswandel führen, unausgesetzt die Betstunden besuchen, an Predigten und Abendmahl teilnehmen. Wer die Hausruhe störte oder einen unchristlichen Lebenswandel führte, hatte mit der Entziehung der Geldunterstützung für ein Vierteljahr zu rechnen, unter Umständen sogar eines ganzen Jahres, und konnte schließlich aus dem Hospital verstoßen werden. Auffallend hart waren auch die Strafen für versäumte Predigten oder Abendmahlsfeiern. Wer z.B. viermal bei diesen Veranstaltungen fehlte, den sah man als „Gottesverächter" an und dem waren für alle Zeiten die Türen des Hospitals verschlossen. Es ist anzunehmen, daß diese Strafe einer Ächtung gleichkam. Wer davon betroffen wurde, der mußte Elmshorn sicherlich auf immer verlassen.

Anfangs war es üblich, daß jeder Insasse einen Tag lang die am Hause Vorüberziehenden um eine Gabe für die Armenbüchse bat, später unterblieb das.

Zur Aufrechterhaltung von Ruhe und Ordnung wählte die Leitung unter den weiblichen Insassen eine Hospitalmeisterin aus, die die tägliche Aufsicht über die Hospitalarmen auszuüben hatte, hauptsächlich darüber, daß sie den Besuch der Predigten und der Betstunden innehielten. Aber sie kümmerte sich auch um die Pflege und Wartung der Kranken und erhielt dafür eine Vergütung.

1734 kam es zu einem Erweiterungsbau mit vier Stuben, die allerdings wegen der Enge der Räumlichkeiten nicht mehr mit je zwei Armen besetzt wurden, sondern nur noch mit einer Person. Offenbar waren auch für die Bedürftigen die Ansprüche auf menschenwürdige Unterbringung gestiegen. Ferner erhielt das Hospital 1740 eine Wohnung für den nun eigens angestellten Geistlichen. 1784 folgte der Anbau einer Kapelle. Der Umstand, daß die Armen praktisch mit einem Vertreter der hohen Geistlichkeit unter einem Dach wohnten, dürfte sich positiv auf ihr Ansehen in der Fleckensgemeinde Elmshorn ausgewirkt haben. Andererseits unterstanden sie umsomehr geistlicher Aufsicht. 1890 wurde das Präbendenstift abgebrochen und an anderer Stelle wieder aufgebaut.

Ein spezifisches Problem des Mittelalters stellten die Leprosen dar. Nahezu ein Jahrtausend dauerte es, bis sich der Aussatz als Seuche aus dem Orient kommend im Abendland ausbreitete.[45] Als Maßnahme dagegen führte man die Isolation der Kranken durch. Zunächst wurden sie in Hütten außerhalb menschlicher Ansiedlungen unterge-

82

82
SIECHENHAUS KLEIN-GRÖNAU VON 1479/80.
Das im 13. Jahrhundert urkundlich erwähnte Aussätzigenhaus liegt etwa acht Kilometer vor Lübeck an der Straße nach Ratzeburg. Nur noch die Inschriften und die gegenüberliegende Kapelle erinnern an das frühere Leprosorium und spätere Armenhaus. Nach mehrmaliger Renovierung dient das Haus heute als Freizeitheim für Jugendliche.
(Photo Ortwin Pelc)

83
GRUNDRISS DES SIECHENHAUSES KLEIN-GRÖNAU UM 1920.
Aus 12 Kammern wurden 6 Kleinwohnungen. Aber immer noch leben Männer und Frauen streng getrennt wie es seit altersher üblich war. Jede Seite hat einen eigenen Eingang, von dem ein schmaler Flur direkt zum Hof führt.
(W. Hayessen, Die Gebäude der Lübecker Wohlfahrtspflege, 1925)

83

bracht. Die ersten Leprosorien dieser Art entstanden gegen Ende des 11. und Anfang des 12. Jahrhunderts in Frankreich. Im Laufe der Zeit entwickelten sich klosterähnliche Anlagen mit Kapelle, den Häusern der Kranken, Wohnungen für Pflege- und Hilfspersonal, landwirtschaftlichen Gebäuden wie Scheunen, Ställen und Schuppen, einem Brunnen und dem Friedhof. Die gesamte Anlage war häufig von einer Mauer umschlossen, um den Bezirk von der Außenwelt abzugrenzen. Wirtschaftlich gesehen waren die Leprosenhäuser oft autark, da sie auf Stiftungen beruhten. Vielfach mußten die Insassen aber auch Almosen sammeln. Deshalb lagen die Sondersiechenhäuser oft in der Nähe von Handelswegen.[46] Stets befanden sie sich außerhalb der Städte, waren aber deren Einrichtungen.

Männliche und weibliche Leprosen wohnten grundsätzlich getrennt. Ausnahmen konnten bei Ehepaaren gemacht werden. Hier spiegelte sich die gleiche Sozialgliederung wider wie in vielen Hospitälern. Das zeigte sich u. a. in der Sitzordnung. Wer in die Gruppe der Leprosen Aufnahme finden wollte, mußte sich wie in den Hospitälern einkaufen oder den Betrag zusammenbetteln.[47]

Schon nach 1300 begann die Lepraseuche in West-und Mitteleuropa abzuebben, und gegen 1580 hatte der Aussatz in Europa seinen Schrecken weitgehend verloren. Deshalb verfielen seit dem 14. Jahrhundert zahlreiche Leprosorien. Andere wurden umfunktioniert und dienten als Siechen- und Armenhäuser. Diese Entwicklung trifft auch auf Schleswig-Holstein zu. Hier hießen die Leprosenhäuser St. Jürgen-Hospitäler. An der Westküste waren sie nur in Krempe, Itzehoe und Garding vertreten, in den übrigen Teilen des Landes, vor allem an der Ostküste, zahlreicher.

In Flensburg wird auf dem östlichen Fördeufer 1283 erstmals ein St. Jürgen-Hospital erwähnt. Es soll aus dem eigentlichen Hospital, Wirtschaftshof, Kirche und Friedhof bestanden haben und von einem Graben umgeben gewesen sein, wohl um die Insassen von der Außenwelt zu isolieren. Über Aussehen und Einrichtung der Gebäude ist nichts bekannt, auch nichts über die Hausordnung und darüber, wer die Kranken pflegte. Aus der Tatsache, daß das Hospital über umfangreichen Grundbesitz verfügte und fern von verkehrsreichen Straßen lag[48], kann man schließen, daß die Kranken ihren Unterhalt nicht zu erbetteln brauchten.

Für Kiel wird ein Leprosorium erstmals 1267 im ältesten Stadtbuch als „domus infirmorum leprosorum" erwähnt.[49] Es lag weit vor den Toren der Stadt auf dem Weg nach Hamburg. Vermutlich befand sich die Leitung in den Händen eines Spitalmeisters, von dem 1328 die Rede ist. Die Anzahl der Insassen könnte nach dem Vorbild des Jüngerkreises 12 betragen haben. Über deren Unterbringung und Zusammenleben ist nichts überliefert. Eine eigene Kapelle wird erst 1366 erwähnt. Mit Beginn des 15. Jahrhunderts, als die Lepra zurückging, traten allmählich an die Stelle der Kranken Arme und Hilfsbedürftige.

Lübeck verfügte über zwei Leprosenhäuser. Das eine lag auf dem Weg nach Ratzeburg in Klein Grönau. 1289 wird dieser Stiftbau der adeligen Familie von Grönow erstmals im Testament des Dietrich Vrohwede genannt.[50] Seit 1423 befand es sich in Lübecker Besitz. 1480 wurde ein Neubau errichtet, der nun nur noch für Sieche und nicht mehr für Aussätzige bestimmt war. Die Insassen mußten jedoch bis zur Reformation nach klösterlichen Regeln leben, durften daher auch nicht heiraten. Ehepaare fanden von vornherein keine Aufnahme. An die strenge Hausordnung mußten sich die 6 Frauen und 6 Männer genau halten, *„darum sich ein jeder hüte für Schaden und leben friedsam"*.[51] Es gehörte aber auch zu den Aufgaben der Insassen, betteln zu gehen. Aus der Hausordnung geht nämlich hervor, daß wenigstens 2 Bewohner die Kranken im Hause betreuen mußten, während *„die anderen dann sammeln, die draußen sind auf dem stighe"*.[52] Immer noch war man also darauf angewiesen, wie die Leprosen vor der Tür zu hocken oder auf der Straße (Stiege) zu patrouillieren, um von Reisenden Gaben einzusammeln. Erst im Laufe der Jahrhunderte gelangte das Siechenhaus zu Grönau in den Besitz von Ländereien, die verpachtet wurden und deren Miete den Insassen zugute kam.

84
GRUNDRISS EINER WOHNUNG IM SIECHENHAUS KLEIN-GRÖNAU UM 1920.
Eine Armenwohnung bestand aus Diele, Stube und Küche und betrug gerade 10 qm Das Inventar einer solchen bescheidenen Unterkunft beschränkte sich auf die notwendigsten Einrichtungsgegenstände wie Tisch, Bett, Stuhl und Schrank bzw. Kommode.
(W. Hayessen, Die Gebäude der Lübecker Wohlfahrtspflege, 1925)

85
FASSADE VON ILHORNS ARMENHAUS IN LÜBECK 1449.
Das schmale, hohe Gebäude liegt auf einem langgestreckten Grundstück und vermittelt nicht zuletzt durch die reiche Fensterfront und die aufwendige Eingangstür eher den Eindruck eines Bürgerhauses als eines Armenhauses.
(W. Hayessen, Die Gebäude der Lübecker Wohlfahrtspflege, 1925)

Das zweite Lübecker Leprosenhaus lag vor dem Mühlentor. Es wurde 1290 erstmals erwähnt und zunächst für 40 Aussätzige eingerichtet. Später war es Siechenhaus. 1644 entstand ein Neubau mit 12 Plätzen.

Zusammenfassend läßt sich festhalten, daß die Hospitäler in Lübeck und Schleswig-Holstein eine weitgehend ähnliche Entwicklung durchgemacht haben. Niemals waren sie Armenhäuser, in denen nur absolut Mittellose Unterkunft fanden. Stets stellten sie eine Mischform zur Versorgung vermögender wie unbemittelter, ortsansässiger Alter und Kranker dar. Dadurch rückten Menschen unterschiedlicher, ja oft gegensätzlicher sozialer Schichten in ihrer letzten Lebensphase eng zusammen. Das schloß die in der Gesamtgesellschaft geltende Hierarchisierung und Klassifizierung auch auf so begrenztem Raum keineswegs aus. Um die dadurch verursachten Spannungen durchzuhalten, war die Unterordnung aller Insassen unter rigide Anstaltsvorschriften unverzichtbar. Die Einhaltung der Regeln geschah durch Fremd- oder Eigenkontrolle, d. h. durch Vorsteher und angestelltes Aufsichtspersonal oder durch eine Art von selbstverantwortlicher Mitwirkung von ausgewählten Insassen. Insgesamt gesehen vollzog sich das Leben in Hospitälern in einer gewissen Parzellierung, die durch die räumliche Abschließung nach außen gegeben war, auch wenn Kontakte zur Außenwelt möglich blieben.

Stiftungen

Neben den Hospitälern, die von kirchlicher Seite oder von der weltlichen Obrigkeit für die geschlossene Armenpflege errichtet wurden, gab es auch im Mittelalter schon eine Reihe milder Stiftungen, die vermögende Personen zur Unterbringung Bedürftiger ins Leben riefen. Diese Tradition setzte sich ungebrochen in den Jahrhunderten nach der Reformation fort. Das läßt sich am Beispiel Lübecks nachweisen. Es dürfte kaum eine deutsche Stadt gegeben haben, in der im Laufe ihrer Geschichte so viele Stiftungen zugunsten von Armen und Bedürftigen entstanden sind wie hier. Zahlreiche sog. Höfe, Konvente, Kalande, Armenhäuser, Armengänge und Armenbuden aus privaten Vermächtnissen ermöglichten die Versorgung einer Vielzahl von Menschen mit kostenlosem Wohnraum, meist verbunden mit zusätzlicher finanzieller Unterstützung. Die einzelnen Stiftungen unterschieden sich jedoch qualitativ nicht unerheblich voneinander. So befand sich in der Glokkengießerstraße die Stiftung des Ältermannes der Nowgorodfahrer, Hans Ilhorn, die dieser 1438 für 22 arme Frauen errichtet hatte.[53] Neun von ihnen wohnten im Haupthaus. Davon hatten drei je eine Stube von ca. 10 qm, eine Kammer von 3,8 qm und einen kleinen Vorratsraum für Heizmaterial im Erdgeschoß. Gemeinsam genutzt wurde eine große Küche. Im Obergeschoß waren 6 Frauen untergebracht. Sie verfügten nur je über eine Stube, die ein wenig kleiner als die im Erdgeschoß war, besaßen weder Kammer noch Feuerungsraum, und teilten sich gemeinsam eine Küche, hatten dafür aber einen größeren Dielenraum als die Bewohner unter ihnen.

Durch das Vorderhaus führte der Weg zu einem langgestreckten zweigeschossigen Hofgebäude, in dem noch einmal 13 Frauen untergebracht waren, die teils über eine Kammer, teil über eine eigene kleine Küche verfügten.

Das Hofgebäude ist noch heute ein stattlicher freistehender Bau mit vorgekragtem Fachwerk-Obergeschoß und steilem Satteldach und erweckt zunächst nicht den Eindruck eines Armenhauses, zumal auch eine Gartenanlage dazu gehört. Tatsächlich aber war das Gebäude von Frauen bewohnt, die nicht nur auf mietfreie Unterkunft angewiesen waren, sondern auch auf weitere Unterstützungen. So erhielten sie jährlich zwei Raummeter Buchenkluftholz als Brennstoff, alle vier Wochen freitags und ferner zu Fastnacht, Ostern, Pfingsten, Johannis, Michaelis und Weihnachten einen Geldbetrag. Außerdem zahlte die Ilhorn-Stiftung ihnen im August zum Einkauf von Kohlen, im Oktober für Licht und im November für Lebensmittel weitere Beträge. Die Meisterin als Aufsichtsperson erhielt eine kleine Sondervergütung. Die einzige eigene Aufwendung, die die Frauen zu erbringen hatten, war die Einzah-

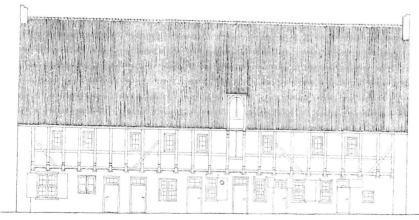
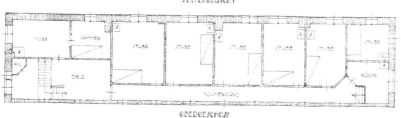

86
FASSADE UND GRUNDRISS VON ILHORNS ARMENHAUS/HINTERHAUS IN LÜBECK 1449. Hinter dem Vorderhaus errichtete der Stifter ein zweites Armenhaus, das nun, da es nicht zur Straße lag, als einfacher Fachwerkbau erstellt wurde. Interessant ist die Anlage der Stuben mit einem Küchengang im Obergeschoß.
(W. Hayessen. Die Gebäude der Lübecker Wohlfahrtspflege, 1925)

lung eines Sterbegeldes von 60 Mark beim Eintritt in die Stiftung.

Die unterschiedliche Ausstattung der Armenwohnungen im Ilhorn-Stift mit und ohne Kammern, Küchen oder Nebengelaß zeigt, daß es innerhalb der Bewohnerschaft Abstufungen gab. Eine Wohnung mit Stube und Kammer oder Küche war sicherlich begehrter als eine bloße Stube. Nach welchen Kriterien die Auswahl der Bewerberinnen vorgenommen wurde, ist nicht ersichtlich. Vermutlich war ihr Status für die Größe der Wohnung entscheidend. In jedem Falle dürften manche Witwen im Ilhorn-Stift besser untergebracht gewesen sein als in den häufig beengten Wohnverhältnissen der eigenen Familie.

In der Glockengießerstraße lag auch der Zugang zu einem sehr stattlichen Versorgungsinstitut. Das war Glandorps Hof, 1612 von dem Ratsherrn und Kaufmann Johann Glandorp gestiftet und mit 14 Freiwohnungen in 6 Doppelhäusern ausgestattet.[54] Er stellte eine angesehene und beliebte Bleibe für ehrbare Witwen dar, die freie Unterkunft benötigten und dazu noch jährlich Stiftsgeld erhielten, dafür aber auch Eintrittsgeld zu leisten hatten. Zur Straße hin war das Anwesen durch ein 3-geschossiges Gebäude mit Einfahrt abgeschlossen, deren Torgitter den Blick auf den in ein Gärtchen einmündenden Hof freigab. Das ist der Zustand nach verschiedenen Umbauten und Zuerwerbungen seit 1872, als die Stiftung schon 260 Jahre unbeschadet überstanden hatte. Noch immer empfindet man die Gesamtanlage als Oase der Ruhe und Erholung. Sie galt als die beste aller Stiftswohnungen in Lübeck.

Glandorps Stiftung wurde noch übertroffen durch Johann Füchtings Wohltätigkeit, der als Schonenfahrer und Ratsherr ein ansehnliches Vermögen angesammelt hatte. Als er 1637 kinderlos starb, vermachte er den größten Teil seines Vermögens *„zu einer denkwürdigen Stiftung zu Gottes Ehren und den Armen zu Nutzen und Besten, desgleichen auch zu meiner und meiner gottseligen lieben Ehefrau immerwährenden Gedächtnis, auch anderen von dem lieben Gott gesegneten mildgebigen Christen zu einem Exempel und Nachfolge".*[55] Über die Geschichte dieser Armenstiftung sind wir neuerdings durch eine eingehende Untersuchung gut unterrichtet. Danach kam es mit Hilfe des Stiftungsvermögens nach dem Vorbild anderer lübischer Wohltätigkeitsanstalten zum Erwerb von einzelnen Grundstücken, die zusammengefaßt ausreichten, um einen Wohnhof mit je einer zweigeschossigen Hauszeile auf jeder Seite zu errichten. Die Grundstücks- und Baukosten waren erheblich und betrugen nicht weniger als 42 613 Mark 3 Schilling. Das verbleibende Stiftungsvermögen war jedoch umfangreich genug, um die Unterhaltung der Anlage zu gewährleisten und darüber hinaus die Bewohner mit Barmitteln zu versorgen.

Da die Handwerkerrechnungen erhalten sind, wissen wir, daß die Gebäude sehr solide errichtet und ausgestattet waren. Insgesamt enthielten sie zehn Stiftswohnungen, die sich auf der linken Seite vom prächtig gestalteten Portalgebäude an der Glockengießerstraße in einem langgestreckten Flügel befanden. Die Haustüren lagen paarweise nebeneinander. Die Häuserzeile wurde abgeschlossen durch einen vorspringenden Bau, in dessen Obergeschoß sich das Vorsteherzimmer als Versammlungsraum befand, einer der schönsten Lübecker Innenräume des Barock. Der untere Teil bestand aus einem offenen Arkadengang, der zum anschließenden Garten führte. Alle Wohnungen in der sogenannten „Langen Reihe" enthielten bei gleichem Grundriß Diele, Zimmer sowie Küche im Erdgeschoß und Schlafkammer im Obergeschoß. Am Ende der langen Reihe führte ein Gang auf die Rückseite, an der sich zwei Wohnungen mit Blick auf die Königstraße befanden. Auf der rechten Seite lagen eine weitere Häuserzeile mit 8 Wohnungen, dazu zwei in der Fluchtlinie eines in der Mitte der Hofanlage befindlichen langgestreckten Stallgebäudes. So konnten hier um 1665 22 Witwen Unterkunft finden. Spätere Umbauten veränderten den Füchtingshof insoweit, als nun auch das Stallgebäude in Wohnungen umgebaut, die rechte Häuserzeile aber erheblich verkürzt wurde.

Der Stifter hatte nicht ausdrücklich bestimmt, welcher

Personenkreis aufgenommen werden sollte. Die Testamentsvollstrecker mußten sich daher nach seinem mutmaßlichen Willen richten. Sie nahmen Witwen mit und ohne Kinder auf. Die Kinder sollten nicht älter als zwischen 14 und 16 Jahren sein. In diesem Punkt ist es gelegentlich zu Streitigkeiten gekommen, sei es, daß ältere Töchter bei ihren Müttern wohnen blieben und junge Männer auf den Hof zogen, sei es, daß ein junger Mann als Sohn „viele Bos- und Unbesonnenheiten auf dem Hofe ausgeübet",[56] so daß er gewaltsam ins St. Annen-Werk- und Zuchthaus geschafft werden mußte.

Im übrigen rekrutierten sich die Insassinnen aus verwitweten Kaufmanns- oder Krämerfrauen und in der Regel aus vier Schifferwitwen ohne größeres Vermögen, die lediglich ein Begräbnisgeld von 30 Mark zu entrichten hatten und dafür freie Wohnung und ein Quartalsgeld zu Ostern, Johanni, Michaelis und Weihnachten erhielten. Um 1843 war die jüngste Witwe 43, die älteste 89 Jahre alt. Ungeachtet ihres Alters hatten sich alle Frauen einer strengen Hofordnung zu unterwerfen. Deren älteste stammte von 1645 und besagte u. a., daß keine Witwe mehr als 2 Kinder bei sich haben durfte, bei längerer Abwesenheit vom Hof das Quartalsgeld entfiel und daß die Verpflichtung bestand, Wohnung und Hof sauberzuhalten. Natürlich mußten sich die Frauen auch gegenseitig im Krankheitsfall helfen, und schließlich waren Zank und Streit zu vermeiden. Auch die Öffnungszeiten für die Hofpforte waren festgelegt. Nachdem 1735 ruchbar geworden war, daß eine der auf dem Hof wohnenden Witwentöchter „von einem Barbier Gesellen wäre geschwächt und geschändet worden" und „weil ein solches wider unserer Hofordnung wäre, ein solches Scandale Ohnmöglich Tolerirt werden könnte", wurden die Torschlußzeiten für den Winter auf 9 Uhr und für den Sommer auf 10 Uhr abends festgelegt.

Übrigens sparten die Vorsteher gelegentlich nicht mit strengen Ermahnungen. Dann mußten sich die Frauen im Vorsteherzimmer versammeln, auf Bänken unterhalb der Fenster Platz nehmen und sich sagen lassen, „daß viele Bürger sich beschwerten; daß sie eine große pracht in ihre Kleidung führten, auch der Wittwen vom Hoffe ohne erlaubniß ausreiseten, und die erwaxenen Kinder allein zu Hause laßen; worauß ein unordentliches Läben entstände."[57] Die Unterkunft im Füchtings Hof wurde sicherlich von vielen Witwen des Kaufmanns- und Schifferstandes wegen der gepflegten und bequemen Unterbringung und des dazu gehörigen Quartalsgeldes sehr begehrt. Im täglichen Umgang kontrollierten sich die Frauen nicht nur gegenseitig, sondern unterstanden außerdem der Aufsicht eines Verwalters und seit 1719 der Hoffrau, die als Vertrauensperson der Vorsteherschaft und als Vorgesetzte der Witwen sowie des Dienstpersonals fungierte. Diese Art von Kontrolle entsprach durchaus dem, was damals gesamtgesellschaftlich üblich war. Auch in der Familie und in der Nachbarschaft war ja die Freiheit der Frau erheblich eingeschränkt. Deshalb kann man davon ausgehen, daß die Witwen im Füchtings Hof das nicht über Gebühr empfunden haben, zumal sie das Recht besaßen, die Stiftung tagsüber und auch für längere Zeit zu verlassen. Gewiß sahen sie insgesamt eine Aufwertung ihres Prestiges darin, in einer solchen renommierten Stiftung zu wohnen.

Auch in den Herzogtümern Schleswig-Holstein existierte eine Reihe von Wohnstiften für Bedürftige. Der königliche Amtmann des Herzogtums Lauenburg, Friedrich Seestern-Pauly, selbst ein Mann der sozialen Verantwortung, trug 1831 aufgrund eingehender Recherchen Nachrichten über die im Herzogtum Holstein vorhandenen Privatstiftungen zusammen.[58] Die ersten Gründungen lassen sich bis ins Mittelalter zurückverfolgen. Die Mehrzahl entstand jedoch nach der Reformation, die meisten im 18. Jahrhundert.

Größe und Ausstattung der Wohnstifte in schleswig-holsteinischen Städten waren im Ganzen bescheidener als Glandorps und Füchtings Hof in Lübeck. Das hing damit zusammen, daß in den kleinen Landstädten weniger vermögende Leute lebten als in der Handelsmetropole an der Trave. Dennoch wurden auch dort große Anstrengungen von privater Seite unternommen, um die Versorgung Verarmter mit Wohnraum zu gewährleisten.

87
GLANDORPS HOF IN LÜBECK VON 1612.
Die gepflegte Anlage um den gepflasterten Innenhof vermittelt noch heute den Eindruck von Schutz, Geborgenheit und Intimität. Wer hier im Alter ein Unterkommen fand, war bevorzugt.
(Photo Ortwin Pelc)

88
FÜCHTINGSHOF IN LÜBECK VON 1639.
Die noch immer schönste barocke Wohnanlage für Witwen in der Hansestadt erfreut sich bis heute großer Beliebtheit.
(Photo Ortwin Pelc)

89
GOSCHHOF IN ECKERNFÖRDE VON 1578.
Zeichnung von Ernst Schröder und Erwin Nöbbe um 1910.
Hinter einem hohen Zaun mit gemauertem Tor lag das Stiftsgebäude in enger Nachbarschaft mit den anderen Häusern der Straße, aber als Wohnstätte der Armen doch deutlich abgegrenzt.
(Heimatmuseum der Stadt Eckernförde)

In Eckernförde hatte der Geistliche Gottschalk (Gosche) von Ahlefeldt bereits 1534, also noch vor Einführung der Reformation, seinen vor der Stadt gelegenen Hof der Armenpflege vermacht.[59] Aber schon 1578 war dieser in einem so schlechten Zustand, daß ein Neubau errichtet werden mußte. In dem einstöckigen, langgestreckten Gebäude mit niedrigen Fenstern, rundbogigen Türen und rotem Ziegeldach befanden sich acht Wohnungen mit je einem Eingang, Vorplatz, Küche mit offenem Herd und einer Stube. Nach dem Willen des Stifters sollten die Insassen von einem Priester betreut werden, der gleichfalls frei auf dem Goschof zu wohnen, sonntags zu predigen und mittwochs den Katechismus auszulegen hatte. Aus diesem Grund lag in der Mitte des Gebäudes die Kapelle mit einer Glocke im Dachreiter. Nach der Reformation wurde die religiöse Betreuung noch verstärkt. Aus den Bestimmungen von 1615 wird ersichtlich, daß einer der Armen das Amt des Lektors übernehmen und täglich zweimal aus der Bibel und am Sonntag aus einer Postille vorlesen und dazu täglich mit den Armen beten mußte. Noch im 18. Jahrhundert legten die Patrone der Familie Ahlefeldt Wert auf die strenge Einhaltung christlicher Unterweisungen. In einer sog. Ordinantie von 1550 machte sich der Stifter auch Gedanken über die Verpflegung der Insassen. Offenbar traute er den Armen das Kochen nicht selbst zu, sondern übertrug diese Aufgabe einer Frau, die *„den armen des wekens kokesche und schal einen guden grapen vul kols bereth hebben und wenne denne de personen inne kamen, so scal ein ider sin stücke speckes in den koll grapen steken und latent mit dem kol gar seeden"*.[60] Zu Kohl und Speck sollte es dann noch feines Blaffertbrot (Brot zum Peis eines Doppelpfennigs) und eine Kanne guten Bieres geben. Wenn ein Armer nicht rechtzeitig zu Tisch erschien, erhielt er am folgenden Tag kein Essen. Auch bestimmte Rollen waren vorgesehen. So mußten die Frauen des Stifts den Männern die Betten machen, ihre Kleider und Hemden in Ordnung halten, ihnen alle 14 Tage die Haare waschen und die Kranken pflegen. Ebenso waren es die Frauen, die den Garten zu bearbeiten, den reifen Flachs aufzuziehen, in Hocken zu stellen und, wenn er fertig war, ihn zu verspinnen und daraus Leinewand für Laken und Hemden zu weben hatten. Für die Männer werden keine Aufgaben ausdrücklich genannt. Außerdem enthielt die Ordinantie disziplinarische Strafen: Kam es zu Schelterein und Lästerungen unter den Armen, wurde der Schuldige vom Geistlichen in Gegenwart der Nachbarn verhört und ihm solange das Almosen entzogen, bis er um Vergebung bat und versprach, sich zu bessern. Tat er das nicht, verweigerte man ihm seine Unterstützung, bis er *„tom cruce krupt und gnade und vorgeving begerth"*.[61] Wie üblich war die Freizügigkeit der Insassen beschränkt. Im Sommer wurde der Goschhof, der von einer Holzplanke umgeben war, in deren Mitte sich ein gemauertes Eingangstor mit großer hölzerner Tür befand, um 6 Uhr, im Winter um 5 Uhr abends geschlossen und im Sommer um 5 Uhr, im Winter um 7 Uhr morgens wieder geöffnet.

Alles, was die Armen an beweglicher Habe in den Goschhof mitbrachten, ging in dessen Eigentum über. Glücklicherweise enthält die Ordinantie ein Verzeichnis der Gegenstände, die die 12 Armen der Stiftung um 1550 vermacht haben, so daß man sich ein Bild von ihrem Besitz machen kann. Nur zwei von ihnen besaßen gar nichts. Die übrigen verfügten jeweils über ein Bett, mehrere Laken, eine Decke, eine Lade (Holzkiste), einige über Grapen, Kessel, Kannen und Kesselhaken. Solches Gerät hatte damals seinen Wert. Denn wer derlei Dinge sein Eigen nannte, hatte offenbar einmal einen selbständigen Haushalt gehabt. Allerdings reichte dieser „Besitz" nicht, um davon den Lebensunterhalt zu bestreiten.

Zu den Stiftungen des 17. Jahrhunderts zählt das Präsidentenkloster in Schleswig.[62] Es war von dem Gottorfer Kanzler Johann Kielmann von Kielmannseck 1656 gebaut worden, stellt einen langgestreckten eingeschossigen Backstein-Traufenbau mit der Inschrift „Xenodochium Kielmannianum anno M.D.C.LVI" dar und bot je sechs armen Frauen und Männern, später 12 unbescholtenen Bürgerfrauen in 12 Kammern Unterkunft und Unterhalt. In der

90
Präsidentenkloster in Schleswig von 1656.
Mit diesem ansprechenden Backsteinbau setzte sich der Gottorfer Kanzler Johann Kielmann von Kielmannseck ein bleibendes Denkmal christlicher Wohltätigkeit.
(Landesamt für Denkmalpflege Schleswig-Holstein)

91/92
Reventlowstift in Altona 1885.
Bauzeichnungen.
Die stattlichen Gebäude leiteten eine neue Zeit der geschlossenen Wohlfahrtspflege ein. Wer dort lebte, konnte mit mehr Wohnkomfort rechnen.
(J. C. A. Lieboldt u. A. Winkler, Das Neue Reventlowstift in Altona, 1885)

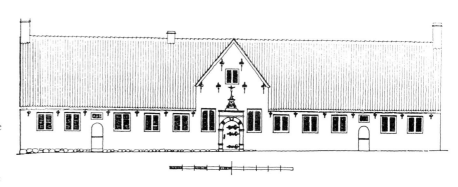

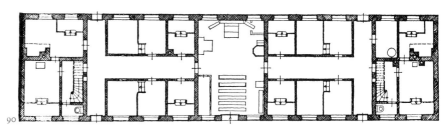

Mitte zwischen den Wohntrakten liegt die Kapelle, ein kleiner Raum, der beide Hälften des Hauses voneinander trennt. Am Ende des Hauses befinden sich zwei heizbare Gemeinschaftsräume für die Bewohner. Die zweiteiligen Klöntüren sind schmal und niedrig und gleichen ganz denen der kleinen Traufhäuser, in deren Reihe das Präsidentenkloster zur Straße liegt. Aber dessen Qualität als Backsteinbau mit der Betonung der Mitte durch ein prächtiges Portal hebt es doch merklich aus dem Stadtbild heraus.

Ein gutes Beispiel für die private Wohltätigkeit im frühen 18. Jahrhundert ist das von dem Oberpräsidenten Graf Christian Detlev von Reventlow gegründete und 1713–1718 wahrscheinlich von dem Baumeister Stallknecht errichtete Armenstift in Altona.[63] Die Anlage umfaßte drei Reihen kleiner Häuser, die aus Erdgeschoß und Bodenraum bestanden und 14 Armenwohnungen enthielten, des weiteren Wohnraum für Waisen, das Predigerhaus und die Armenkapelle. Die Idee des Stifters, hier die Einrichtungen der geschlossenen Armenpflege zu konzentrieren, läßt sich an dem wirkungsvollen Baukomplex ablesen, der ein eigenes Anwesen in der Stadt bildete.

Etwa hundert Jahre nach der Entstehung des Reventlow-Stiftes zeigten sich erste bauliche Verfallserscheinungen. Aber erst 1880 kam es zum Neubau, jetzt an einer anderen Stelle. Nun wurden 13 Häuser mit je vier Wohnungen gebaut und so angeordnet, daß die Hauseingänge und Küchen auf einen weiten arkadenumstandenen Hof hinausgingen, um eine optimale Kommunikation der Insassen zu ermöglichen. Jede Wohnung war für zwei Personen berechnet und enthielt ein 12 qm großes Wohnzimmer, ein 8 qm großes Schlafzimmer, dazu eine 6 qm große Küche nebst Vorplatz und Toilette und außerdem einen Bodenraum im Dachgeschoß. Die Innenausstattung der Räume entsprach dem Standard bürgerlicher Wohnungen des 19. Jahrhunderts. In den Wohnzimmern standen Postament-Öfen mit eisernem Unterbau und Kochvorrichtung, in den Küchen eiserne Herde. Damit verloren die Stiftswohnungen den Charakter dürftiger Armenbehausungen.

In Eckernförde nahm im 18. Jahrhundert die wirtschaftliche Entwicklung durch den Korn- und Weingroßhandel der dort seit langem ansässigen Familie Otte einen erheblichen Aufschwung. Christian Otte erwarb auf diese Weise ein ansehnliches Vermögen, aus dem im Jahre 1739 eine Stiftung hervorging.[64] Das Gebäude, dessen Ansicht sich nur noch nach einem inzwischen verlorengegangenen Siegel rekonstruieren läßt, war eingeschossig und stand traufseitig zur Straße. Es dürfte etwa das Aussehen des heutigen Stifts gehabt haben, das genau auf den Fundamenten des alten Hauses nach dessen Abbruch 1891 errichtet wurde. Das alte Stiftsgebäude nahm zunächst 8, seit 1858 9 Arme auf, die freie Wohnung, 4000 Soden Torf, unentgeltliche ärztliche Hilfe und Arzneien sowie eine jährliche Unterstützung von 48 Rtl. erhielten. Dies wurde als Präbende erster Klasse bezeichnet. Die Präbende der zweiten und dritten Klasse bestand lediglich aus Geldzahlungen. Wie die einzelnen Wohnungen ausgestattet waren, ist nicht überliefert. Der Neubau von 1891 enthält 8 Wohnungen im Erdgeschoß und 3 im Dachgeschoß. Zu jeder Wohnung gehören eine Stube von 11 qm und eine Küche von 5 qm. Im Vergleich zu den Altonaer Stiftswohnungen sind diese wesentlich bescheidener angelegt. Das mag mit dem Volumen der Stiftung, aber auch mit dem höheren Bedarf an Unterkünften in einer Großstadt als dem in einer so kleinen Stadt wie Eckernförde zusammenhängen.

Im Otteschen Stift durften nur Einheimische wohnen. Sie mußten für ihre Aufnahme ein schriftliches Zeugnis vom Hauptpastor vorlegen, aus dem hervorging, *„daß sie ein frommes, christliches, Gott und Menschen wohlgefälliges Leben und Wandel geführet"*.[65] Der Stifter hielt sie seiner Almosen nur dann für würdig, wenn sie auch weiterhin einen untadeligen Lebenswandel zeigten, morgens, mittags und abends gemeinsam beteten und den öffentlichen Gottesdienst regelmäßig besuchten.

In Kiel hatte die Armenfürsorge eine lange und verwickelte Geschichte hinter sich. Von den vier Armenklöstern ist das

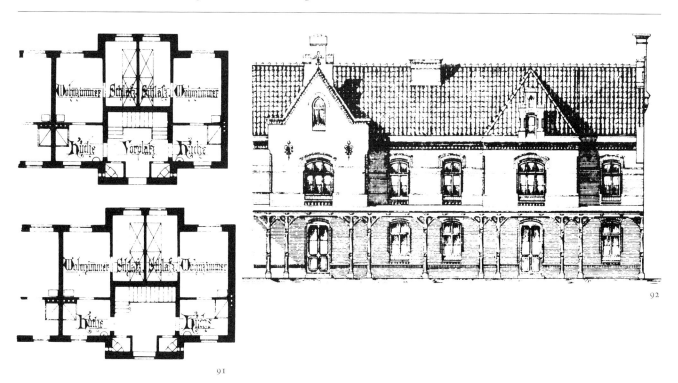

Neugasthaus die jüngste Stiftung. Sie war im Jahre 1452 von Bürgermeister Henning von der Camer und seiner Ehefrau Beecke begründet worden. Das Haus lag in der Holstenstraße und war mit Betten, Leinenzeug, Küchengeschirr und weiterem Hausrat ausgestattet worden. Die Schenkungsurkunde besagt, daß dieses sog. Neugasthaus „*tho olden Pelegrinnen, de darinnen tho harbargende eyne nacht*"[67] gedacht war und wohl auch kranken Pilgern und Reisenden dienen sollte. Im Laufe der Zeit wandelte sich seine Bedeutung allerdings wie bei den meisten dieser Institute zum Armenhaus. Es wurden 8 Präbendisten versorgt, die alt und schwach waren. 1555 zogen sie in das 1530 aufgehobene Franziskanerkloster um, weil das alte Gebäude baufällig geworden war und verkauft wurde. Als 1665 die Christian-Albrechts-Universität in Kiel gegründet wurde, mußten die Armen die Klostergebäude wieder verlassen und sie der neuen Alma mater zur Verfügung stellen. Im 19. Jahrhundert kam es dann zur Konzentration der geschlossenen Armenpflege in Kiel. Nach dem Verfall der Armeneinrichtungen beschloß der Magistrat 1635 die vier Institutionen (St. Annen und Erasmi-Kloster, Heiligen-Geist-Kloster, St. Jürgen-Hospital und Neugasthaus) zu einem kombinierten Stadtkloster zusammenzulegen. Aber dieser Plan konnte erst 1822 realisiert werden, nachdem eine vermögende Kieler Bürgerin, Henriette Friederica von Ellendsheim, für diesen Zweck eine bedeutende Summe hinterlassen hatte. Das neue Stadtkloster wurde an der Stelle errichtet, an der sich vorher das St. Jürgen-Hospital befunden hatte.

Der Neubau von massivem Mauerwerk war eingeschossig und bestand aus einem Mittelteil mit zwei anschließenden Seitenflügeln. Ein breiter Korridor führte in der Mitte des Gebäudes zu den mit Nummern versehenen 48 Stuben nebst Küchen der Präbendisten. Die Stuben wurden von der Küche aus mit einem Beilegeofen geheizt. Das Feuerungsmaterial bestand aus einem bestimmten Quantum an Holz und Torfsoden.

Eine Sonderstellung nahmen im Stadtkloster die beiden Armen ein, die einen höheren Geldbetrag als die übrigen Insassen erhielten. Außerdem bewohnten sie je ein großes Eckzimmer mit entsprechendem Schlafraum und einer Küche. Doch ihre Bevorzugung drückte sich nicht nur in der besseren Dotierung und Unterbringung aus, sondern vor allem in den Funktionen, die sie auszuüben hatten. Ihnen oblag nämlich die Aufsicht über sämtliche Präbendisten, d. h. sie hatten für Ruhe und Ordnung im Kloster zu sorgen. Weiter war es ihre Aufgabe, die Beheizung des Versammlungszimmers zu gewährleisten. Sie wurden als „Vorstände" bezeichnet. Einer von ihnen mußte immer ein Mann sein. Doch handelte es sich bei dieser Regelung keineswegs um eine tatsächliche Beteiligung der Armen an der Selbstverwaltung der Anstalt. Vielmehr wählte der Magistrat aus dem Verzeichnis der Bewerber die ihm am geeignetsten erscheinenden beiden Armen für diese Ämter aus. Man kann sich vorstellen, daß die Entscheidung nicht immer die Zustimmung der übrigen Präbendisten gefunden hat.

Da das Stadtkloster bei der in der zweiten Hälfte des 19. Jahrhunderts wachsenden Einwohnerzahl Kiels bald zu eng wurde, um die Zahl der Bedürftigen aufzunehmen, wurde das Gebäude 1863 aufgestockt, so daß weitere 52 Insassen untergebracht werden konnten. Die städtebauliche Entwicklung Kiels verlief in so raschem Tempo, daß das Stadtkloster bald schon nicht mehr an der Peripherie der Stadt lag, sondern immer mehr in deren Innenbereich. Schließlich verdrängte der Ausbau des Bahnhofes das Armeninstitut, und 1908 mußte es an einen neuen Ort übersiedeln. Nun nahm es Dimensionen an, die denen einer modernen Großstadt entsprachen. Auf einem 11 000 qm großen Gelände mit parkartigem Garten entstand eine repräsentative Anlage für 166 Präbendisten. Der Grundriß entsprach dem des alten Stadtklosters. Die Ausstattung jedoch war sehr viel komfortabler. Die breiten Hausflure, von Licht- und Brunnenhallen unterbrochen und zum Aufenthalt für die Insassen mit Sitzgelegenheiten ausgestattet, führten zu den Wohnräumen. Diese waren durchschnittlich 16 qm groß und von einer kleinen Küche durch Schie-

betür abgetrennt. An Hausrat und Küchengerät wurden von der Anstalt gestellt: Eine hölzerne Bettstelle mit eingebauten Schiebladen und Matratzen, Fenstervorhänge, ein eingebauter Küchenschrank, ein Tisch, Börter und ein Grudeofen. Dafür war eine einmalige Summe von 50 Mark zu entrichten.

Die Insassen mußten laut Satzung aber auch selbst Möbel mitbringen. Das durften sein: 1 kleines Sofa oder Liegesofa, 1 Kleiderschrank, 1 Kommode, 1 Tisch, 1 Lehnstuhl und 2 oder 3 Stühle, 1 Spiegel, 1 kleiner Waschtisch. Ferner mußten sie über Koch-, Eß- und Trinkgefäße, Wasch- und Nachtgeschirr sowie Reinigungsmittel für die Wohnung verfügen. Schließlich wurde von ihnen erwartet, daß sie sauberes gutes Bettzeug und genügend Bettwäsche mitbrachten. Diese Anforderungen beweisen, daß sich die Bedürftigkeit gewandelt hatte. Man konnte inzwischen voraussetzen, daß verarmte alte Menschen eine gewisse Grundausstattung an Möbeln, Geräten und Textilien besaßen, die sie als Vermögenswerte mit einbringen konnten und die übrigens nach ihrem Ableben, wie das stets in Armenhäusern der Fall gewesen war, an die Anstalt fielen. Denn die fortschreitende Technisierung am Ende des 19. Jahrhunderts führte dazu, daß Hausrat als Billigprodukte der industriellen Fertigung in den Handel ging und auch von der ärmeren Bevölkerung erworben werden konnte. Trotz dieser Mindest-Einrichtung waren Arme deshalb aber noch längst nicht imstande, für Grundbedürfnisse wie Wohnung, Kleidung und Nahrung aus eigener Kraft aufzukommen.

Der weiteren Bequemlichkeit diente die Zentralheizung in den Wohnungen. Auf diese Weise sollte die wirtschaftliche Selbständigkeit der Klosterinsassen möglichst lange gewährleistet bleiben. Gemeinschaftsräume und gemeinsame Verpflegung entfielen daher. Auch für ärztliche Betreuung war gesorgt, und es gab eine Pflegestation.

Das Prinzip verantwortlicher Mitwirkung von Präbendisten an der Aufrechterhaltung von Ruhe, Ordnung und Sauberkeit im Hause behielt man bei. Die Klostervorsteher wählten sog. Priorinnen für diese Aufgaben aus.

Im Ganzen entsprachen Lage und Ausstattung des neuen Stadtklosters den Vorstellungen moderner Altenpflege zu Beginn des 20. Jahrhunderts. Von Armut und Bedürftigkeit war an diesem Gebäude nichts mehr zu spüren. Auch der Geruch des Armenhauses haftete ihm nicht mehr an, obgleich viele seiner Insassen noch immer zu der Gruppe Menschen zählten, die sich im Alter aus eigenem Vermögen nicht erhalten konnten und auf Unterstützung angewiesen waren. Deutlich ist hier zu spüren, wie die moderne Art der Unterbringung die jahrhundertelange Stigmatisierung der Armen beendete.

Bezeichnend für das 19. Jahrhundert wurde in zunehmendem Maße auch die Stiftung von Versorgungsinstituten, die spezifischen Berufsgruppen und ihren Angehörigen vorbehalten waren. Das läßt sich an Altona nachweisen. Hier entstanden zwischen 1808 und 1905 fünf namhafte Stiftungen mit Armenwohnungen.[68] Die früheste ging auf den Weinhändler Johann Winckler zurück, der 1808 starb und Wohnungen für 12 verarmte Seefahrerwitwen bauen ließ. Die Molkenbuhrstiftung besaß ein Stiftshaus mit 20 Freiwohnungen für weibliche Dienstboten. 1870 errichteten der Optiker Benjamin Leja und sein Sohn Joseph 20 Wohnungen für ältere alleinstehende Frauen. 1896 folgte die Hertzstiftung mit 15 separaten Wohnungen für jüdische Bedürftige. Zu einem umfangreichen Vorhaben wurde 1901 das von der Witwe des dänischen Kapitäns von Nyegaard erbaute Stift mit 54 Zwei- und Dreizimmerwohnungen für Witwen und Töchter unvermögender Offiziere, Beamten und „anderer gebildeter Stände". Schließlich ist noch das 1905 eröffnete Bettystift von Pius Warburg zu nennen mit 22 Freiwohnungen für Damen über 45 Jahre, die zur Gruppe der „verschämten Armen" gehörten.

Ein letztes und spätes Unternehmen der Armenversorgung war der Typ des genossenschaftlichen Bürgerstifts. Es ging auf die Initiative einiger Bürger zurück, die zur Gründung eines Vereins aufriefen, dessen Zweck die Errichtung eines Bürgerhospitals zur Unterstützung hilfsbedürftiger, bejahrter, ansässiger Bewohner und ihrer Witwen sein sollte.

93
OTTESCHE STIFTUNG IN ECKERNFÖRDE 1891.
Auch in kleinen Städten hielt sich die Tradition privater Verantwortung für verarmte Mitbürger und führte vor allem gegen Ende des 19. Jahrhunderts zu soliden Neubauten in der Armenfürsorge.
(Photo Geert Lüders)

94
KIELER STADTKLOSTER 1822. Aquarell von unbekanntem Urheber.
In Kiel gelang es Anfang des 19. Jahrhunderts, die vier Armeninstitute der Stadt zusammenzulegen und in einer großzügigen Anlage zu konzentrieren.
(D. Metelmann, Das Kieler Stadtkloster, 1909)

95
KIELER STADTKLOSTER 1865.
Wenige Jahrzehnte später wurde das Kloster durch den Aufbau eines Stockwerks erweitert und umgebaut. Denn die zunehmende Einwohnerzahl verlangte nach einem größeren Bau. Kiel paßte sich damit rechtzeitig den wachsenden Bedürfnissen der Zeit an.
(H. Sievert, Kiel einst und jetzt, 1964)

Man wollte ihnen freie Wohnung und Präbenden zur Verfügung stellen. In Eckernförde kam es 1857 zur Gründung eines solchen Vereins.[69] Erst 1880 war dann genügend Geld vorhanden, um ein Stiftsgebäude zu bauen. Zwei Jahre später konnten darin acht Familienwohnungen und zwei Einzelwohnungen vergeben werden. Das Gebäude war zweigeschossig und in Backstein errichtet. 1907 folgte die Erweiterung durch ein eingeschossiges Hinterhaus mit 6 Einzelwohnungen, die aus jeweils zwei Zimmern und Küche mit 30 qm oder aus einem Zimmer mit Küche von 21 qm bestanden. Die kleinste Wohnung umfaßte 13,66 qm.

Das Bürgerstift in Eckernförde war eine Selbsthilfeleistung. Es wurde von einem Verein getragen, dem jedermann beitreten konnte. Insofern unterscheidet es sich von den sonstigen Stiftungen. Zwar rekrutierten sich die Insassen gleichfalls aus Unterstützungsbedürftigen. Viele von ihnen hatten jedoch bereits als Vereinsmitglieder Beiträge gezahlt, die ihnen im Alter zugute kamen. Der Geruch des Armenhauses haftete dem Bürgerstift daher niemals an.

Waisenhäuser

Waisenfürsorge gab es bereits im Mittelalter, als elternlose Kinder in Findelhäusern untergebracht wurden. Im Zeitalter des Merkantilismus wurden Waisenhäuser kommerziell als Produktionsstätten genutzt und erfüllten so höchst unvollkommen den Gedanken der Arbeitserziehung. Dieser bildete für Pietisten und Philantropen die Grundlage der Waisenpädagogik. Anspruch und Wirklichkeit fielen allerdings häufig weit genug auseinander, und das Leben in einem Waisenhaus wirkte sich oft negativ auf die Entwicklung junger Menschen aus. Das hing nicht nur mit den unzureichenden pädagogischen Fähigkeiten des Erziehungspersonals zusammen, das meist zu wenig beaufsichtigt wurde und ziemlich schrankenlos seine Macht ausüben konnte, sondern schon die Tatsache an sich, in einem Waisenhaus untergebracht zu sein – nicht selten zusammen mit assozialen Erwachsenen –, belastete die Zöglinge in den Augen der übrigen Gesellschaft schwer und behinderte den Eintritt in die Lebens- und Arbeitswelt ihrer Mitmenschen erheblich.

In Lübeck hatte man sich schon früh um die Unterbringung der Waisenkinder gekümmert. Bereits im Winter 1546/47, kurz nach der Reformation, als Lübeck eine große Hungersnot erlitt, gründeten Bürger ein Waisenhaus, das zunächst in einer Pilgerherberge und zehn Jahre später im St. Michaelis- oder „Segeberg-Convent" Unterkunft fand.[70] Damit besaß Lübeck wahrscheinlich das älteste Waisenhaus in Deutschland. Seine Räumlichkeiten waren jedoch beschränkt. Die Kinder schliefen in der sog. Diele, einem mit Ziegelsteinen gepflasterten Schlafraum: Die Knaben ebenerdig zu zweien oder dreien in einem Bett, die Mädchen ebenso in einer Art „Hängekammer", vermutlich einem unter der Decke eingezogenen Zwischengeschoß. Außerdem verfügte das Waisenhaus über einen Saal von circa 86,5 qm als Schul- und Speisezimmer, eine Näh- und eine Krankenstube. Der Hofraum, in dem sich die Kinder während ihrer Freizeit aufhalten konnten, betrug 845 qm. Das war nicht viel Platz für immerhin 130 Zöglinge. Da der Baukomplex im Laufe der Jahrhunderte immer baufälliger geworden war und den wachsenden hygienischen Ansprüchen seit der Aufklärungszeit nicht mehr genügte – vor allem die Krätze verbreitete sich in den engen Schlafgelegenheiten –, ferner nach den pädagogischen Vorstellungen der Philanthropen frische Luft und Bewegungsfreiheit zur Kindererziehung nötig waren, mußte man sich nach einem zweckmäßigen Gebäude umsehen. Dafür war die ehemalige Dom-Dechanei geeignet, die 1810 erworben wurde. Es war ein geräumiges dreistöckiges Bauwerk, in dem durchschnittlich 130 Kinder Platz fanden. Neben Wohn- und Schlafräumen für die erwachsenen Betreuer, Kranken- und Quarantäneräumen sowie Wirtschafts- und Gesindekammern gab es Schlafkammern für 100 Knaben und 50 Mädchen. Darin standen numerierte einschläfrige Bettstellen mit Seetangmatratzen, zwei Bettlaken und einer oder mehreren wollenen Decken. Diese Art der Massenunterkunft war keine

96
KIELER STADTKLOSTER 1908.
Der Neubau – nun auch an einem anderen Platz – zeigt, daß Gebäude der geschlossenen Armenpflege nach der Jahrhundertwende zunehmend zu einer reizvollen Aufgabe für den Architekten wurden.
(D. Metelmann, Das Kieler Stadtkloster, 1909)

Seltenheit. Schließlich lebte die Mehrzahl der Bewohner des Lübecker Heiligen-Geist-Hospitals lange Zeit nicht anders. Höhepunkte im tristen Alltag der Lübecker Waisenkinder stellten die kirchlichen Feste im Jahreslauf und das Vogelschießen dar, das allerdings eher ihre isolierte Sonderstellung betonte, als zur Integration in die bürgerliche Gesellschaft beitrug, da es institutsintern veranstaltet wurde.

Sehr genau sind wir auch über die Unterbringung von Waisenkindern in Altona informiert.[71] Zunächst kamen sie in einer kleinen Bude des Reventlow-Stiftes unter. 1718 waren es sechs Waisenknaben, deren Auswahl sich der Stifter Graf Reventlow vorbehielt und die beköstigt, gekleidet und unterrichtet wurden. Bald stieg die Anzahl der Kinder auf das Doppelte und weiter bis auf dreißig, so daß in den Jahren 1740–1743 und 1752 noch weitere drei Buden als Behausungen hinzugenommen werden mußten. 1789 kam es zu der vertraglichen Regelung, daß das Stift 25 Waisen bei freier Wohnung, Licht, einem Wochengeld von 12 Schilling und etwas Feuerung zu versorgen hatte. Das Waisenhaus begann, sich als Institution zu verselbständigen. Das kam auch in der Gründung einer Freischule zum Ausdruck, die außer den Waisen 10 Armenkinder aus der Stadt besuchten. Die Raumverhältnisse blieben jedoch äußerst beschränkt. Denn inzwischen war die Zahl der Waisen und Armenkinder gewachsen. Sie alle sollten unterrichtet werden, und 60 Waisenkinder brauchten Platz, um wohnen, schlafen und essen zu können. Die Situation begann sich zuzuspitzen. Das kommt in einem Schreiben zum Ausdruck, das die städtischen Armenprovisoren dem Oberpräsidenten und dem Magistrat 1783 zuleiteten und in dem es hieß:

„Ursprünglich ist das hiesige Waisenhaus so eingerichtet, daß ungefähr 50 Kinder darin aufgenommen werden können. Aber auch diese Anzahl ist schon immer sehr eingeschränkt darin placiret gewesen. Bey der zugenommenen Bevölkerung der Stadt, und der seit einiger Zeit sich ereigneten Todesfällen, sind der Armencasse so viele elternlose Kinder zur Versorgung anheimgefallen, daß die Zahl der wirklich im Waisenhaus befindlichen sich anjetzo auf 66 beläuft, außer 88 andern Kindern, die sich in der Bürgerkost befinden. Alle diese 66 Kinder müssen, bey Frost und Hitze, aufm Boden, unterm Dache, drey und drey in einem engen Bette schlafen, weil es an Raum gebricht, mehrere Betten hinzustellen. Die Speise- und Lehrzimmer sind niedrig. Es ist nicht einmal Bodenraum vorhanden, so viel Feuerung aufzunehmen, als man eigentlich bey guten Zeiten kaufen könnte, und als nothwendig erforderlich ist, um durch den Winter zu kommen. Eben so wenig ist auch Platz da, um bey nassem Wetter, die Wäsche der Kinder zu trocknen, vielmehr hat man die der Gesundheit der Kinder äußerst schädliche Gewohnheit, die nasse Wäsche in die Stube der Kinder hinzuhängen, und solche daselbst zu trocknen."[72]

Die Folge dieser Enge war vor allem, daß Kinder mit ansteckenden Krankheiten nicht isoliert werden konnten. Die Krankenstube war so klein, daß nur drei Bettstellen darin Platz fanden. Außerdem lag sie fast im Keller, und die Wände waren ständig naß. Darüber hinaus wurde der Raum wegen allgemeinen Platzmangels von allen Kindern einige Male in der Woche für die Kopfwäsche benutzt.

Auch die Verpflegung ließ zu wünschen übrig, und es wurde darüber geklagt, daß die *„Art, wie man speisete, nicht so reinlich und anständig, wie Pflicht und Wohlstand es besonders in Erziehungshäusern gebieten. Meßer, Gabel, Tischtücher waren hier fast unbekannte Dinge. Zudem aßen die Kinder in denselben Zimmern, in welchen sie unterrichtet wurden, und außer der Schulzeit, zumal im Winter, sich aufhalten mußten."*[73]

Der um das Schicksal der Altonaer Waisen sehr bemühte Pastor Nicolaus Funk meinte 1803 in seinem Bericht über das Waisenhaus, es müsse viel Mühe gekostet haben, die armen Kinder, die doch auch Menschen und oft von zarter Empfindung seien, an die ekelhafte Wirklichkeit der schmutzigen Lebensart zu gewöhnen.[74] In einem solchen Klima grassierten Epidemien und führten rasch zu steigender Sterblichkeit.

97
INNENRÄUME IM KIELER STADTKLOSTER 1908.
Wohn- und Schlafraum mit angrenzender Küche machen einen hellen geräumigen und gepflegten Eindruck. Gerade die eigene Küche gewährte den Bewohnern noch ein großes Maß an Selbständigkeit.
(D. Metelmann, Das Kieler Stadtkloster, 1909)

98
BÜRGERSTIFT IN ECKERNFÖRDE 1882.
Die noch heute bestehende Anlage geht auf eine genossenschaftliche Initiative von Bürgern zurück und ist als Selbsthilfe den vielen Wohnungsbaugenossenschaften vergleichbar, die vor allem in Schleswig-Holstein seit dem Ende des 19. Jahrhunderts gegründet wurden.
(Photo Geert Lüders)

Endlich, 1792/94 kam es zu einem Neubau, der von dem bekannten Architekten Christian Friedrich Hansen entworfen worden war. Das stattliche Gebäude erfüllte einen dreifachen Zweck. Zunächst und vor allem war es Waisenhaus für elternlose Kinder und solche, deren Eltern mittellos waren. Sodann diente es dem Unterricht und der Beschäftigung von 210 Armenkindern, und schließlich beherbergte es das Arbeitshaus, in dem die Stadtarmen Arbeit fanden. Im Kellergeschoß waren Küchen und Waschräume, Vorratskammern und eine große Spinnstube für 50 Kinder untergebracht. Im ersten Geschoß befanden sich die Wohnungen von Schullehrer, Werkmeister und Ökonom, ein Direktions- und Konferenzzimmer und ein Speisesaal, der aber auch für Wollspinnerei und Weben benutzt wurde. Das zweite Geschoß enthielt das Lehrerzimmer und eine weitere Lehrerwohnung sowie einen Saal zum Nähen und Stricken. Im dritten Geschoß schliefen Knaben und Mädchen getrennt in großen Schlafräumen, die Knaben unter der Aufsicht eines Aufsehers, der aus seiner Schlafkammer durch ein Glasfenster in der Tür deren Schlafsaal kontrollieren konnte. Außerdem befanden sich Krankenstation und Kleiderkammer im dritten Geschoß.

Um 1803 lebten im Altonaer Waisen-, Schul- und Armenhaus 76 Waisen, davon 43 Knaben und 33 Mädchen, ferner weitere 100 Armenkinder und etwa 50 Arme. Nimmt man noch die Angestellten des Instituts dazu, so dürften es fast 250 Menschen gewesen sein, die sich in dem geräumigen Bau ständig oder vorübergehend aufhielten. Gebessert hatten sich vor allem die Lebensbedingungen der Waisenkinder. Jedes von ihnen verfügte nun über ein eigenes Bett mit strohgefülltem Unterbett und Kopfkissen, Laken und wollener Decke. Alle 6 Wochen wurde das Laken gewechselt, jährlich die Decke gewaschen und täglich das Bettzeug an der frischen Luft gelüftet. Die Ausstattung der Betten mit Stroh für Kinder der „niederen Volksclasse" fand eine sozialhygienische Begründung. Es sollte demonstriert werden, daß „sich auf solchen Betten nicht allein sehr sanft, sondern auch sehr warm und dabey ohne alle Gefahr für die Gesundheit schlafen läßt."[75]

Auch die Unterrichtsräume hielt man für geräumig, hoch und hell genug, um 70 bis 80 Kinder ohne gesundheitliche Schädigungen unterbringen zu können. Die Schultische waren bereits mit einer schrägen Schreibplatte versehen, um „das so ungesunde als tölpelhafte Liegen, wie man es in vielen Schulen findet"[76] unmöglich zu machen. Neben den 9–10 Lehr- und Arbeitsstunden hatten die Kinder wenig Freizeit. Diese nutzten sie vor allem zum Spielen. Dafür gab es ein Kegelspiel.

Körperliche Strafen sollten möglichst wenig angewandt werden. Leider gibt es keine Erlebnisberichte Altonaer Waisenkinder, die einen Eindruck von den Zuständen der Erziehungsanstalt vermitteln könnten. Auch über den Kontakt zwischen Waisenkindern und erwachsenen Armen läßt sich so gut wie nichts sagen. Nicolaus Funks Beschreibung aus dem Jahre 1803 bemüht sich um kritische Distanz und vermittelt das Bild einer Erziehungsweise, deren Voraussetzung eine menschenwürdige Unterbringung war. Im Jahr 1848 ist das Waisenhaus aufgehoben worden. Auch die Arbeitsanstalt verschwand. Das Gebäude wurde nun nur noch für Schulzwecke genutzt.

Das größte Unternehmen der Flensburger Armenversorgung war das Waisenhaus.[77] Es entstand unter pietistischem Einfluß nach dem Vorbild der Franckeschen Stiftungen in Halle. Den Anstoß zur Errichtung eines Waisenhauses hatte Maria Christina Lorck 1722 gegeben, als sie ihren Onkel, den Verwalter der Armenkasse, für diesen Plan gewann. 1725 wurde das Haus eingeweiht. Es erfüllte zunächst den Zweck, elternlose und straffällige Kinder unter der Aufsicht eines Waisenvaters und einer Waisenmutter sowie mit der Unterstützung einer Strickfrau, einer Näherin und eines Schulmeisters zu unterrichten. Die Erziehungsmethoden waren den Auffassungen der Zeit entsprechend hart. Wer nicht parierte, hatte mit strenger Bestrafung zu rechnen. In der Hausordnung von 1777 hieß es, daß bei „allzugroßer Faulheit" im Unterricht mittags der Teller umgedreht und nur trockenes Brot gereicht werde. Verstöße gegen die „guten Sitten des Hauses" zogen

99
ALTES WAISENHAUS IN LÜBECK 16. JAHRHUNDERT. Straßenansicht. Anonyme Zeichnung von 1841.
Der altertümliche Gebäudekomplex diente bis 1810 der Unterbringung armer Kinder.
(Museum für Kunst und Kulturgeschichte Lübeck)

Züchtigungen mit der Karbatsche oder Rute nach sich. Im Extremfall „*soll ein solcher Frevler mit einem dazu verfertigten Brett am Halse vor der Tür des Hauses eine Stunde lang hingestellt oder 2 Tage mit Wasser und Brot außer, oder, nach bewandten Umständen in dem Gefängnis gespeiset werden*".[78] Hier wird sichtbar, welche ungeschützte Sonderstellung Waisenkinder einnahmen, wenn man sie, allerdings nur mit Zustimmung der Vorsteher, sogar öffentlich zur Schau stellen konnte. Zögling eines solchen Hauses zu sein, bedeutete demnach eine extreme psychische Belastung. Einerseits galt die Unterbringung im Waisenhaus als Gnadenerweis der Gemeinde und mußte mit steter Dankbarkeit und Demut vergolten werden. Dementsprechend niedrig war das Ansehen der Waisenkinder in der ständischen Ordnung. Andererseits geriet diese ohnehin nur geringwertige Anerkennung fortwährend in Gefahr, wegen unangepaßter Verhaltensweisen verlorenzugehen.

Aber es kam noch ein weiteres belastendes Moment hinzu, das geeignet war, die Stellung der Flensburger Waisenkinder in der Öffentlichkeit zu verschlechtern. Das war die Tatsache, daß man 1760 auf die Idee kam, in dem mit jährlich nur etwa 50 Kindern nicht ausgelasteten geräumigen Gebäude ein Zucht- und Arbeitshaus einzurichten. Nun konnte es nicht mehr ausbleiben, daß Waisenkinder mit Kriminellen identifiziert wurden und als unehrlich galten. Unehrlichkeit aber war damals der schwerste Makel für einen Menschen.

Die Waisenkinder lebten bis 1813 in dem Gebäude und kamen danach in Familienpflege. Das Zuchthaus blieb dort bis 1861.

Seit 1781 besaß auch Kiel ein Waisenhaus.[79] Sein Stifter war der Konferenzrat und Vizekanzler Friedrich Gabriel Muhlius, der in seinem Testament bestimmt hatte, daß nur Söhne von Zivilbediensteten, Bürgern, Handwerkern oder Arbeitsleuten aus Kiel und nur solche aufzunehmen waren, die aus einer rechtmäßigen Ehe stammten und entweder beide Eltern oder wenigstens den Vater verloren hatten. Uneheliche Kinder hatten demnach keinen Zugang. Offenbar hielt Muhlius sie der Förderung und Unterstützung nicht für würdig. In den Jahren 1781–1794 wurden nur 10, in den folgenden Jahren weitere und seit 1836 20 Waisenknaben aufgenommen. Als Gebäude stand das ehemalige Wohnhaus von Muhlius auf dem Damperhof, einem ländlichen Besitz südlich von Kiel, zur Verfügung. Es handelte sich um eine zweiflügelige Anlage mit einem nach Nordwesten hin offenen Hof. Über die Unterbringung der Waisenknaben ist nur bekannt, daß sie zu zweit in einem Bett schlafen mußten, was zur damaligen Zeit nichts Ungewöhnliches gewesen sein dürfte. Die Aufsicht lag immerhin schon in den Händen eines Lehrers. Er wählte sich unter den älteren zuverlässigen Knaben einen als Oberaufseher aus, dem im wöchentlichen Wechsel Schüler als Unteraufseher zur Seite standen. Über den Tagesverlauf im Kieler Waisenhaus gibt es für 1846 Tagebuchaufzeichnungen eines Lehrers, die ein bis ins einzelne gehendes Bild von den Lebensverhältnissen auf dem Damperhof vermitteln. Demnach verlief der 19. Juli 1846, ein Sonntag, folgendermaßen:

„*Morgens 6 Uhr: Der Lehrer geht nach den Schlafsälen der Waisenknaben und weckt sie mit dem Rufe: ‚Auf!' Die Knaben kommen schnell aus den Betten und ziehen ihre Werktagskleidung an. Der wöchentliche Aufseher (Unteraufseher) holt aus des Lehrers Schlafstube den kleinen Spiegel, die beiden Kämme ... und den Schlüssel zum Waschhause. Es werden zwei Eimer Wasser geholt. Währenddessen bringt der Oberaufseher Gemming die beiden alten Handtücher der verflossenen Woche zu ‚Madame', der Frau ‚Öconoma' Schröder, die als Witwe den Posten ihres verstorbenen Ehemanns Jürgen Schröder weiterführt. Der Oberaufseher erhält von ihr grüne Seife und zwei saubere Handtücher, die für die zwanzig Knaben eine Woche reichen müssen. Je zehn Knaben waschen sich in einem Eimer, kämmen sich und gehen dann nach dem Hofe. Die beiden Eimer werden ausgegossen und umgekehrt zum Trocknen im Waschhaus hingestellt. Die bei-*

100
ALTES WAISENHAUS IN LÜBECK 16. JAHRHUNDERT.
Innenhof. Anonyme Zeichnung von 1842.
Der Hofplatz bot eine Möglichkeit zur Erweiterung des ohnehin knappen Wohnraums und war doch viel zu eng für die mehr als hundert Kinder, die im Waisenhaus ständig lebten.
(Museum für Kunst und Kulturgeschichte Lübeck)

101
FLUR DES WAISENHAUSES IN LÜBECK.
Ölgemälde von Gotthardt Kuehl 1901.
Treffend hat der Künstler die Atmosphäre des hohen kühlen und zugigen Raumes mit den schmalen Wandschränken eingefangen. Der noch feuchte Fußboden im Vordergrund unterstreicht den Eindruck von beflissener Sauberkeit und Ordnung.
(Museum für Kunst und Kulturgeschichte Lübeck)

den Handtücher werden aufgehängt, und der Unteraufseher bringt den Spiegel, die beiden Kämme und den Schlüssel zum Waschhaus wieder in des Lehrers Schlafstube.

7 Uhr: Die Köchin Anna bringt das Frühstück, für jeden Knaben eine Schnitte Butterbrot und eine Sechslingschale voll warmer Milch mit Wasser. Auf den Ruf des Aufsehers ‚Herauf‘ kommen alle in den Eßsaal, essen und trinken. Die Köchin holt das Brotbrett und die leeren Schüsseln wieder ab.

7½ Uhr: Madame Schröder läßt die Kinder herunterrufen und gibt ihnen reine Hemden und Halstücher. Der Oberaufseher holt aus des Lehrers Schlafstube den Schlüssel zum Schrank und händigt jedem Knaben seinen Sonntagsanzug aus. Jeder macht ihn möglichst rein, zieht ihn an und legt den ‚täglichen Anzug‘ in den Schrank.

8 Uhr: Der Oberaufseher geht mit einem anderen Knaben mit den Contobüchern zu den beiden Schustern, um neue oder ausgebesserte Schuhe, die am letzten Montag bestellt oder zum Ausbessern hingebracht worden sind, zu holen. Die Strickfrau Fröbös läßt sich von den Knaben die täglichen Strümpfe geben und reicht ihnen dafür die Sonntagsstrümpfe. Frau Witwe Gemming, die Mutter des Oberaufsehers, läßt sich die getragenen Strümpfe geben und wäscht sie in den ersten Tagen der Woche.

8½ Uhr: Der Oberaufseher holt den Schulstubenschlüssel und läßt jeden Knaben seine besten Schuhe und seine Sonntagsmütze nehmen. Die Sonntagsschuhe werden angezogen, die täglichen hineingehängt und die Schulstube wieder verschlossen.

9 Uhr: Der Lehrer geht nach der Schulstube, überzeugt sich, daß alle Knaben ordentlich angezogen sind und geht dann mit ihnen nach der Nikolaikirche, wo hinter der Kanzel ein eigener Stuhl für das Waisenhaus ist. Dr. Harms predigt über den Artikel XII der Augsburgischen Confession.

11 Uhr: Der Gottesdienst ist beendet. Der Lehrer geht mit den Knaben nach Hause. Sie erhalten eine Schnitte Brot, und dann müssen die älteren Knaben die Predigt aufschreiben, während die jüngeren auf dem Hofe spielen.

12 Uhr: Das Hausmädchen Marie deckt den Speisetisch mit einem reinen, neugewaschenen Tischtuche und trägt Essen auf: Rindfleischsuppe und darauf Sauce mit Pflaumen. Der Unteraufseher überzeugt sich, daß alles in Ordnung ist, und sagt dann ‚Zum Singen! Das Vaterunser.‘ Alle falten die Hände, sehen vor sich nieder und singen dann nach Angabe der Tonhöhe sanft und harmonisch ‚Vater unser...‘ Nach dem Amen verteilt der Oberste am Tisch – gegenwärtig Klasen – das Essen. Einige Knaben tragen die leeren Schalen nach der Küche und holen sie gefüllt wieder herauf.

Nach dem Essen waschen und kämmen sich die Knaben im Waschhause, beschneiden sich die Nägel, reinigen ihre Kleider und präsentieren sich dann dem Lehrer. Diejenigen, die sich während der letzten Woche gut betragen haben, dürfen nun ihre Mutter, Verwandte oder Bekannte besuchen oder spazierengehen.

9 Uhr abends: Alle sind auf dem Hofplatze versammelt. Der Aufseher ruft sie herauf, sie gehen still zu Bett, und der Lehrer überzeugt sich, daß alles in Ordnung ist."[80]

Diese ausführliche Schilderung eines sonntäglichen Tagesablaufes verdeutlicht, wie militärisch exakt es in den Waisenhäusern zuging, welches Maß an Anpassung durch Gehorsam den Kindern abverlangt wurde und wie gering ihre Bewegungsfreiheit war. An Werktagen besaßen sie noch weniger Freizeit. Waisenhäuser waren demnach Erziehungsanstalten, in denen Kinder der Sozialdisziplinierung in einer Schärfe unterworfen wurden wie sonst nur in Zucht- und Werkhäusern. In den 1840er Jahren setzte sich allmählich die pädagogische Einsicht von der Notwendigkeit vermehrter körperlicher Ertüchtigung durch. Dazu gehörten Spaziergänge nach Düsternbrook und Baden am Strand von Bellevue. Einmal im Jahr fand sogar eine ganztägige Wanderung in die Umgebung statt, die morgens um 3 Uhr 30 begann und erst nach Mitternacht endete. Am 21. Juni, dem Stiftungstag des Waisenhauses, unternahmen die Knaben mit einem Lehrer eine Art Wallfahrt nach Bordesholm, um in der dortigen Kirche das Grab von Friedrich Gabriel Muhlius zu besuchen. Im Bericht eines Leh-

101

102
BESUCH IM LÜBECKER WAISENHAUS.
Ölgemälde von Gotthardt Kuehl. Ohne Datierung.
Der Raum mit den hohen Sprossenfenstern kann das Besuchszimmer sein. Das Mobiliar ist an die Wand gerückt und gibt den Blick auf die beiden Frauengestalten frei, die einander gegenübersitzend ein Gespräch zu führen scheinen.
(Staatliche Kunstsammlungen Dresden)

103
DAS NEUE LÜBECKER WAISENHAUS 1810.
Lithographie 1847.
Der massive Rechteckbau erhält sein Gewicht durch den Portikus mit Ballustrade. Eine architektonische Gestaltung, die dem Waisenhaus als Gebäude der öffentlichen Wohlfahrt Bedeutung verlieh.
(Das Waisenhaus zu Lübeck in seinem dreihundertjährigen Bestehen 1847)

104
WAISENHAUS IN ALTONA 1792/93. Photo um 1880.
Auch ein Waisenhaus konnte für den holsteinischen Landbaumeister C. F. Hansen eine Bauaufgabe sein: Die strengen Linien des stattlichen Baus entsprechen der im Innern herrschenden Disziplin und Ordnung.
(F. Lachmund, Alt-Altona 1964)

rers aus dem Jahre 1846 heißt es, der Ortsgeistliche habe aus diesem Anlaß eine Predigt gehalten, die Waisenknaben gesungen, und *„nach abermaligem Gesange und stillem Gebete wurde der Sarg des verblichenen Edlen vom Staube gereinigt, mit Blumenkränzen belegt, worauf wir sämtlich nochmals betend am Sarge knieten und dann die Kapelle in stiller Andacht verließen."*[81]

Hier hatte sich ein Kultbrauchtum entwickelt, wie es selten Stiftern in der protestantischen Kirche zuteil wurde. Aber wie in Armenhäusern war es auch hier üblich, derer im Gebet zu gedenken, die wohltätige Vermächtnisse hinterlassen hatten.

In der zweiten Hälfte des 19. Jahrhunderts setzte sich immer mehr die Auffassung durch, daß Heimpflege Waisenkindern die Familie nicht ersetzen könne. Man tendierte deshalb dahin, die Kinder in Familienpflege zu geben. Das hatte zur Folge, daß 1861 das Kieler Waisenhaus aufgelöst wurde. Seine Gebäude waren längst verfallen. Die Inschrift „Das Muhliusche Waisenhaus" über der Pforte, die nach der Gründungsurkunde *„so oft als nötig von neuem vergolden zu lassen"* vorgeschrieben war, zeigte sich in verwittertem Zustand. Aber erst 1861 hob das Königliche Ministerium für die Herzogtümer Holstein und Lauenburg das Waisenhaus auf. Nun gab es keine weißgrau gekleideten Waisenknaben mehr, die sonntäglich mit ihrem Lehrer in die Kirche zogen und von denen die Kieler sagten: *„Kiek, dar kümmt de Schäper mit de Schap!"*[82]

In Eckernförde war die Disziplinierung der Waisen noch ausgeprägter, weil sie im Christian-Pflegehaus untergebracht waren, einer militärischen Versorgungs- und Erziehungsanstalt.[83] Sie ging auf einen Gedanken des dänischen Königs Christian VI. zurück, der in pietistischem Geist auf seinem bei Kopenhagen gelegenen Hof „Ladegaard" Kriegsveteranen mit ihren Familien aus dem gesamten Königreich unterbringen ließ. Die Wohnverhältnisse sollen dort unerfreulich gewesen sein: Die Räume waren eng, niedrig und schmutzig. Dasselbe galt für ein kleineres Pflegehaus in der Stadt und für einige Garnisonsschulen. Deshalb ließ

Friedrich V. 1765 in Kopenhagen ein neues Pflegehaus für Invaliden, Soldatenwitwen und -kinder errichten. Aber schon 1775 wurde das Christian-Pflegehaus in eine Kaserne verlegt. Diesem Zustand bereitete schließlich Landgraf Carl von Hessen 1785 ein Ende, indem er das Institut in Gebäude überführte, die einst der vermögenden Familie Otte in Eckernförde gehört hatten und nun in sein Eigentum übergegangen waren.

1761 hatten die Söhne Christian Ottes, Friedrich Wilhelm und Johann Nikolaus, am südlichen Eingang der Stadt eine Reihe von Gebäuden errichtet, in denen sie außer einer Färberei und mehreren Strumpfwirkereien eine Anzahl von Fabriken und Manufakturen betrieben. Die Bauten bildeten eine Doppelreihe. Die östlich liegenden waren Fabriken, in den westlich liegenden Beamten- und Arbeiterwohnungen untergebracht. Sie eigneten sich daher vorzüglich für die Beherbergung von Militärinvaliden und ihren Hinterbliebenen.

Da das Christian-Pflegehaus militärisch organisiert war, wurde ein niedriges, in den 1720ern errichtetes Gebäude als Wache hergerichtet. Von hier aus zog morgens ein Wachtrupp von 2 Unteroffizieren und 24 Mann, gebildet aus den körperlich rüstigen Invaliden, auf. Bei der Wache befanden sich auch ein Arrestlokal und drei Gefängnisräume sowie fünf „Tollkammern" für Insassen, die an Säuferwahn litten. An das Wachlokal schloß sich das Krankenhaus an, danach ein großes zweistöckiges Gebäude für die alten Invaliden und die Frauen. Im oberen Geschoß standen den Invaliden 5 Schlafsäle und ein Gemeinschaftsraum mit einem Ofen zur Verfügung. Dort lag auch das Korrektionszimmer, in dem Insassen, die gegen die Ordnung verstoßen hatten, eingeschlossen und mit Arbeiten beschäftigt wurden. Zank- und Streitsüchtige wurden hier ans Bett gefesselt oder mußten die Strafjacke tragen, deren Ärmel vor der Hand zugenäht waren. Den Delinquenten schnallte man die Arme auf dem Rücken oder vor dem Leib mit Riemen zusammen. Militärischen Gepflogenheiten entsprechend kam es bei schweren Verstößen zur drakoni-

102

103

104

schen Strafmaßnahme der Züchtigung mit bis zu 25 Streichen. Die Exekution fand in den Zimmern der Delinquenten statt, vermutlich im Beisein der übrigen Insassen.

Im unteren Geschoß des gleichen Gebäudes befanden sich die Schlafsäle der Frauen, eine Frauenspinnstube, die Küche nebst Vorratsräumen und 4 Speisesäle. Hier nahmen getrennt nach Geschlecht und Alter vier Gruppen von Insassen ihre Mahlzeiten ein, nachdem die sog. Deckfrauen aufgedeckt hatten. Vor dem Essen sprach bei den Männern ein Knabe und bei den Frauen ein Mädchen das Tischgebet. Am Ende des Ostgebäudes wohnten der Direktor und der erste Offizier. Sie besaßen eigene Gärten. Am ganzen Haus entlang zogen sich der Küchengarten und der Garten für Genesende. Auch einen kleinen landwirtschaftlichen Betrieb mit Ställen für 4 Kühe, Schweine und Geflügel gab es. In der westlichen Häuserreihe war die Erziehungsanstalt der Waisenkinder untergebracht. Sie enthielt einerseits die sog. Normalschule, in der die Knaben unterrichtet wurden, die aber auch einer Kurzausbildung von Landschullehrern diente. Andererseits gehörte zur Erziehungsanstalt die Arbeitsschule mit ihren Räumlichkeiten, in der die größeren Mädchen Leinenzeug nähten und ein Teil der Knaben mit Strümpfestricken beschäftigt wurde. Ein anderer Teil der Knaben genoß, soweit er musikbegabt war, eine Musikausbildung, um später den Musikkapellen der Regimenter zugeordnet zu werden. Im Westgebäude befanden sich je ein großer Schlafsaal für Knaben und Mädchen und der Musiksaal. In einem Flügelanbau waren die Turnräume untergebracht, von denen aus eine Tür zum Spiel- und Turnplatz führte.

Die Erziehung der Kinder war militärisch streng. Bei den Knaben führte ein Wachtmeister die Aufsicht, bei den Mädchen eine Altfrau. Aus den Reihen der Kinder selbst rekrutierten sich als weiteres Aufsichtspersonal Gefreite und Aufsichtsmädchen. Um die Reinlichkeit der Knaben bemühten sich zwei Kämmfrauen. Ein angenehmer Höhepunkt im Dasein der Waisenkinder war, daß sie mit ihren Lehrern an schönen Sommertagen ins Windebyer Gehölz zogen. Einmal im Jahr wurde das zur Erinnerung an das Gefecht bei Sehestedt im Winter 1813 errichtete Denkmal aufgesucht. Auch erhielten die Kinder Tanzunterricht. Im August hatten sie 14 Tage frei und konnten nahe wohnende Verwandte besuchen.

Nachdem mit der Reorganisation des dänischen Heerwesens auf jegliche Werbung verzichtet worden war, nahm die Zahl der erwachsenen Stiftsinsassen in den vierziger Jahren erheblich ab. Waren es am Anfang 380 gewesen, davon 200 Invaliden und 60 Frauen, so zählte man in den letzten Jahren nur noch 120 Invaliden und 50 Frauen. Der Anteil an Waisenkindern blieb unverändert: 80 Knaben und 50 Mädchen. 1854 wurde die Auflösung des Christian-Pflegehauses verfügt, aber erst 1865 kam es zur endgültigen Aufhebung der Anstalt. Ihre Gebäude fanden als Kasernen Verwendung.

Das Christian-Pflegehaus als Militär- und Waisenhaus war in seiner Art einmalig im dänischen Königreich. Im Prinzip glich es dem Typ des Arbeits- und Armenhauses. Denn seine Insassen wurden hier nicht von staatswegen versorgt, sondern mußten durch eigene Arbeit zu ihrem Lebensunterhalt beitragen. Das galt für die Frauen, die spinnen, Strümpfe stricken und Krankendienste leisten mußten, ebenso wie für die Männer, die im Garten, als Schneider, Schuster und Tischler arbeiteten oder als Tagelöhner außerhalb des Stifts tätig waren, indem sie Tort abluden, Kräuter für die Apotheke sammelten, Feuersteine für die Militärverwaltung oder für den Privatgebrauch schlugen, lange Schwefelhölzer zuschnitten, Zündschwämme klopften usw. Mit diesen Produkten hausierten sie in einem über die Schulter gehängten Kasten auf den umliegenden Dörfern. Erkennbar waren sie an einer bestimmten Uniform. Uniformierte Kleidung trugen übrigens auch die Waisenknaben und sogar die Frauen und Mädchen. Da die Auffassung vom Soldaten als treuem Diener seines Vaterlandes bis zur Mitte des 19. Jahrhunderts im dänischen Gesamtstaat noch nicht verbreitet war und sich erst nach der Erhebung von 1848 in Schleswig-Holstein durchsetzte,

105

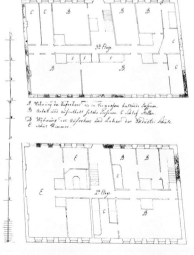

106

genossen die Angehörigen des Christian-Pflegehauses bei der Bevölkerung in und um Eckernförde kein Ansehen. Im Gegenteil, noch gegen Ende des 19. Jahrhunderts kursierte hier das Schimpfwort: „*Du büst'n Valid!*"[84] Die harte Zucht in der Anstalt, die geringe Achtung ihrer Insassen bei der Bevölkerung erleichterten den Bewohnern das Leben keineswegs, auch wenn man davon ausgehen kann, daß das Christian-Pflegehaus zu seiner Zeit zu den gutgeführten und wohl auch einigermaßen zureichend ausgestatteten Armeninstituten gehörte. Begabten jungen Menschen, wie dem späteren Staatswissenschaftler Lorenz v. Stein, der vom sechsten bis zum sechzehnten Lebensjahr im Christian-Pflegehaus aufwuchs, konnte es aber kaum etwas geben. So hat sich denn v. Stein später auch wenig über diese Phase seines Lebens geäußert.[85] Er und seinesgleichen blieben für die Eckernförder Fremde, zumal viele von ihnen aus anderen Teilen des Königreiches kamen.

Zwei wichtige Einrichtungen der Kinderfürsorge müssen noch genannt werden. Das waren die Baur'schen Warteschulen in Ottensen und das Baur'sche Rettungshaus in Bahrenfeld. Sie gingen aus dem Stiftungsvermögen des Zweiten Bürgermeisters und Altonaer Kaufmanns Johann Daniel Baur hervor: Zunächst wurden seit 1834 die Warteschulen für Kleinkinder eingerichtet, deren Eltern arbeiteten und sich tagsüber nicht um sie kümmern konnten.[86] Bevorzugt wurden Kinder von geborenen Altonaern oder Personen, die dort schon länger ansässig waren. Die Warteschule war für 200 Kinder vorgesehen, überstieg diese Zahl jedoch in den 1870er Jahren, als die Bevölkerung infolge der Industrialisierung sprunghaft wuchs. Tatsächlich reduzierte sich jedoch der Anteil der Kinder, weil nur drei Viertel von ihnen die Anstalt regelmäßig besuchten. Kurz vor der Weihnachtsbescherung nahm die Frequenz dann regelmäßig wieder zu. Die Aufgabe der Warteschule lag nicht im Unterricht der Kinder, obgleich manche von ihnen schon im schulpflichtigen Alter waren, sondern in ihrer Beaufsichtigung und Pflege nach der Schule.

Weitaus bedeutender als die Warteschulen war das 1870 gegründete „Baur'sche Rettungshaus für sittlich verwahrloste Knaben".[87] Es handelte sich um ein Erziehungsheim, das den pädagogischen Vorstellungen von Pestalozzi folgte und sich um gefährdete Kinder kümmerte. Solche Anstalten waren in Deutschland nach den napoleonischen Kriegen, gefördert von der Erweckungsbewegung, zuerst in Westdeutschland entstanden, hatten sich dann in Süddeutschland, besonders in Württemberg ausgebreitet und fanden erst nach der Gründung des Rauhen Hauses in Hamburg 1833 durch Johann Hinrich Wichern im Norden Deutschlands Verbreitung. Im Gegensatz zum Rauhen Haus handelte es sich beim Baur'schen Rettungshaus nicht um eine dezentrale Anstalt mit einer Anzahl von Einzelhäusern zur Unterbringung von „Kinderfamilien", sondern um ein Zentralgebäude, in dem Kinder und Erzieher gemeinsam lebten.[88] Ob es ein Zufall war, oder ob man es bewußt in Kauf nahm, daß das Altonaer Rettungshaus in der ehemaligen Scharfrichterwohnung seine erste Bleibe fand, sei dahingestellt.

Jedenfalls dürfte dieser Ort die Einschätzung der Anstalt und ihrer Zöglinge in der bürgerlichen Öffentlichkeit von Anfang an nicht gerade im positiven Sinn beeinflußt haben. Über die Ausstattung der Räumlichkeiten ist wenig bekannt. Offenbar waren sie beengt, denn für den Unterricht, die Arbeitsbeschäftigung und den Aufenthalt der Knaben stand nur ein Zimmer zur Verfügung. Deshalb sah man sich bei der wachsenden Zahl der Zöglinge gezwungen, 1875 ein neues Gebäude zu beziehen, in dem für alle Zwecke genügend Räume zur Verfügung standen. Es war zweigeschossig und enthielt im Keller Küche, Waschküche und Vorratsräume, im Erdgeschoß die Wohnung des Hausvaters, im ersten Stock zwei Arbeitszimmer, den Unterrichtsraum und das Direktionszimmer, im zweiten Stock zwei Schlafräume für die Knaben, das Zimmer des Gehilfen und die Krankenstube. Im Anbau befanden sich eine Werkstatt, ferner die Toiletten, ein kleiner Viehstall sowie ein Lagerraum für Feldfrüchte und Viehfutter.[89]

Außerdem pachtete man Garten- und Ackerland, auf dem

105
DAS FLENSBURGER WAISENHAUS 1725.
Geradezu übermächtig wirkt die Baumasse gegenüber den sich anschließenden Bürgerhäusern. Tatsächlich enthielt das Gebäude viel mehr Raum als für Waisenkinder notwendig war, so daß es seit 1760 auch als Zucht- und Arbeitshaus genutzt wurde.
(Landesamt für Denkmalpflege Schleswig-Holstein)

106
GRUNDRISSZEICHNUNGEN DES WAISENHAUSES IN FLENSBURG UM 1800.
Die Pläne sahen Erweiterungen für eine Industrieschule vor. Solche Einrichtungen wurden damals aus arbeitspädagogischen Gründen sehr gefördert.
(Stadtarchiv Flensburg)

107
CHRISTIANS PFLEGEHAUS IN ECKERNFÖRDE 1785.
Das Haus liegt am südlichen Eingang der Stadt. Es zählt noch heute wegen seiner weitläufigen Gebäudelinie zu den eindrucksvollsten Wohnanlagen der Stadt.
(Landesamt für Denkmalpflege Schleswig-Holstein)

die Knaben Beschäftigung fanden. 1892 wurde das Rettungshaus nach Bahrenfeld verlegt, 1921 in der Inflationszeit ging es ein, weil die Stadt den erforderlichen Kostenzuschuß nicht mehr leisten konnte.[90]

Die Kinder, die im Rettungshaus Aufnahme fanden, entstammten häufig zerrütteten Familien. Die Eltern gehörten dem Kleinbürgertum an und mußten je nach Vermögen einen geringen Kostenbeitrag für ihre Söhne aufbringen. Ein Teil der Kinder lebte jedoch auf Kosten der Armenkommission im Rettungshaus. Die Anzahl der Insassen nahm ständig zu: Waren es Anfang 1871 nur 6, so 1875 25 und 1920/21 sogar 30.[91] Der Anteil der Armenkinder schwankte. 1874 lag er bei 50 %, ging aber danach stetig zurück.

Über die *"sittliche und intellectuelle Verkommenheit und das oft unglückliche Naturell der eintretenden Knaben"*, über *"tiefgewurzelte böse Richtungen oder große moralische Schwäche"*[92] bei einzelnen von ihnen, aber auch über das Desinteresse der Eltern wurde von der Anstaltsleitung lebhaft Klage geführt. Durch regelmäßigen Unterricht und körperliche Arbeit versuchte man auf religiös-moralisierender Basis, kleinbürgerliche Verhaltensnormen zu internalisieren. Das wird an den Tagesplänen recht deutlich. Sie waren ihrer Struktur nach denen der Werk- und Arbeitshäuser nicht unähnlich. So begann der Tag viermal in der Woche um 6 Uhr und war in den ersten beiden Stunden mit *"Aufstehen, Ankleiden, Morgenbrod, Hausarbeit, Schularbeit"* ausgefüllt, bevor ein zweistündiger Unterricht folgte, der zur Hälfte mit religiöser Unterweisung, *"nämlich biblische Geschichte in Verbindung mit Katechismuslehre nebst Bibelsprüchen, Kirchenliedern und Einübung von Chorälen und Liedern"*[93] ausgefüllt war. Danach folgten Rechnen, Schreiben und Zeichnen. Für die Zeit von 10–12 Uhr waren Pause und Handarbeit angesetzt, von 12–14 Uhr Mittagessen und Freistunde, nachmittags von 14–17 Uhr Handarbeit, Vesperbrot und Pause, und danach folgte noch einmal ein vierstündiger Unterricht in einer Reihe von Einzelfächern. Auch nach dem Abendessen um 19 Uhr mußten noch Schularbeiten erledigt werden, bis eine kurze Zeit zur freien Verfügung stand und der Tageslauf um 21 Uhr beendet war. Auffallend ist, daß die Knaben viel Handarbeit leisten mußten. Sie bestand in der Instandhaltung ihrer Kleidung, aber auch im Flechten von Stroh- und Binsenmatten, in der Verfertigung von Tuchschuhen und Teppichen. Ebenso wurden sie aber bei Renovierungsarbeiten im Haus eingesetzt, und im Sommer fanden sie reichlich Beschäftigung im Gartenbetrieb. Die Freiheit der Knaben war aufs Äußerste beschnitten. Nur in Begleitung von Erziehern konnten sie Spaziergänge oder Ausflüge unternehmen. Einzelne durften je nach Zuverlässigkeit, aber sorgfältig kontrolliert, Besorgungen für die Anstalt machen. Im übrigen bemühte sich die Anstalt, die *"gehobene Sittlichkeit"* und den *"christlichen Sinn"* durch häufige Kirchgänge zu fördern und angepaßtes Verhalten durch mildere Behandlung und mehr Vertrauen zu belohnen. Christlichem Denken entsprach es auch, das Weihnachtsfest in besonderer Weise zu begehen. In einem Bericht von 1872 heißt es: *"Am Weihnachtsabend wurde in der Anstalt ein Christbaum angezündet, um den Knaben durch Geschenke von Büchern, Arbeitsgeräth und Spielsachen eine Festfreude zu bereiten."*[94]

In der Regel blieben die Zöglinge bis zur Konfirmation im Rettungshaus. Danach bemühte sich die Leitung um einen handwerklichen Ausbildungsplatz, z. B. bei einem Grobschmied oder einem Zimmermann. Manche von ihnen hielten den engen Kontakt zur Anstalt als ihrem eigentlichen Zuhause aufrecht. So war das Baur'sche Rettungshaus, das im Volksmund als „Strafschule" bezeichnet wurde, sicher besser als sein Ruf.

Armen- und Werkhäuser

Ein sichtbarer Ausdruck der seit der Reformation immer deutlicher in den Vordergrund rückenden Disziplinierung der Armen waren die Gebäude der Arbeitsanstalten, oft untrennbar verbunden mit Werk- und Zuchthäusern. Sie sind sozusagen zu Architektur geronnene Monumente

108
ST. ANNEN ARMEN- UND WERKHAUS
IN LÜBECK 1613. Photo um 1900.
Weil die Nachtruhe der Lübecker Bürger wegen des „Winselns und Wehklagens der Armen auf den Gassen" und der „Bübereyen und Gottlosigkeiten" gestört war, wurde im ehemaligen St. Annenkloster ein Werkhaus eingerichtet. Seit 1630 lebten die Männer links im Paterhaus und die Frauen daneben im Materhaus. Im rechten Winkel schloß sich das Zuchthaus an.
(Museum für Kunst und Kulturgeschichte Lübeck)

109
ALTONAER ARBEITSHAUS 1847. Litographie um 1850.
Innerhalb des imponierenden Gebäudeensembles nimmt die Kapelle eine beherrschende Stellung ein. Sicherlich kann dies als Beweis für die noch immer dominante Rolle der christlichen Lehre gelten, die den Anstoß zur Armenfürsorge gab.
(M. Hansen-Schmidt, Die Chronik des Altonaer Arbeitshauses, 1935)

einer ökonomisch determinierten Arbeitserziehung.⁹⁵ Ursprünglich auf dem durchaus sinnvollen Gedanken stationärer Armenpflege in Verbindung mit pädagogischer Zielsetzung beruhend, wurden diese Häuser jedoch schon bald multifunktional genutzt und dienten nicht nur der Unterbringung und Beschäftigung von arbeitslosen Bedürftigen, sondern ebenso der Verwahrung von Strafgefangenen, arbeitsscheuen Bettlern, widerspenstigem Gesinde, Waisen, gebrechlichen Alten und Geisteskranken. Um so größer war die Abschreckung, die von den Anstalten ausging, und um so belastender wirkte sich der Aufenthalt für die Insassen aus. Ihre Ausgrenzung aus der Gesellschaft war beispiellos. Die Gebäude, die dieser Art von geschlossener Armenfürsorge dienten, waren von unterschiedlicher Qualität. Bisweilen funktionierte man dafür ehemalige Hospitäler und Armenhäuser um, dann wieder wurden dafür neue Gebäude errichtet. In manchen Städten beanspruchte man Räumlichkeiten in Waisenhäusern. Nach Erlaß der schleswig-holsteinischen Armenordnung von 1841 nahm die Anzahl von Arbeitshäusern zu, so daß es bereits Ende des Jahrzehnts in Holstein 111 und in Schleswig 134 davon gab. 1873 lebten in Holstein 3523 und in Schleswig 2607 Menschen, d.h. 42,7 % aller Unterstützungsberechtigten in Arbeitshäusern.⁹⁶

In der Lübecker Armenversorgung spielte das St. Annen Armen- und Werkhaus seit langem eine besondere Rolle.⁹⁷ 1502 von angesehenen Bürgern gegründet, um aus den mecklenburgischen Klöstern Rhena und Zerrentin vertriebene Lübecker Nonnen, aber auch Augustiner- und Regulissen-Nonnen aus dem Braunschweigischen aufzunehmen, erhielt der umfangreiche Gebäudekomplex nach der Reformation neue Aufgaben. Zunächst wurden verarmte Frauen dort untergebracht, bis er nach der Armenordnung von 1601 Armen- und Werkhaus wurde. 1613 erweiterte man das Anwesen um ein angrenzendes Armenhaus, das 1632 zum Zuchthaus für *"loses Gesindel und Verbrecher"* wurde.⁹⁸ 1778 kam ein Spinnhaus für Schwerverbrecher dazu. 1803 stockte man das Hauptgebäude auf und brachte darin Waisenkinder unter. Seit 1630 besteht das mit zwei Treppengiebeln verzierte Pater- und Materhaus.

Im nördlichen Teil waren die Männer, im südlichen die Frauen untergebracht. Sie schliefen in etwa 22 qm großen Schlafräumen und hatten jeweils eine kleinere langgestreckte heizbare Stube als Aufenthaltsraum zur Verfügung. Offenbar waren im Obergeschoß dieses Gebäudes *"bessere und eingekaufte Personen"* untergebracht, wie es auch sonst noch sog. kleine Einkäuferwohnungen gab, für die ein Eintrittsgeld zu zahlen war. Alte Männer fanden ferner ein Unterkommen im Neuen Haus. Die Kranken wurden in drei eigenen Gebäuden und in den *"Manns- und Frauens-Krankenböden"* gepflegt. Schließlich gab es eine Reihe von großen beheizbaren Arbeitssälen, in denen gemeinschaftlich gesponnen, Werg gepflückt und gewebt wurde. Insgesamt konnten mehr als 500 Personen Unterkunft finden, davon 200 Waisen. Daß es in einer solchen differenzierten Armenanstalt auch eine Vielzahl von Wirtschaftsräumen, wie Wollkammern, Backhaus, Waschhaus, Badestube, Küche und Kochstube, Brotkammer usw. gab, liegt auf der Hand. Auch das zahlreiche Personal, wie Verwalter, Schreiber, Chirurg, Lehrer, Bäcker, Koch, Schneider, Weber, Kleiderfrau, Tischler, Zuchtmeister, Vögte, Hausfrauen und Pförtner übte seine Funktionen zum Teil in speziellen Räumlichkeiten aus und wohnte teils innerhalb teils außerhalb des St. Annen Armen- und Werkhauses.

Auf den ersten Blick scheint es so, als ob die Armenanstalt nur von den Ärmsten der Armen bewohnt wurde. Die Tatsache, daß von der Straße aufgegriffene Bettler, Waisenkinder, Schwerverbrecher, loses Gesindel, Kranke und Sieche mit ihnen in einem Gebäudekomplex, wenn auch in unterschiedlichen Räumlichkeiten untergebracht waren, kann dem Ruf des Hauses nicht gerade zuträglich gewesen sein. Trotzdem zeigt sich wie beim Heiligen-Geist-Hospital, daß es auch hier vermögende Insassen gab. Denn einige zahlten einen Einstand und bewohnten eigene Räume. Ob das jedoch in der Lübecker Öffentlichkeit wahrgenommen worden ist, erscheint zweifelhaft. Eher ist anzunehmen,

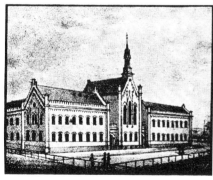

110
ARMENHAUS IN OSDORF BEI ALTONA 1871.
Photo 1922.
Bei dem raschen Bevölkerungswachstum der Elbestadt reichten bald die traditionellen Einrichtungen der geschlossenen Armenfürsorge nicht mehr aus. Diese weitläufige Anlage entstand vor der Stadt und war mit einem landwirtschaftlichen Betrieb verbunden, in dem die Armen, soweit sie arbeitsfähig waren, eingesetzt wurden.
(Vom Armenhaus zum Landpflegeheim 1871–1921, 1922)

111
ARMENHAUS IN OSDORF BEI ALTONA 1871.
Grundriß vor 1893.
Die vielfältigen Funktionen der einzelnen Räume und Gebäudeteile ergeben in ihrer Gesamtheit das Abbild eines Gemeinwesens, in dem jeder seine Aufgabe hatte und seinen Beitrag zum Lebensunterhalt leisten mußte.
(Vom Armenhaus zum Landpflegeheim 1871–1921, 1922)

daß der dem Armen- und Werkhaus anhaftende Makel auf alle Bewohner übertragen wurde. Relativ spät wurde die Anstalt aufgehoben und im Jahre 1911 als Museum für Kunst- und Kulturgeschichte eingerichtet.

Mit der Neuordnung des Armenwesens im Hochstift Lübeck 1791 setzte sich auch in Eutin der Arbeitshausgedanke durch.[99] Zu diesem Zweck wurde das seit dem 15. Jahrhundert bestehende St. Jürgen-Hospital neugebaut. Deshalb siedelten alte und gebrechliche Arme, die nicht mehr für sich sorgen konnten und bislang dort Unterkunft gefunden hatten, in die Haushalte Eutiner Bürger über, die sie gegen Entgelt aus der Armenkasse versorgten.

Wer unter den Armen jedoch arbeiten konnte, mußte es in der geheizten Spinnstube des Hospitals tun. Der Erlös der z. T. schlechten Produkte blieb jedoch gering. Auch war wohl die Arbeitszeit nicht fest geregelt. Das geschah erst in den dreißiger Jahren des 19. Jahrhunderts, als die Öffnungszeiten der Arbeitsstube festgelegt wurden, jeder Arme einen festen Arbeitsplatz erhielt, ein Aufseher, später Werkmeister, für Ruhe und Ordnung in der Spinn- und Strickstube sorgte und das zu verarbeitende Material wie die gefertigten Produkte registrierte. 1835 arbeiteten mehr als 20 Frauen und einige Kinder in der Eutiner Arbeitsanstalt.

1882 wurde ein neues Armenarbeitshaus eröffnet. Es lag vor dem Lübschen Tor und bestand aus einem soliden zweigeschossigen Backsteinbau, in dessen Erdgeschoß sich die Wohnung der Hauseltern sowie eine Männer-, eine Frauen- und drei Kinderstuben befanden. Im Obergeschoß lagen weitere Stuben. Außerdem gab es Gemeinschaftsräume. Auch stand ein umfangreicher Garten zur Verfügung. Anfangs sah das Statut für das Armenarbeitshaus auch die Unterbringung von arbeitsscheuen Personen vor, die zwangsweise beschäftigt werden sollten. Deswegen bestand eine strenge Hausordnung, nach der sich alle Insassen zu richten hatten. Zuwiderhandlungen konnten streng bestraft werden bis zum Arrest von zwei Tagen. Bei der Eröffnung lebten 10 Männer, 15 Frauen und 26 Kinder in der Anstalt. Aber oft blieb ein Teil der Insassen nur für einige Monate. Vor dem Ersten Weltkrieg entwickelte sich das Armenarbeitshaus am Rande der Stadt jedoch immer mehr zu einer Stätte für alte Arme. Das Zusammenleben brachte naturgemäß viele Konflikte. Einer der Inspektoren des Hauses schrieb 1895 in seinem Jahresbericht über die Männerabteilung:

„Die Eutiner zusammengewürfelte Gesellschaft hält wenig Frieden miteinander. Jede Gelegenheit bietet Anknüpfungspunkte, um Zank und Streit heraufzubeschwören. Wenn man die vorgebrachten Beschwerden näher prüft, so sind die Ursachen so kindlicher Natur, daß, wenn nur jeder ein wenig bemüht wäre, vor seiner eigenen Tür zu kehren, der Frieden untereinander selten gestört würde."[100]

Altona besaß seit Ende der 1730er Jahre ein Zucht- und Werkhaus, über dessen Beschaffenheit wenig überliefert ist.[101] Erst 1840 hören wir anläßlich eines Besuchs von König Christian VIII., der das stark überbelegte Gebäude besichtigte, daß die Zustände erschütternd gewesen sein müssen. Jedenfalls regte der König an, das Zuchthaus aufzuheben, die Gefangenen in die Strafanstalt nach Glückstadt zu verlegen und eine neue Arbeitsanstalt zu bauen. Doch die ließ auf sich warten. Immerhin war sich der Altonaer Bürgermeister Behn 1842 im klaren darüber, daß die Anstalt schon vom Äußeren her den Schein einer Zucht- und Strafanstalt vermeiden müsse. Sie sollte daher weder Eisen noch Stangen vor den Fenstern haben und überhaupt einen möglichst freundlichen Eindruck machen. Denn Zweck der Arbeitserziehung war von nun an, die Insassen nach ihrer Entlassung wieder in die Gesellschaft zu integrieren. Erst 1847 wurde der sehr repräsentative Bau des neuen Arbeitshauses mit Platz für 100 Männer und 20 Frauen fertiggestellt. Er war bereits mit einer Zentraldampfheizung ausgestattet und entsprach wohl auch sonst für die damalige Zeit einem hohen Standard. Aber schon 1850 wurde die Anstalt als zu kostspielig geschlossen. Sie diente dann nacheinander als Militärkaserne und Schulgebäude.

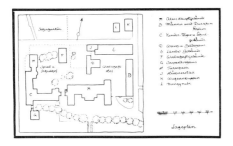

112
LANDPFLEGEHEIM IN OSDORF BEI ALTONA NACH 1918. Lageplan 1922.
In der Weimarer Republik wandelte sich das Armenhaus zum Landpflegeheim. Neue Einrichtungen wie Turnhalle und Kindertagesstätte sowie ein großer Schulgarten erweiterten die Anlage und boten Möglichkeiten zur Entfaltung der ohnehin benachteiligten ärmeren Bevölkerung.
(Vom Armenhaus zum Landpflegeheim 1871–1921, 1922)

113

1871 eröffnete Altona in Osdorf eine neue Arbeitsanstalt.[102] Das zweistöckige Hauptgebäude enthielt Arbeits- und Schlafsäle für Männer und Frauen, für ältere und jüngere Knaben, Wirtschaftsräume, Werkstätten, Krankenzimmer, aber auch Arrestlokale. In einem eigenen Gebäude, dem sog. Landhaus, befand sich ein landwirtschaftlicher Betrieb mit Tenne, Pferde- und Kuhstall, Geräteräumen, Remisen, Futter- und Vorratsböden, in dem die Insassen je nach Gesundheit und Kräften beschäftigt waren. Die Hausordnung von 1872 entsprach den rigiden Vorstellungen der Zeit und enthielt Bestimmungen über die Zulässigkeit von Urlaub und über Strafen im Falle von Verstößen, die mit Urlaubsverweigerung, Arrest oder befristetem Entzug von Verpflegung geahndet wurden.

In den folgenden Jahren bis 1880 stieg die Belegzahl durch die Unterbringung von Geisteskranken und Epileptikern auf 340 Personen an. Es kam zur Überfüllung. Die Betten mußten kasernenmäßig übereinandergestellt werden. Das sog. Kofferstuhlsystem, das bis 1914 in den Schlafräumen beibehalten wurde, führte zu schlechten Lüftungsverhältnissen. Erst 1886 kamen Sieche und Irre in andere Anstalten, und es kehrten wieder einigermaßen geordnete Verhältnisse im Osdorfer Arbeitshaus ein. Nach dem Ersten Weltkrieg verwandelte es sich in ein Landpflegeheim, das nun überwiegend von Kindern bewohnt wurde.

Das Osdorfer Arbeitshaus lag weit von Altona entfernt. Bis 1895 führte ein Feldweg nach Bahrenfeld, und erst von dort aus gelangte man über eine Chaussee in die Stadt. Auf diese Weise waren die Armen isoliert und verschwanden aus dem Stadtbild. So günstig die ländliche Umgebung auch auf ihre Gesundheit wirken mochte, so unübersehbar ist der dahinterstehende Gedanke, der Gesellschaft den Anblick der Armut zu ersparen.

Das Arbeitshaus allein wäre niemals in der Lage gewesen, allen Bedürftigen in Altona Unterkunft zu gewähren. Dazu war deren Zahl zu groß. Schon Pastor Funke vermutete um 1803, daß es etwa 900 Arme in der Stadt gebe. Davon waren in der geschlossenen Armenpflege des Arbeits- und des Waisenhauses sowie im Reventlowstift nur circa 200 untergebracht. Der Rest blieb auf Almosenverteilung angewiesen. Etwa 70 Kinder lebten auf öffentliche Kosten in Bürgerfamilien.[103] Daher blieb die Notwendigkeit privater Wohltätigkeit bestehen.

In Flensburg war die bürgerliche Wohlfahrtspflege im Bau des Waisenhauses untergebracht.[104] Seit 1760 enthielt es ein Zucht- und Werkhaus.

Bei den Zuchthäuslern handelte es sich um Männer und Frauen, die zu unterschiedlichen Zeitstrafen von einem Jahr bis zu lebenslänglich verurteilt worden waren. Ihre Delikte bestanden in „Dieberei", „liederlichem Leben" und Kindstötung. Daneben wurden Trunkenbolde und Vagabunden, unverbesserliche Bettler und wegen „Völlerei" Verurteilte inhaftiert. Das Zuchthaus diente also auch als Ort der Sicherheitsverwahrung. Die meisten Gefangenen waren in Gemeinschaftsräumen untergebracht, die in einer großen Arbeitsstube und Schlafräumen bestanden, nach Männern und Frauen getrennt, in denen je zwei Betten übereinander standen. Ein Wächter mußte bei den männlichen Gefangenen schlafen, eine Spinnmeisterin im Schlafsaal bei den weiblichen Gefangenen.

Noch eine weitere Gruppe von Menschen fand Aufnahme im Flensburger Waisenhaus. Das waren die Geistesschwachen. Ihre Zahl war nicht unbeträchtlich. 1821 zählte man 23 Personen, die als „wahnsinnig" galten. Sie wurden nach Möglichkeit mit den üblichen Handarbeiten beschäftigt.

Schwere Fälle kamen in eine „Dunkelkammer" im Erdgeschoß des Hauses. Viele der geisteskranken Gefangenen waren Alkoholiker.[105]

Wie rücksichtslos die Insassen ihre Wohnstätte in Besitz nahmen, geht aus der 1881 erlassenen Hausordnung der Flensburger Armen- und Arbeitsanstalt hervor.[106] Demnach war es üblich, sich mit Kleidungsstücken ins Bett zu legen, im Bett zu rauchen, auf den Fußboden zu spucken, Wände zu beschreiben oder zu beschmutzen, Nachtgeschirre tagsüber zu benutzen, Lumpen und Knochen zu

113
DAS GASTHAUS IN WILSTER AUS DEM 15. JAHRHUNDERT.
Aquarellierte Zeichnung von H. Möller um 1880.
In der Nähe des Biskopper Tors lag dieser langgestreckte Bau. Aus dem reichen Fachwerk läßt sich die Wohlhabenheit der bäuerlichen Landschaft ablesen, die auch an einem Armenhaus nicht mit Schmuckformen sparte.
(Jutta Kürtz, 700 Jahre Wilster, 1982)

114
WERK- UND SCHULHAUS IN KIEL VON 1836.
Grund- und Aufrißzeichnungen.
Im Arbeitssaal verdienten sich die Stadtarmen ein wenig Geld. Kinder über 6 Jahre kamen in die Arbeitsschule. Die Mädchen lernten Nähen, die Knaben Spinnen und Haspeln. Für ihren Verdienst erhielten sie Kleidung.
(E. Graber, Kiel und die Gesellschaft freiwilliger Armenfreunde in Kiel 1793–1953, 1953)

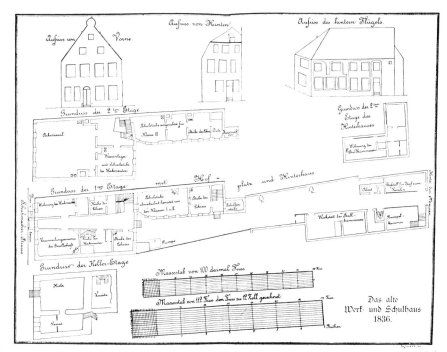

sammeln und in den Anstaltsräumen aufzubewahren, Branntwein mitzubringen, eigene Sachen zu verkaufen oder zu versetzen. Diese Verhaltensweisen, die sicherlich in den Unterschichten vielfach verbreitet waren, widersprachen den allgemeingültigen bürgerlichen Vorstellungen von Anstand, Ordnung und hygienischem Standard und wurden deshalb unter Verbot gestellt.

Das Leben im Flensburger Zuchthaus war daher hart. Der Tagesablauf wurde genau vorgeschrieben. Im Sommer gab es um 6 Uhr Frühstück, im Winter um 7 Uhr. Danach begann die Arbeit und dauerte vormittags bis 12 Uhr, nach der Mittagspause von 14–19 Uhr und nach dem Abendessen bis 21 Uhr. Aufsicht führten Inspektor, Werkmeister und Spinnmeisterin.

In Husum gab es seit 1819 eine Armen- und Arbeitsanstalt, die vom Armenkollegium unter Aufsicht des Magistrats geleitet wurde.[107] Über die innere und äußere Beschaffenheit des Gebäudes ist zunächst wenig bekannt. Offenbar diente es nicht nur *„unverschämten und zudringlichen Armen"* und *„obdachlosem schlechtem Gesindel"*, wie das Armenkollegium mitteilte, sondern auch Waisenkindern als Unterkunft.[108] Die Husumer Armen hielten sich nach Möglichkeit fern. Denn hier herrschte eine Hausordnung, die sicher nicht jedermanns Sache war. Schon die mit der Aufnahme in dieses Institut verbundene Prozedur dürfte manchen abgeschreckt haben. Vorgeschrieben war nämlich nach einem Regulativ von 1857 eine genaue *„Untersuchung an seinem Leibe, seinen Kleidern und Effecten"*[109] und evtl. auch eine gründliche Reinigung. Das tägliche Leben verlief in exakt vorgeschriebenen Bahnen. Es begann in den Wintermonaten vom 1. Dezember an bis zum letzten Februartag spätestens um 7 Uhr, ab 1. März bis Ende Mai schon um 6 Uhr, in den Monaten Juni, Juli und August sogar um 5 Uhr, danach bis Ende November wieder um 6 Uhr. Vor dem Frühstück hatten sich die Armen zu waschen und wurden vom Hausvater auf ihre Sauberkeit hin strengstens überprüft. Das Frühstück erhielten sie in ihren Arbeitsräumen. Dort mußten sie eine Stunde nach dem Aufstehen mit ihrer Tätigkeit beginnen, hatten mittags eine Arbeitspause von einer Stunde, nachmittags eine halbe Stunde und durften nicht vor 19 Uhr die Arbeit beenden. Während der Arbeit konnten sie sich miteinander unterhalten. Aber die Gespräche mußten „schicklich" sein. Wie sehr der Aufenthalt auch hier einer Inhaftierung gleichkam, geht daraus hervor, daß die Insassen nur während der Pausen *„auf dem ihnen angewiesenen Raum der Anstalt sich bewegen und freie Luft genießen"* durften.

Lediglich an Sonn- und Feiertagen war es erlaubt, zwischen 13 und 19 Uhr das Haus zu verlassen, um Bekannte zu besuchen. Wer dafür eine Erlaubnis erhalten wollte, mußte jedoch angeben, wohin er ging. Denn Wirtshäuser und „Gelage" durfte ein Armer nicht besuchen. Demnach war ihm auch die Teilnahme an öffentlichen Festen, wie Vogelschießen, verwehrt. Umgekehrt konnten Außenstehende nur mit Einwilligung des Hausvaters die Armen- und Arbeitsanstalt besuchen. Ausgeh- wie Besuchserlaubnis hingen davon ab, ob der Hausvater dem Bittsteller gegenüber wohlgesonnen war. Das wiederum richtete sich nach dem Betragen des Armen. Er hatte sich nicht nur *„stets anständig, sittsam und bescheiden"* zu benehmen, sondern auch mit jedermann *„freundlich und gefällig"* umzugehen. Außerdem wurde Wert darauf gelegt, daß die Insassen sich *„an ihrem Körper, ihren Sachen und Gerätschaften und in ihrem Leben in der Anstalt der größtmöglichen Reinlichkeit und Ordnung befleißigen"*. Beschädigungen des Arbeitsmaterials, der Werkzeuge, der Kleidung und der Betten wurden nicht geduldet. Vor allem aber galt es, dem Hausvater gegenüber Gehorsam zu zeigen. Wer dagegen verstieß, hatte *„nach fruchtlos versuchter Warnung"* mit eintägigem Entzug des Essens und Einzelhaft bis zu drei Tagen bei *„schmaler Kost"* zu rechnen. Zwar konnte, wer sich ungerecht behandelt fühlte, Beschwerde beim Armenkollegium führen, mußte diese aber über den Hausvater leiten, dem er bis zur Anhörung auf Gedeih und Verderb ausgeliefert blieb.

Trotz wachsender Bedeutung der medizinischen Hygiene

115
BRUSKOWS GANG IN LÜBECK 1510.
Zeichnung von C. J. Milde 1857.
Eine alte Frau tritt durch ein Tor aus dem hinter ihr liegenden Armengang auf die Straße. In diesen Gängevierteln spielte sich das Leben weitgehend unbemerkt von der Öffentlichkeit ab.
(C. J. Milde, Lübecker ABC. 1975)

116
VON-HÖVELN-GANG IN LÜBECK 15. JAHRHUNDERT. Photo 1910.
Der heute mustergültig restaurierte Wohngang diente viele Generationen lang armen Bürgern als Unterkunft. Nur der schmale Gang zwischen den Häusern deutet noch auf die Dürftigkeit und Enge, in der sich das Leben früher dort abspielte.
(Photo Ortwin Pelc)

scheint die Realität anders ausgesehen zu haben. Aus einem Bericht des Kreisphysikus von Husum an das dortige königliche Polizeiamt aus dem Jahre 1861 geht hervor, daß die hygienischen Verhältnisse im Arbeitshaus katastrophal gewesen sein müssen. Dort heißt es:

Die Wanzennoth in der hiesigen Armen-Arbeits-Anstalt hat gegenwärtig eine gefahrdrohende Höhe erreicht. Die Menge dieser in den bekanntlich alle Gesundheitsrücksichten ohnehin verhöhnenden Schlaflocalitäten einer ‚Wohltätigkeitsanstalt' kann nicht mehr nach Tausenden wie nur nach Milionen geschätzt werden! Ein einziges plötzlich aus den Fugen gerissenes Bettstellenbrett liefert den Abscheu erregenden Beweis ad oculos für diese Behauptung. Die Inhaber dieser Schlafstellen, und namentlich die mit zarter Haut versehenen Kinder sieht man Morgens mit geschwollenen Augen und Gesichtern und ihre Körper mit Beulen bedeckt. Nur die für diese nächtliche Tortur Unempfindlichen genießen einige Nachtruhe. Die Übrigen ziehen es vor draußen vor den Marterkammern auf ebener Diele sich zu betten. Kurz, unsere Armen-Arbeits-Anstalt ist jetzt ein kolossaler Brutherd für Wanzen, von welchem aus die ganze Nacht mit dem Ungeziefer überschwemmt zu werden bedroht ist und unter dessen unmittelbaren Einfluß die Gesundheit der Alumnen der Anstalt zumal der Kinder ruiniert werden muß."[110]

Der Arzt lehnte jede weitere Verantwortung für den Zustand der Anstalt ab und schlug vor, die von den Insassen benutzten Bettstellen mitsamt Schlafmatratzen zu verbrennen, die Räumlichkeiten gründlich von den Wanzen zu reinigen und die Armen vorübergehend woanders unterzubringen. Dieser Vorfall – der Arzt sprach von „Menschenquälerei" – zeigt, daß die Wohnverhältnisse für die Armen im Husumer Armen- und Arbeitshaus schlichtweg menschenunwürdig waren. Woran das lag, ist schwer zu beurteilen. In der Korrespondenz, die sich zwischen den einzelnen davon betroffenen Instanzen entwickelte, werden keine spezifischen Vorwürfe erhoben. Erstaunlich bleibt immerhin, daß der Anstoß zur Beseitigung der Wanzenplage weder vom Hausvater ausging, der sie doch täglich vor Augen hatte, noch vom Armenkollegium, das die Aufsicht führte. Auch die Armen selbst haben offenbar keine Beschwerde geführt, vielleicht auch nicht gewagt. Möglicherweise waren sie zu abgestumpft, um dagegen zu opponieren. Man wundert sich aber doch, daß die Öffentlichkeit in Husum auf die Mißstände nicht aufmerksam wurde. Immerhin besuchten die Armen sonntags den Gottesdienst und konnten auf diese Weise die Wanzen weitertragen. Allerdings steht zu vermuten, daß sie nicht mit den bürgerlichen Kirchgängern zusammengesessen haben.

An diesem spektakulären Beispiel läßt sich verdeutlichen, wie unterschiedlich Wohnbedingungen für Arme im 19. Jahrhundert sein konnten. Denn auf der einen Seite lebten die „ehrbaren Armen" im Gasthaus zum Ritter St. Jürgen in geordneten Verhältnissen in Einzelstuben und unter dem Schutz eines reputierten Instituts. Auf der anderen Seite vegetierten Arme mit ihren Kindern in menschenunwürdigen Behausungen und unter strengster Aufsicht. Das zeigt, wie sehr damals zwischen Armen und Armen unterschieden wurde. Moralische Maßstäbe, wie christlicher und sittlicher Lebenswandel, die Frage nach verschuldeter oder unverschuldeter Armut entschieden über das künftige Schicksal desjenigen, der mittellos der Allgemeinheit zur Last fiel. Unbemittelte, die sich seit 1868 dafür entscheiden konnten, entweder ins Armen- und Arbeitshaus aufgenommen zu werden oder auf Unterstützung zu verzichten, wählten aber in der Regel lieber den letzteren Weg.[111]

Auch Kiel besaß eine Arbeits- und Armenanstalt.[112] Nachdem das Stadtkloster 1822 neugegründet worden war, gingen die alten Gebäude des Neugasthausklosters und der Heiligengeiststiftung am Kütertor in den Besitz der Armen- und Arbeitsanstalt über. Es kam zum Umbau in zwei Abteilungen. In der einen besaß jeder Arme zwar seine eigene Schlafkammer, wurde aber in einem gemeinsamen Arbeitssaal beschäftigt. In der anderen Abteilung waren alle Armen in einem Raum untergebracht, in dem sie schlafen und essen mußten. Nicht einmal eine Trennung

117
DREITONNENGANG IN LÜBECK 17. JAHRHUNDERT. Photo um 1910.
Das Lübecker Adreßbuch gibt 1879 noch 17 Wohnungen an. Man kann sich vorstellen, welch drangvolle Enge in den kleinen Häusern herrschte.
(R. Andresen, Das alte Stadtbild, Lübeck. Geschichte der Wohngänge, 1982)

118
ZERRAHNS GANG IN LÜBECK 17. JAHRHUNDERT. Photo um 1910.
In zwei getrennten Gruppen posieren die Jungen und Mädchen – vermutlich für den Photographen – auf dem schmalen Gang zwischen den Wohnbuden. Zwischen den Dächern über ihnen hängt in luftiger Höhe die Wäsche, während unten nur wenig Platz und Sonne zum Spielen mit dem eisernen Reifen, einem damals beliebten Spielzeug, bleibt.
(Metzger, Die alte Profanarchitektur für Lübeck, 1911)

nach Geschlechtern soll es gegeben haben. Konflikte waren in einer solchen unhaltbaren Situation vorprogrammiert. Die Zustände jedenfalls müssen auch hier menschenunwürdig gewesen sein.

Die Kieler Armen- und Arbeitsanstalt war wie so viele ihrer Art ein Mehrzweckinstitut, das unterschiedliche Funktionen zu erfüllen hatte. Außer alten, kranken und arbeitsunfähigen Armen diente es der Unterbringung von Geisteskranken. Im „Generalbericht über das öffentliche Gesundheitswesen der Provinz Schleswig-Holstein" heißt es noch 1875, die Krankenstation der Anstalt werde künftig sogar „*die syphilitischen Mädchen aufnehmen..., deren Behandlung wegen begangenen Unfugs von der akademischen Klinik abgelehnt*" worden sei.[113]

Armenkinder wurden im 19. Jahrhundert bis zum schulpflichtigen Alter von den Müttern beaufsichtigt, danach ausschließlich vom Ökonomen des Arbeitshauses. Die Eltern hatten dann keinerlei Recht mehr, sich in die Erziehung und Behandlung ihrer Kinder einzumischen. Das war eine sehr weitgehende Entrechtlichung und ein sehr massiver Zugriff der öffentlichen Hand, wie sonst nur in Waisenhäusern üblich. Praktisch verloren also die Kinder von einem gewissen Alter an ihre Eltern als legitime Fürsorger und natürliche Erzieher. Andererseits darf nicht vergessen werden, daß wenige Armeneltern eine wünschenswerte Einstellung zur Erziehung und verantwortlichen Begleitung ihrer Kinder besaßen. Das Klima in einem Armenhaus dürfte ohnehin eine schlechte Voraussetzung für die Heranbildung einer stabilen Persönlichkeit gewesen sein. Ob allerdings ein Ökonom, von dem keinerlei pädagogische Eignung erwartet werden konnte, der richtige dafür war, erscheint mehr als fraglich.

Reinlichkeit, Fleiß, Sittsamkeit, Bescheidenheit, Freundlichkeit, Gehorsam und ruhiges Verhalten waren die bürgerlichen Tugenden, die von den Armen in den Arbeitshäusern verlangt wurden. Als Gegenleistung gab es „*Obdach, Nahrung, Kleidung und was sonst zur Nothdurft des Lebens gehört*".[114] Aber dazu zählte nicht einmal Kaffeegenuß, geschweige denn eine wenigstens beschränkte tägliche Freizügigkeit, die den Kontakt mit Nichtarmen erlaubte. Armsein umfaßte also nicht nur materielle Not, sondern auch geistige und seelische Ausgeschlossenheit aus der übrigen menschlichen Gesellschaft.

Armenwohnungen

Nur ein Bruchteil der städtischen Unterschichten konnte im Verarmungsfall in der geschlossenen Armenpflege untergebracht werden. Der größere Teil mußte sich möglichst billige Wohnquartiere suchen. Es gab sie denn auch in fast jeder Stadt. Außerdem verfügte die Armenpflege mancherorts über Armenwohnungen, die auf Stiftungen zurückgingen und zu einem geringen Mietpreis abgegeben wurden. Sie befanden sich meist in einem wenig ansprechenden Zustand und waren schon von daher als Armenbehausungen erkennbar. Dennoch wurden sie von den Bedürftigen bevorzugt, weil sie mehr Selbständigkeit und Freiheit garantierten als der Aufenthalt in den Häusern der geschlossenen Armenpflege.

Wie wir uns die Wohnbedingungen der vermögenslosen Familien in Lübeck vorzustellen haben, das zeigt ein Blick in die Armengänge.[115] Es handelte sich dabei um „*kleine Reihen Häuser, die von den Gassen seitwärts zwischen den Häusern eingehen, nur eine schmale Pforte von der Gasse haben und gewöhnlich von ärmeren Leuten bewohnt werden*".[116] 1814 gab es in Lübeck 12 Armengänge. Einer davon war Bruskows Gang in der Wahmstraße, der Anfang 1510 von einem Mitglied der patrizischen Cirkelbrüdergesellschaft zu Freiwohnungen für 24 arme Frauen, Witwen und Jungfrauen gestiftet worden war. Genaueres wissen wir erst aus dem 19. Jahrhundert. Damals bestand Bruskows Armengang aus 11 Buden, die vermietet wurden. Eine Meisterin führte die Aufsicht und sammelte das Mietgeld gegen eine Vergütung ein.[117]

Der Von-Höwelen-Armengang geht auf das Testament des Ratmannes Tidemann Ewinghusen aus dem Jahre 1483 und das Vermächtnis des Lübecker Bürgermeisters Gott-

119
GOTTESBUDEN IN AHRENSBURG 1594–96.
Gegenüber der prächtigen Schloßanlage erstrecken sich diese Armenwohnungen: Sie sind sichtbarer Ausdruck des Unterschiedes zwischen arm und reich, aber gleichzeitig auch die aus christlicher Nächstenliebe empfundene Verpflichtung des Adels zur Fürsorge an den Notleidenden.
(Photo Holger Janzen)

hard von Höwelen 1607 zurück.[118] Insgesamt konnten hier 45 unbemittelte Frauen freie Unterkunft finden. Außerdem erhielten sie eine feste monatliche Unterstützung sowie weitere Zuwendungen zu Fastnacht, Pfingsten, Neujahr und Martini, ferner Kohlen-, Stockfisch-, Grütz- und Lichtgeld. Auch hier führte eine Meisterin gegen Entgelt die Aufsicht. Alle Bewohnerinnen hatten lediglich ein Begräbnisgeld einzuzahlen.

Der Dreitonnen-Gang war zwar keine Stiftung für Arme, aber er zeigt doch, wie Mietwohnungen für die ärmere Bevölkerung im 17. Jahrhundert aussahen.[119] Benannt nach einem ehemaligen Wirtshaus war er mit Buden bebaut, deren Dachgeschosse ebenfalls bewohnt wurden. In 17 Wohnungen, die sehr klein waren, mußten je zwei oder sogar mehr Familien hausen. Der Gang war daher stets überfüllt. Um 1740 hatte die eine Ganghälfte bereits 14, die andere 9 Wohnungen. Offenbar sind Ställe abgebrochen und Freiflächen neu bebaut worden. Die Ställe sollen der Geflügelhaltung gedient haben, so daß die Bezeichnung „Hönerköper Gang" entstand. Ob es sich aber deshalb bei den Anwohnern überwiegend um vom Lande zugewanderte Kleinbauern gehandelt hat, die Geflügelzucht betrieben, bleibt dahingestellt. Schließlich galt Federvieh auch in der Stadt allgemein als Viehzeug des kleinen Mannes.

Auch Zerrahn's Gang in der Engelsgrube zählte mit seinen 14 Wohnungen zu den Lübecker Armenquartieren.

In Flensburg waren viele Bedürftige in Armenwohnungen untergebracht, die aus Stiftungen finanziert wurden. Seit der Mitte des 16. Jahrhunderts hatten immer mehr wohlhabende Flensburger namhafte Summen in ihren Testamenten für die Versorgung der Armen zur Verfügung gestellt. Zu diesen Kapitalstiftungen kamen zahlreiche Gebäude, die als Armenwohnungen dienen sollten.[120] Dazu gehörten 8 Wohnungen außerhalb der Johannispforte aus dem Vermächtnis des Hans Kellinghusen von 1588, 2 Armenhäuser, die je 12 Wohnungen enthielten und 1595 und 1603 von Reinhold thor Smeden und Harder Vake den Armen vermacht wurden. Ferner ließ Dietrich Nacke 1595 am Nordertor 5 Häuser mit Armenwohnungen errichten, 1655 kamen 3 Wohnungen von dem Flensburger Bürgermeister Johann Klöcker dazu. Er bestimmte allerdings, daß sie vermietet werden sollten. Ihr Erlös kam armen Schülern zugute.

In den Armenprotokollen der Jahre zwischen 1795 und 1798 für das Flensburger Kirchspiel St. Marien finden sich genaue Angaben über die Unterbringung von 315 Unterstützungsbedürftigen.[121] Demnach lassen sich zwei Hauptgruppen unterscheiden: Die in Armenhäusern und -wohnungen Untergebrachten und die Hausarmen, die zur Miete wohnten. Zu den Gebäuden der offenen Armenpflege zählten Thomsens Armenhaus in der kleinen Fischerstraße, das Marx'sche Armenhaus am Nordertor, ein Armenhaus innerhalb und eines außerhalb des Nordertors, eine Wohnung im Tor der Neuenstraße und eine im Nordertor. Hier war Platz für 146 Personen beiderlei Geschlechts, aller Altersgruppen, Verheirateter wie Unverheirateter.

Der Rest von 169 Armen wohnte bei kleinen Handwerkern zur Untermiete oder in eingeschossigen sogenannten Buden. Sie mußten Miete zahlen. Dafür reichte die Unterstützung aus der Armenkasse zwar keinesfalls aus. Offenbar konnten sie aber durch eigenen Verdienst einen Teil ihres Unterhalts abdecken. Wie die Wohnverhältnisse in den Armenhäusern und den Mietwohnungen ausgesehen haben, läßt sich heute nicht mehr ermitteln.

Daß die Armen auch in ihren Wohnungen strenger Aufsicht unterstanden, wird aus einem Bericht von 1820 deutlich, in dem von den Pflichten eines Steuereinnehmers die Rede ist, der auf dem sogenannten Dammhof – einem Komplex von Armenwohnungen – freie Wohnung erhielt: *„Dafür muss er über den gesamten Dammhof die genaueste Aufsicht führen, mithin dahin sehen, dass die Wohnungen nicht ruiniert werden, denselben durch Feuer und Licht kein Schaden zugefüget, auch die Schornsteine gehörig gereiniget werden, ferner dass die Pforten des Dammhofes, wovon die Schlüssel in seinem Verwahrsam sein müs-*

120
ST. JOHANNISSTIFT DAMP 1742. Photo 1935.
Der Gutsherr auf Damp ließ diese Reihe schmaler Fachwerkhäuschen für die in seinem Gutsbezirk lebenden Armen errichten.
(Landesamt für Denkmalpflege Schleswig-Holstein)

sen, zur gehörigen Zeit geschlossen und geöffnet werden. Ferner muss er die dort sich aufhaltenden Leute zum ordentlichen und anständigen Betragen und zur Reinhaltung ihrer Wohnung nicht allein, sondern des ganzen Platzes antreiben."[122]

Noch um 1906 verfügte die Stadt über 20 Stiftungsgebäude mit einigen hundert Freiwohnungen, die bedürftigen Familien oder Einzelpersonen zur Verfügung gestellt wurden.[123]

Aufs Ganze betrachtet stellen sich die Wohnverhältnisse der Armen in Flensburg sehr unterschiedlich dar. Auffallend ist die große Anzahl an Armenwohnungen in der Innenstadt und in den Torgebäuden. Offenbar konnte man weder im Mittelalter noch in der Neuzeit die Mehrzahl der Bedürftigen in geschlossenen Häusern unterbringen. Das hatte den Vorteil, daß es nicht zur Ghettobildung kam. Die Tatsache, daß viele Arme sogar in Wohnungen von kleinen Handwerkern lebten, erscheint uns heute als günstig, weil auf diese Weise die Integration in diese stets von Verarmung bedrohte kleinbürgerliche Unterschicht erhalten blieb. Leider wissen wir so gut wie gar nichts über die Größe der Wohnungen und die Anzahl der Menschen, die in ihnen gehaust hat. Bekannt ist lediglich, daß in der zweiten Hälfte des 18. Jahrhunderts ein systematischer Ausbau im Stadtinneren stattfand und in den kleinen Nebenstraßen ganze Zeilen von Traufhäusern vom Typ des zweistöckigen Kleinbürgerhauses und der einstöckigen Bude entstanden.[124] Da zwischen 1770 und 1800 in Flensburg allgemeine Wohnungsnot herrschte, kann man vermuten, daß die Armen in gedrängter Enge in solchen Wohnungen gehaust haben.

In Husum gab es gleichfalls Armenwohnungen, die sich im Besitz der Armendirektion befanden und mietfrei oder gegen ein geringes Entgelt Bedürftigen überlassen wurden. Um 1853 verfügte die Husumer Armenkommission über 36 kleine Wohnhäuser, die in allen Stadtteilen verstreut lagen. Über ihren Zustand erfahren wir, daß sie „*durchgängig alt, baufällig, überhaupt nicht besonders fest und splide aufgeführt*" waren.[125] Außerdem waren die Dachziegel inwendig nicht mit Kalk verstrichen, sondern mit sog. Strohwippen unterlegt, weil die Dachkonstruktion aus dünnen Sparren bestand und auch die Mauern zu schwach waren, um ein massives Dach zu tragen. Diese leichte Bauweise traf allerdings nicht nur auf die Armenhäuser zu, sondern auch auf viele andere Wohngebäude in Husum. Sonst erfahren wir leider nichts über die Beschaffenheit der Armenwohnungen. Es steht jedoch zu vermuten, daß sie von den Armen gegenüber einer Einweisung ins Armen- und Arbeitshaus vorgezogen wurden, weil diese damit einer Segregation entgingen und weiterhin in Kontakt mit der übrigen Bevölkerung bleiben konnten.

2. Gebäude der Armenpflege auf dem Land

Während die geschlossene Armenpflege in den schleswig-holsteinischen Städten seit dem ausgehenden Mittelalter fest verankert war, stellte sich die Situation auf dem Lande anders dar. Zwar betonte die Schleswig-Holsteinische Kirchenordnung von 1542 ausdrücklich die Aufrechterhaltung und Fortführung der Hospitalpflege für das ganze Land. Aber außerhalb der Städte gab es zunächst kaum Armenstifte. Erst allmählich folgten die Flecken und Kirchdörfer als größere zentrale Orte dem städtischen Vorbild. Vor allem seit dem 17. Jahrhundert nahmen Armenhäuser aufgrund von Stiftungen auf dem Land zu. In dem „Actenmäßigen Bericht über die in dem Herzogthume Holstein vorhandenen Stiftungen" des Amtmanns Friedrich Seestern-Pauly werden für 1831 in den 108 adeligen Gütern, Kirchspielen und Ämtern Holsteins nur 33 Institute der geschlossenen Armenpflege aufgeführt. Am stärksten waren sie in den Kirchspielen vertreten (33%), in geringerer Dichte auf den Gütern und in den Ämtern (28%). Genau 50 Jahre später hatte sich das Bild erheblich gewandelt. Nun bestanden in den ländlichen Distrikten Holsteins 72 Armenhäuser, also mehr als das Doppelte. Für das Herzogtum Schleswig liegen leider für 1831 keine vergleichbaren Zahlen vor. 1881 wurden dort 172 Armenhäuser auf dem Land gezählt.[126] Vermutlich hat es dort ein

121
ARMENHAUS IN PREETZ 1755. Zeichnung von Boe 19. Jahrhundert.
An der Landstraße nach Kiel liegt dieses Armenhaus gegenüber dem Klosterbezirk, von der Priörin gestiftet.

122

halbes Jahrhundert zuvor schon mehr ländliche Armenhäuser als in Holstein gegeben.

Die Gutsherren dachten weniger daran, Armenhäuser für Bedürftige zu errichten, weil sie viele von ihnen ohnehin mit freien Wohnungen und Naturalien versorgten, was im Endeffekt dem gleichkam, was ein Armenhaus zu bieten hatte. Den Armen sind auf den Gütern unentgeltlich Instenwohnungen zur Verfügung gestellt worden. Strenge Aufsicht über die Armen erschien kaum notwendig, weil Gutsbewohner ohnehin der polizeilichen Kontrolle des Gutsherrn unterstanden.

Auf zwei Gütern kamen jedoch weitläufige geschlossene Wohnanlagen für Bedürftige vor. Das sind die Gottesbuden gegenüber der Schloßanlage von Ahrensburg und das St. Johannisstift auf Damp. Auf dem adeligen Gut Ahrensburg hatte sein Besitzer Peter Rantzau 1594–96 eine neue Kirche errichtet und nördlich und südlich davon je ein niedriges langgestrecktes Reihenhaus von 12 Wohnungen mit paarweise angeordneten Korbbogentüren in Backstein angefügt.[127] Nur die Hälfte der Wohnungen stand 24 Verarmten von den Gütern Ahrensburg und Schierensee, die damals auch den Rantzaus gehörten, zur Verfügung. Die andere Hälfte wurde vermietet und der Erlös für die Instandhaltung des gesamten Gebäudekomplexes einschließlich der Kirche verwendet. Wenn auch äußerlich kein Unterschied zwischen den beiden Reihenhäusern erkennbar ist, so wußte der Volksmund doch zu differenzieren: Er sprach von den „armen" und den „reichen" Buden. Immerhin blieben die Armen auf diese Weise nicht isoliert. Auch wohnten sie unmittelbar an der Kirche und unter den Augen des Schloßherrn. Ihre Unterkünfte waren solide gebaut, so daß sie bis heute erhalten geblieben sind.

Wenige Kilometer entfernt von der Ostsee nördlich von Eckernförde befindet sich das adelige Gut Damp, eine von Wassergräben umgebene Anlage mit Herrenhaus und Wirtschaftshof. Westlich davon liegt das St. Johannisstift, das Johann Rudolf v. Ahlefeldt 1706 gründete.[128] Es bestand zunächst aus drei Armenkaten aus Fachwerk und mit Walmdächern. Darin konnten 12 Personen untergebracht werden. 1742 ließ sein Enkel in unmittelbarer Nähe eine Kapelle mit offenem Dachreiter errichten und beiderseits in der Längsachse niedrige Wohnflügel in Backstein anfügen. Der nördliche Flügel war für weitere Arme vorgesehen, der südliche für den Armenvorsteher und den Lehrer. Über das Leben der Insassen ist nichts weiter bekannt.

Ahrensburg und Damp sind die großzügigsten Versorgungsanstalten auf schleswig-holsteinischen Gütern gewesen. Andere Güter besaßen vereinzelt in den dazugehörigen Dörfern Armenhäuser. So gehörten z. B. zum Adeligen Gut Ascheberg im Dorf Dersau ein Armenhaus mit 6 Wohnungen und auf dem Brocksberg zwei weitere Gebäude mit 5 Wohnungen.[129] Das dafür nötige Kapital war schon im 17. Jahrhundert gestiftet worden. Jeder Insasse mußte jährlich 25 Gartentage ableisten. Anders wiederum war es auf den Adeligen Gütern Jersbek und Stegen. Auf Jersbek hatte Hans Adolf v. Buchwaldt 1675 ein Armenhaus mit 4 Stuben und einer Kammer errichtet und den Präbendisten das Recht eingeräumt, etwas Land für sich zu bearbeiten und ein Stück Vieh auf die Gemeinweide zu treiben.[130] 1784 baute sein Nachfolger, der Konferenzrat v. Cossel, eine in der Nähe befindliche Scheune zum Armenhaus mit 2 Stuben und 4 Kammern um, so daß nun insgesamt 14 Alumnen untergebracht werden konnten, von denen jeder einen kleinen Garten zur eigenen Bewirtschaftung erhielt. Die freie Weide für Vieh blieb ihnen erhalten, so daß sie unter Hinzurechnung eines geringen jährlichen Barbetrages ein einigermaßen autarkes Leben fristen konnten. Ein weiteres Armenhaus mit zwei Herdstellen des Gutes Jersbek stand in Wiemerskamp.[131]

Seit der Armenordnung von 1841 begann auch auf den Gütern der Gedanke des Armen- und Arbeitshauses Fuß zu fassen. Zuweilen blieb es freilich nur bei Planungen. So hatte Julius Heinrich v. Hollen, Gutsherr auf Schönweide in Ostholstein, die Absicht, ein stattliches Gebäude als Armen- und Arbeitshaus zu errichten. Es sollte nach den überlieferten Zeichnungen ein eingeschossiges 68 Fuß lan-

122
SIECHENHAUS IN LUNDEN 1648.
Das behäbig wirkende Gebäude hat seinen Platz in der dörflichen Umgebung. Im Innern durchzog ein breiter Mittelgang das Haus, an dem offene Feuerstellen als Kochplätze für zwölf Stuben lagen. Unter dem hohen Satteldach lagerte der Torf zum Heizen.
(Photo Holger Janzen)

123
WERK- UND ARMENHAUS IN BERGSTEDT 1882.
Gegen Ende des 19. Jahrhunderts änderte sich auch auf dem Lande die Bauweise: An die Stelle der Armenkaten traten stattliche, mehrgeschossige Ziegelbauten, die häufig von mehreren Gemeinden durch einen Gesamtarmenverband unterhalten wurden. Nun konnten auch die Armen an den gestiegenen Wohnansprüchen teilhaben.
(Photo Emma Sparmann)

ges und 37 Fuß breites Haus mit einem herabgezogenen und zweifach gestuften Mansarddach sein, über dessen First sich ein Glockenturm erhob.[132] Für das Hauptgeschoß waren eine große Arbeitsstube, eine weitläufige Diele für Arbeitszwecke und je ein gemeinschaftlicher Schlafraum für Männer und Knaben sowie Frauen und Mädchen vorgesehen, außerdem die Wohnung des Aufsehers mit Wohnstube, Kammer, Küche und Speisekammer. Im Dachgeschoß waren noch zwei weitere Schlafräume sowie einige Kammern für Vorräte und schließlich ein „Detentionszimmer" als Arrestlokal für widerspenstige Insassen geplant. Zwei heizbare Räume im Obergeschoß sollten Kranken vorbehalten bleiben. Der aus dem Jahre 1846 stammende Entwurf dürfte für seine Zeit recht modern gewesen sein, wenn er auch künftigen hygienischen Ansprüchen kaum genügt hätte. Wie sich der Gutsherr das Leben in dem Gebäude vorgestellt hat, wissen wir nicht. Denn es kam nicht zur Ausführung des Bauwerks. Doch ist anzunehmen, daß ein Regulativ erstellt worden wäre, das sich in die Rahmenbedingungen der Armenordnung von 1841 eingepaßt hätte.

Unter klösterlicher Obhut entstand in Preetz Anfang des 18. Jahrhunderts ein Armenstift.[133] Das von Graf Albrecht von Orlamünde 1211 gegründete Benediktinerinnen-Kloster war nach der Reformation zum adeligen Damenstift geworden. Das Armenhaus geht auf ein Legat zurück und wurde 1755 erbaut. Darauf verweist die Inschrift über dem Portal des Mittelrisalits. Sie lautet:

„Dieses Alters Haus, so unsere Vorfahren gestiftet, ist durch die Mildthätigkeit der Wohlseel. Frau Priorin Elisabeth von Ahlefeldt und durch die christliche Anleitung von deren Frau Erbin Dorothea Ranzow unter der Aufsicht der Fr. Priorin und Hrn. Probsten Fr. C. B. v. Ahlefeldt und Hrn. F. v. Buchwald im Jahr MDCCLV wieder neuerbauet worden. Gott allein die Ehre. Der milden Geberin hertzlichen Danck."

Bei dem Bauwerk, das von Georg Greggenhofer stammt, handelt es sich um einen langgestreckten Backsteinbau mit Krüppelwalmdach, rustizierten Ecken und breitem Mittelrisalit, der in einem Frontispiz endet. In seinem Inneren verläuft ein Mittelflur quer durch das Haus. Von einem langen schmalen Flur in der Längsachse aus waren 24 Stuben mit großer offener Herdstelle erreichbar. Die Zwischenwände der Stuben bestanden aus weißgekalktem Fachwerk, die Fußböden aus Ziegelsteinen. Um 1831 bewohnten 18 arme alte Frauen das Haus, von denen jede über einen kleinen Garten verfügte. Inzwischen hatte man zwei Stuben zu einem kleinen Andachtsraum ausgebaut. Eine der Insassinnen nahm das Amt einer Betfrau ein. Die Leitung des Armenhauses lag in den Händen der jeweiligen Klosterpriorin. Aber die Konventualinnen des Preetzer Klosters wählten die Inhaberinnen der Präbenden.[134]

In den Kirchspielen war die geschlossene Armenversorgung eine Angelegenheit der Kirche und der örtlichen Selbstverwaltung. Aber auch Gilden konnten wichtige Träger der Fürsorgetätigkeit sein. So spielte in Lunden in Dithmarschen die 1508 von zwölf Männern gegründete St. Pantaleonsgilde für die Armenversorgung eine wichtige Rolle. Sie beschloß, neben der Versorgung durch Naturalien ein „Sekenhus" zu bauen. 1518 kam es dann zur Einrichtung eines Siechenhauses.[135] Hundert Jahre später wurde das Gebäude als *„sehr bowfellig"* bezeichnet, und als man Mitte des 17. Jahrhunderts ein neues Siechenhaus errichtete, legte man einen neuen Maßstab fest. Wer nach Vorleben und Lebenswandel als unwürdig galt, sollte abgewiesen werden. Wer sich der neuen Hausordnung nicht unterwarf, hatte einer sofortigen *„schimpflichen und schendlichen ausmusterung gewertig"* zu sein. Ausgeschlossen wurde von vornherein, wer jung, gesund und stark war, aber nicht arbeitete, wer in der Jugend Hurerei begangen, seine Armut selbst verschuldet hatte oder als gottlos bekannt war. Offenbar hatten manche Insassen des früheren Siechenhauses diesen Negativkatalog erfüllt.

Der Lundener Neubau von 1648 enthielt zwölf Stuben, sie lagen an einem langen Mittelgang, in dem sich zwölf offene Feuerstellen mit Rauchabzug befanden. Hier konnten die

124
ARMENKATE IN DER BERGSTEDTER FELDMARK
19. JAHRHUNDERT. Photo um 1927.
Bis in die Mitte des 19. Jahrhunderts wurde auf dem Lande noch überwiegend in Fachwerk gebaut. Armenhäuser wie dieses waren häufig Doppelkaten und unterschieden sich kaum von Landarbeiterhäusern.
(Photo Emma Sparmann)

Bewohner sich ihre Mahlzeiten bereiten. Vom Herd aus ließen sich aber auch die Stuben mit Bileggern heizen. Sie waren Räume von 11 qm Fläche. Es ist anzunehmen, daß auch Familien mit mehreren Personen in einer solchen Wohnung untergebracht wurden. Insgesamt erweckte das Gebäude mit seiner massiven Backsteinbauweise einen sehr stabilen Eindruck. Damit jedermann wußte, womit er es zu tun hatte, enthielt eine Sandsteintafel über der Tür zur Straßenfront die Inschrift:

> LUNDER ARMENHAUS WOR
> ZU DIE NANNEN DEN HALBEN
> THEIL UND DAS UEBRIGE HEISI:
> GES KIRCHSPIEL FREI WILLIGH'
> VOREHRET DURCH DIE H. DET:
> LEF RUSEN UND MICHEEL
> SPRETEN GANTZ NIE
> ERBAUWET[136]

In erster Linie war das neue Siechenhaus verarmten Flekkensbewohnern vorbehalten. Wenn es aber nicht genug Bedürftige aus Lunden gab, durften solche Personen auch aus den umliegenden Dörfern aufgenommen werden. Für alle aber war Voraussetzung, daß sie, *„so lange sie gekont ihr brot redlicher weise mit fleis gesuchet, nunmehr aber alt, schwach und unvermügen, von dem lieben Gott ohne ihre schuldt mit armuth, auch Leibes schwer und gebresten belegt, auch sonst von Jugend auff sich fromb und Gottesfürchtig, auffrichtig, redlich, keusch, züchtig, nüchtern und mesig verhalten, und in allem guten ohnstraffbaren Lebens und wandels gewesen und annoch, auch in Ihrem Catechismo und Religion fundiret sein"*.[137]

Das waren Anforderungen, die zu einer Auslese führten. Diejenigen, die akzeptiert wurden, unterlagen strenger religiöser Aufsicht. Man achtete darauf, daß sie täglich einander morgens und abends aus dem Gebetbuch vorlasen, sonntags am kirchlichen Gottesdienst teilnahmen oder sich im Krankheitsfall in einer Kammer des Armenhauses versammelten und das Evangelium aus der Postille lasen und auslegten. Bloße Teilnahme an solchen gottesdienstlichen Veranstaltungen genügte nicht. Es wurden auch Kenntnisse in der Glaubenslehre verlangt und förmlich mehrmals im Jahr von einem Lundener Prediger im Siechenhaus abgefragt.[138]

Noch eine zweite Einrichtung der Fürsorge gab es im Kirchspielort Lunden. Das war das 1853 errichtete Armen- und Arbeitshaus. Es entsprach in seinen Zielsetzungen dem, was diese Institute überall im Land nach der Armenordnung von 1841 anstrebten:

„Theils die Armen an eine geordnete nützliche Tätigkeit und an eine sittliche und christliche Lebensweise zu gewöhnen, theils den ungebührlichen und oft unbegründeten Ansprüchen zu begegnen; theils endlich den Kindern eine bessere Erziehung zu geben."[139]

Das Leben in der Anstalt war dementsprechend streng reglementiert: Trennung auch der Familien nach Geschlechtern, Übertragung des Erziehungsrechtes von den Eltern auf den Ökonomen und seine Frau, Begrenzung des Ausgangs auf Sonn- und Feiertage und an diesen auf wenige Stunden unter der Bedingung des Wohlverhaltens, Strafen für Zuwiderhandlungen.

Werk- und Armenhäuser wurden auch noch gegen Ende des 19. Jahrhunderts auf dem Lande eingerichtet, nun mehr auf der Basis dörflicher Zusammenschlüsse. So entschloß sich die Gemeinde Bergstedt, ein Kirchdorf in der Nähe von Wandsbek im Kreis Stormarn, 1882 dazu.[140] Grund dafür war, daß die Armenfürsorge eine zunehmend schwerere Last wurde, und man hoffte, durch die Gründung eines Gesamtarmenverbandes eine Reihe von Nachbargemeinden zu gewinnen, die bereit waren, ein solches Institut mitzutragen. 1870 trat der Verband in Kraft, aber erst 1881 beschloß der Gesamtarmenverband, dem inzwischen vier Dörfer angehörten, eine Fläche von 4 ha auf der Heidekoppel in Bergstedt zu erwerben und darauf ein Gebäude für die Armenversorgung zu errichten. 1882 konnte es von 25 Männern, Frauen und Kindern bezogen werden. Darauf schlossen sich 5 weitere umliegende Gemeinden an, um an

125
ARMENKATE IN WESTERAU ANFANG
19. JAHRHUNDERT.
Die vielen Fenster und Türen des langgestreckten Gebäudes verrieten, daß hier eine Menge Menschen auf engem Raum untergebracht waren. Solche Armenkaten lagen meistens am Dorfrand.
(B. v. Hennings, Die Armenkate in Westerau, in: Stormarner Hefte 9/1983)

der Einrichtung zu partizipieren. Erst 1925 übernahm der Kreis Stormarn das Armenhaus und baute es modernen hygienischen Ansprüchen folgend um. Nun hieß es Versorgungsheim. Das Gebäude des Bergstedter Werk- und Armenhauses lag abseits des Dorfes und war ein solider, zweigeschossiger Backsteinbau mit Schieferbedachung.

Die Ausstattung der Schlaf-, Wohn- und Arbeitsräume war sehr einfach. Bis 1911 besaßen die Wohnräume nur Lehmdielen. Die gesamte Anlage entsprach einem kleinen landwirtschaftlichen Anwesen. Denn der Grundgedanke war, daß sich der „Armhoff", wie er im Dorf genannt wurde, möglichst selbst tragen sollte. Deshalb mußten die Insassen nach Kräften mitarbeiten. Ein Bergstedter Bauer besorgte das Pflügen, Eggen, Besäen und Abernten des Ackers gegen Entgelt. Ein Ulzburger Dreschunternehmer stellte für einen Tag eine Mietdreschmaschine zur Verfügung. Die Kartoffeln nahmen die alten Männer und Frauen selbst auf. Die Männer erhielten dafür ein höheres Tabaksgeld. Die Belohnung der Frauen ist nicht bekannt. Neben Ackerbau betrieb das Werkhaus auch Viehhaltung. Zwei Milchkühe wurden zeitweise von schwachsinnigen Insassen betreut, die sie an den Wegrändern der Redder grasen ließen. Das war zwar gesetzlich verboten, doch drückten die Gendarmen des Amtes Bergstedt beide Augen zu. Die vielseitige Verwendung des Armen- und Werkhauses in Bergstedt hat ein Chronist anschaulich beschrieben:

„Das Bergstedter Werk- und Armenhaus ist von Anfang an nicht nur Altersheim gewesen, sondern auch Waisenhaus, die Bewahranstalt für harmlose Schwachsinnige und Taubstumme. Darüber hinaus ist es 1906 kurzfristig die Auffangstelle für die aus Amerika rückgewanderte Familie Hörnig gewesen. Der Mann hatte beim Erdbeben von San Francisco nicht nur seine Frau, sondern auch alle Habe verloren und beanspruchte nun als ‚Heimkehrer' für sich und seine Kinder von der Gemeinde Bramfeld das ‚Heimatrecht', d. h. von der Gemeinde den Nachweis einer Wohnung und eine erste Unterstützung. Da er unmittelbar darauf starb, wurden seine beiden Kinder, Francis und Arthur, als Bramfelder Vollwaisen in das Werk- und Armenhaus eingewiesen." [141]

Die Waisenkinder, von denen zeitweilig eine ganze Reihe dort untergebracht waren, stellten die einzige Verbindung zur übrigen Dorfbevölkerung dar, weil sie die öffentliche Schule besuchten. Dort sollen sie nach Aussagen von Zeitgenossen voll integriert worden sein. Man nannte sie nicht Armenhaus-, sondern Werkhauskinder, und die Heimeltern waren darum bemüht, sie für das von der Schule alljährlich veranstaltete Kinder-Vogelschießen vollständig neu einzukleiden, so daß sie sich im Festzug nicht von ihren Mitschülern unterschieden. Ansonsten nahmen die Bergstedter in der Kaiserzeit wenig Notiz von den Armen. Das lag wohl anfangs auch an der Person des Ökonomen, der ortsfremd war und keinen Kontakt zu den Eingesessenen suchte. Im übrigen wußte man im Dorf nur, daß es im Werkhaus streng zuging, und es soll vor 1900 für Widerspenstige oder Faule geheißen haben: *„Wer dor nich will, de kriegt wat ut de Armkass!"* [143] Die Versorgung aus der Armenkasse war abschreckend und bedeutete die Einweisung ins Armen- und Werkhaus.

Als die Bergstedter Anstalt 1925 als Versorgungsheim vom Kreis Stormarn übernommen wurde, lebten dort noch zwei Frauen, die bereits seit 1883 Insassen waren. Sie hatten als 10- und einjährige Kinder mit ihren zwei Brüdern und den Eltern Aufnahme gefunden und niemals den Schritt in die Selbständigkeit des bürgerlichen Lebens geschafft. Von einer anderen Insassin ist überliefert, daß sie irgendwo aufgegriffen und ins Werkhaus eingeliefert worden sei. Sie habe niemals ein Wort gesprochen, obgleich ihre Schicksalsgenossen die Überzeugung gewannen, daß sie reden konnte. Sie erhielt den Namen „Elise Unbekannt" und wurde als solche später auf dem Friedhof begraben. [143]

Bevor es zur Einrichtung des Bergstedter Armen- und Werkhauses kam, hatte es in der Gemeinde bereits eine Armenkate gegeben, die abseits jeglicher Bebauung und fern der Alten Bergstedter Landstraße lag. Dort lebte eine alte Dorfarme, „Mudder Stürwohld". Sie erhielt wöchent-

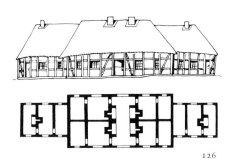

126
ARMENKATE KLINKRADE 1830. Rekonstruktionszeichnung: Aufriß und Grundriß. Oftmals reichte der Raum für die Dorfarmen nicht aus. Dann mußte angebaut werden. Eng wurde es, wenn mehrere Familien in einer Wohnung hausen mußten und der Platz auf dem Flur vor den Herdstellen knapp wurde.
(H. Funk, Vom Armenkaten zum Gesindehaus in Klinkrade, in: Die Heimat 73/1966)

127

lich eine Geldunterstützung, und ein Dorfbewohner berichtete später: *„Min Mudder hett mi mennigmol mit'n Henkelpott Eeten no eer hinschickt, un dat deden veele Lüüd in't Dörp."*[144] Demnach gab es auch für Dorfarme eine Nachbarschaftshilfe, die über das Maß der geregelten Unterstützung hinausging. Allerdings wurde die alte Frau als Einzelperson wohl eher wie eine Hausarme behandelt und nicht zu den Insassen des Armenhauses gerechnet.

In enger Verbindung zur Hansestadt Lübeck stand jahrhundertelang das Stadtstiftsdorf Westerau südöstlich von Oldesloe. Dort kam es Ende des 18. bzw. Anfang des 19. Jahrhunderts zum Bau eines stattlichen langgestreckten Ziegelrohbaus mit reetgedecktem Walmdach, der 31,50 m in der Länge und 7,70 m in der Breite maß und ursprünglich wohl acht Wohnungen enthielt, zu denen jeweils Stube, Kammer und Küche zählten.[145] Jede Wohnung besaß einen eigenen offenen Herd und eine separate Außentür, außerdem einen eigenen Abstellraum im gemeinsamen Schuppen hinter dem Haus. Es ist anzunehmen, daß die Armenkate je nach Bedarf mit wohnungslosen Bedürftigen belegt worden ist, d. h. unter Umständen auch mit mehreren Familien pro Wohnung.

In dem westlich von Ratzeburg gelegenen Dorf Klinkrade hatte man sich etwa um die gleiche Zeit, in der in Westerau das Armenhaus entstand, Gedanken darüber gemacht, wo in den Dörfern des Amtes Steinhorst die wachsende Anzahl obdachloser Bedürftiger untergebracht werden könne. Zunächst tendierte man um 1800 zu einem Werkhaus nach städtischem Vorbild. Als dieser Plan bei der Amtskammer keine Gegenliebe fand, entschloß sich das Dorf Klinkrade, eine Armenkate zu bauen.[146] Erst 1830 war es dann so weit. Es entstand ein mit Binsen gedeckter Fachwerkbau von eichenem Ständerwerk und mit Lehm beschlagen, später mit Lehmklutensteinen ausgebessert. Im Inneren lagen vier Wohnungen zur Diele hin. Diese diente zugleich als zentraler Küchenraum mit vier offenen Feuerherden, die mit einem Schwibbogen überwölbt waren. Von hier aus ließen sich die aus Ziegelsteinen gemauerten Stuben durch Bilegger beheizen. Neben den Herdanlagen führten Türen in die Wohnungen, die aus Stube und Kammer bestanden. Außer vor den Herden, vor denen ein schmaler Streifen von Mauersteinen lag, wiesen Diele, Stuben und Kammern lehmgestampfte Fußböden auf. Der Dachboden war Vorratsraum für Ziegenfutter. Hier hatte jede Familie ihren abgegrenzten Platz. Hinter dem Armenhaus lagen ein geräumiger Kohlhof, ein Soot (Brunnen) sowie Torfschauer und kleine Stallungen für ein Schaf oder eine Ziege. Im Laufe der Zeit kam es zu einer Erweiterung des Gebäudes durch beidseitige schmale Anbauten, die jeweils eine Wohnung mit Küche, Stube und Kammer enthielten. Auf diese Weise konnten 6 Familien untergebracht werden.

Im Prinzip entsprach das Klinkrader Armenhaus jenen Katentypen, in denen mehrere Insten-, Häuerlings- oder Landarbeiterfamilien gemeinsam hausten und zwei, drei oder sogar vier Herde auf der großen „Däle" standen und die Wohnmöglichkeiten auf Stube und Kammer oder nur auf einen einzigen Raum beschränkt blieben. Es gab aber auch Katen mit zwei voneinander getrennten Wohnungen unter einem Dach.[147] Das Klinkrader Armenhaus vereinigte beides in sich. Der Unterschied zwischen den Behausungen der arbeitenden ländlichen Unterschicht und den Armen auf dem Land war also nicht groß. Dennoch bedeutete die Unterbringung im Armenhaus zweifelsfrei einen sozialen Abstieg.

Nur in wenigen Fällen ist es möglich, etwas über die Ausstattung von ländlichen Armenhäusern zu sagen. Hinweise finden sich gelegentlich in den Akten, wenn das Inventar aufgezählt wird, so z. B. Mitte des 19. Jahrhunderts für das Armenhaus in Uelvesbüll/Eiderstedt: Ein Bett, ein Spinnrad, zwei Stühle, ein Tisch und etwas Küchengerät.[148] Diese ärmliche Einrichtung mußte für mehrere Familien ausreichen.

Wie drangvoll die Enge gerade im Uelvesbüller Armenhaus war, hat ein Zeitzeuge für das ausgehende 19. Jahrhundert anschaulich beschrieben:

127
ARMENHAUS KLEIN-WAABS 1730.
Der Gutsherr von Ludwigsburg stiftete diesen Backstein-Traufenbau für Bedürftige. Im Innern war neben einem „betsaal" Platz für 12 Personen.
(Photo Holger Janzen)

128
PRÄBENDENSTIFT IN HEILIGENSTEDTEN NACH 1657.
Acht Schornsteine weisen darauf hin, daß hier einmal 16 Wohnungen mit einer eigenen Herdstelle vorhanden waren. Zu jeder Wohneinheit führte eine eigene Tür. Heute ersetzt ein Neubau aus den 1980er Jahren den alten Stiftsbau, und jeweils zwei Wohnungen sind, entsprechend den Bedürfnissen unserer Zeit, zu einer zusammengefaßt.
(Photo Holger Janzen)

„Das Armenhaus ist im Jahre 1840 erbaut worden, die Abmessungen waren nach einem ‚einzureichenden Riß' 22 Fuß lang und 20 breit. Dieser Platz (ca. 36 m²) sollte für drei Familien, die damals koogsarm waren, eine Heimstatt werden. Im Jahre 1854 haben hier sogar fünf Familien gehaust, vielleicht ist das Haus damals durch einen Anbau vergrößert gewesen. Von J. Rohde ist mir bekannt, daß er mit Hans Tetens Wolf eine Stube zusammen bewohnte; auf dem Boden soll ein Kreidestrich die Grenze der beiden Familien gewesen sein, einige Fuß höher soll noch ein Tau die Grenze sichtbar gemacht haben. Da beide Familien arm an Geld waren, aber doch einen gewissen Kinderreichtum aufzuweisen hatten – H. Wolf hatte mindestens fünf Söhne und Jacob hatte zwei Söhne und zwei Töchter -, waren Grenzstreitigkeiten wohl unvermeidbar.

Da ich die letzten Koogsarmen noch gekannt habe, kann ich ein ungefähres Bild zeichnen, wie es in solcher Armenhauswohnung beschaffen war. Die Eheleute, wie auch die Kinder, schliefen in Alkoven, drei bis vier in einem Bett, es sollen sogar fünf Kinder in einem Bett gelegen haben, drei der Länge nach und zwei quer über. In einem Armenhaus war von einer sogenannten Wohnkultur nicht die geringste Spur. In diesem Koogsarmenhaus hatte jede Familie nicht einmal 12 m² Wohnfläche. Die Fußböden waren gestampfte Erdsoden, die im Laufe der Zeit doch allerlei Löcher aufwiesen. Die Wände waren nur gekalkt. Der Herd war aufgemauert. Der Wasser- oder Suppenkessel stand auf einem Dreifuß oder hing an einem Haken. An Feuerung gab es nur Strandholz und getrockneten Schafsmist. Selbst die Bohnenstoppeln wurden geruckt. Ich schreibe hier ‚geruckt', denn es durften nur einige Stoppeln ausgerissen werden, die anderen sollten die Bodengare verbessern helfen. Zu dieser Zeit und auch noch weit in das 20. Jahrhundert hinein wurde kein ertrunkenes Schaf vergraben, sondern mit Freuden von der armen Bevölkerung verspeist."[149]

Eindrucksvoller als in diesem nüchternen Bericht kann das Leben in Armut auf dem Lande kaum geschildert werden!

Daß die Darstellung der Wahrheit entsprach, wird durch die Aussagen des Tonderner Kreisarztes bestätigt, der 1860 schrieb:

„Die communalen Armenhäuser sind im Laufe der Zeit wesentlich verbessert. Nicht daß jedes Jahr Verbesserungen an ihnen zu verzeichnen wären; es zeigt sich aber der Fortschritt bei einem Vergleich der Anstalten von heute mit denen vor etwa 20 Jahren. Damals waren die meisten Anstalten überfüllt. Die Luft in den schlecht ventilirten Arbeits- und Schlafräumen war verpestet, man hatte Rothsteindielen und schlecht wärmende Beilegeröfen. Neben und auf den Öfen trocknete man Wäsche, Kindertücher u. dgl. Die Frauen hatten gewöhnlich Kohlenbecken unter den Füssen, die nicht wenig zur Luftverderbnis beitrugen. In den kleinen, niedrigen, vor Schmutz zuweilen starrenden Schlafräumen drängte sich eine ganze Gesellschaft zusammen; circa 20 Personen in einer kleinen Dachkammer war in Niebüll z. B. nichts Ungewöhnliches. Der Schmutz war hier oft unbeschreiblich, die Luft schwer verpestet. Daher konnte es kommen, dass in der Niebüller Anstalt in kurzer Zeit 10 kleine Kinder an der Influenza starben. Kranken- und Badestuben kannte man kaum."[150]

Allerdings besserte sich die Situation, wie derselbe Beamte mitteilte:

„Jetzt finden wir nirgends Überfüllung mehr... Fast überall findet man jetzt reichlich gehaltene mit Ventilationsvorrichtungen versehene Wohn- und Schlafräume. Die Backsteindielen sind in den meisten Anstalten aus den Wohnräumen entfernt und durch hölzerne ersetzt, vielfach bessere Öfen angebracht, und die Feuertöpfe schwinden mehr und mehr aus den Arbeits- und Wohnräumen. Freilich giebt es noch Armenhäuser, deren Einrichtung die alte geblieben. Und auch die Armenkathen, die sogen. Kirchspielhäuser, die fast in jedem größeren Ort sich finden, entsprechen nicht im Entferntesten der Hygiene; aber es mindert sich doch allmählich deren Zahl und nicht wenige dieser Spelunken letzterer Art sind in den letzten Jahren beseitigt worden!"[151]

129

Anfechtbar war vor allem, daß die Armenhäuser auf dem Lande nicht den Ortsarmen vorbehalten blieben, sondern auch der Unterbringung von Trinkern, Geisteskranken, Epileptikern usw. dienten. In einigen Gemeinden wurden sie auch als Krankenstationen für Vagabunden und Untersuchungsgefangene, ja sogar als Arrestlokal benutzt. So blieb die geschlossene Armenpflege auf dem Lande ein problematisches Kapitel bis zum Ersten Weltkrieg.

Die vorangegangenen Ausführungen über die Unterbringung der Armen haben erkennen lassen, welche eminent wichtige und aussagekräftige Quelle Spitäler, Stiftungen, Waisenhäuser, Armen- und Werkhäuser sowie Wohngänge als Zeugnisse der Sachkultur für die historische Armenforschung darstellen. Um das zu erhärten, sollen abschließend zwei Gesichtspunkte herausgestellt und verdeutlicht werden, die das ausgebreitete Material hinreichend belegt, die aber wegen ihres grundsätzlichen Erkenntniswertes besondere Beachtung verdienen: Die Bau- und Raumstruktur von Gebäuden der geschlossenen wie offenen Armenfürsorge.[152]

Was die Baustruktur betrifft, so läßt sich generalisierend feststellen, daß sie in den Städten überwiegend von Massivbauweise, auf dem Lande vom Ständerbau geprägt wurde. Für Hospitäler, Stiftungen und Waisenhäuser bevorzugte man als Material Backsteine, für ländliche Armenhäuser Fachwerk. Seit dem Hochmittelalter rechnete das norddeutsche Küstengebiet zum Verbreitungsgebiet des Ziegelbaus. Immer wieder haben die Städte aus feuerpolizeilichen Gründen die Steinbauweise propagiert. Sicherlich spielte aber auch die größere Solidität des Mauerverbandes gegenüber der Holzkonstruktion eine Rolle. Gerade private Stifter legten Wert darauf, daß die von ihnen errichteten Bauwerke eine lange Lebensdauer erhielten, strebten sie doch danach, zu ihrem eigenen Ruhm bleibende Baudenkmäler zu schaffen, die zu den herausragenden Beispielen städtischer Architektur zählten. Ebenso waren kommunale und landesherrschaftliche Hospitäler und Gasthäuser wie z.B. in Lübeck, Eutin, Husum, Flensburg und Schleswig in repräsentativen Gebäuden untergebracht. Erst seit der Mitte des 19. Jahrhunderts, als die Ständerbauweise allgemein in Stadt und Land an Bedeutung verlor, wurden auch Armenhäuser als Massivbauten errichtet.

Die Raumstruktur eines Gebäudes sagt Grundsätzliches über dessen Nutzung aus. Die Grundrisse der von Armen bewohnten oder mit ihnen belegten Häuser ermöglichen Aufschlüsse über die innere Organisation der Gebäude und damit über die soziale Zuordnung der Räume. Wenn sich im Lübecker Heiligen-Geist-Hospital neben dem Langen Haus mit seinen Bettenreihen abgeschlossene Kleinwohnungen für Bessergestellte befanden, dann läßt sich aus dieser Raumorganisation unschwer eine soziale Differenzierung der dort lebenden Menschen ablesen. Wenn dagegen im Schleswiger Präsidentenkloster zwölf gleichartige Kammern nebeneinander liegen, kann davon keine Rede sein. Wiederum anders stellte sich die Situation im Lübecker Armen- und Werkhaus dar, wo Männer und Frauen getrennt voneinander in Schlafsälen untergebracht waren. Die Raumstrukturen stehen mit den Baustrukturen in engem Zusammenhang. Beide spiegeln die soziale Hierarchie der Bauten der Armenpflege wider.

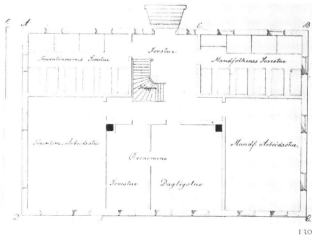

129
ARMENHAUS IN GUDOW 1704.
Das Armenhaus liegt dem Herrenhaus des Gutes gegenüber als Zeugnis gutsherrlicher Fürsorge.
(Photo Holger Janzen)

130
WERK- UND ARMENHAUS IN GRAVENSTEIN/DÄNEMARK 1853. Fassade und Grundriß. Größere Landgemeinden scheuten keine finanziellen Aufwendungen, um durch funktionsgerechte Neubauten die geschlossene Armenfürsorge zu verbessern.
(Landesarchiv Apenrade/Dänemark)

V. Die Beschäftigung der Armen

Im Verlauf des 15. und 16. Jahrhunderts wandelte sich die städtische Armenversorgung gründlich. Schon in der zweiten Hälfte des 14. Jahrhunderts hatten die großen Städte in Deutschland, allen voran Nürnberg, die wegen ihrer Wohlhabenheit von Bettlern geradezu überflutet wurden, erkannt, daß die Aufteilung in arbeitsunfähige Arme und arbeitsfähige Bedürftige die Möglichkeit bot, Unterscheidungen zu treffen und den Kreis der Unterstützungsempfänger einzuschränken.[1] Dieser Entwicklungsprozeß ist mit den Begriffen Kommunalisierung, Rationalisierung und Bürokratisierung am einprägsamsten zu fassen. Außerdem gehört auch die Pädagogisierung als neue sozialpolitische Strategie in das Konzept einer Umstrukturierung der Armenfürsorge.[2]

Wenn sich dieses Prinzip auch zunächst nur schwer durchsetzte, weil die traditionell christliche Almosenpraxis solche Differenzierungen nicht vorsah, so wurde es doch unter dem Einfluß der protestantischen Arbeitsethik allmählich verwirklicht.

Arbeitsamkeit zählte künftig zu den wichtigsten bürgerlich-mittelständischen Tugenden. Auch Arme sollten deshalb zu Fleiß, Ordnung, Disziplin und Mäßigung angehalten werden. Immer stärker trat daher die Arbeitspflicht der Unterstützungsempfänger in den Vordergrund. Immer mehr gerieten Arme, die nicht arbeiteten, in den Verdacht, arbeitsscheu zu sein. Aber oftmals fehlte ihnen die Gelegenheit zu arbeiten. Erklärtes Ziel der Arbeitspädagogik wurde es daher, sie produktiv zu beschäftigen, d. h. ihnen Arbeit zu verschaffen.

Auch in Lübeck und den Städten der Herzogtümer strebte

131
LÜBECKER WAISENKINDER. Ölgemälde von Gotthardt Kuehl 1894.
Die Szene wirkt allzu idyllisch. Der Alltag der Kinder war weniger mit Lesen und Spielen als mit Unterricht und nützlichen Tätigkeiten ausgefüllt.
(Museum für Kunst und Kulturgeschichte Lübeck)

132
IM LÜBECKER WAISENHAUS. Ölgemälde von Gotthardt Kuehl 1896.
Das Triptychon zeigt eindringlich die Beschäftigungen, aus denen das tägliche Leben eines Waisenhauskindes bestand: Lernen, arbeiten und beten.
(Gemäldegalerie Neue Meister Dresden)

man an, die Armen, so weit sie dazu körperlich in der Lage waren, zu kontinuierlicher Arbeit zu erziehen. Zu diesem Zweck wurden seit dem 17. Jahrhundert Armen- und Werkhäuser eingerichtet. Ihre räumliche Beschaffenheit und innere Organisation ist in Kapitel IV ausführlich behandelt worden. Hier nun soll von den unterschiedlichen Arbeitsfeldern in der geschlossenen, aber auch in der offenen Armenpflege die Rede sein.

Lübeck ging in der Schaffung eines Armen- und Werkhauses den schleswig-holsteinischen Städten schon früh voran, als es bereits 1613 ein solches Institut errichtete und dafür das ehemalige St. Annenkloster zur Verfügung stellte. Gedacht war daran, daß die *„Armen, die zwar woll schwach und fast unvermögend seyen, aber dennoch etwas mitarbeiten können, wie auch die, die gar nicht gebrechlich, aber ganz arm seyn, entweder die Arbeit fliehen oder auch keine bekommen können, zur Arbeit mit Spinnen, Würken und sonsten nach dieser Stadt Handlung Gelegenheit anzuhalten seien."*[3]

Wesentlich später machte man sich auch in Flensburg Gedanken, wie die Armen sinnvoll zu beschäftigen seien. Im Jahre 1734 wurde im Westen des Stadtfeldes eine Schäferei angelegt, deren Wolle in einem geplanten Armenhaus verarbeitet werden sollte. Diese Schäferei bestand jedoch nur wenige Jahre. – Dagegen fand ein anderer Plan seine Realisierung: In dem schon 1725 erbauten Waisenhaus wurden selbst die Kinder streng zur Arbeit angehalten und mußten Pferdedecken anfertigen. Zusätzlich wurde im Jahre 1765 noch eine Armenarbeitsanstalt für Erwachsene im selben Gebäude untergebracht. Sie diente seit 1794 gleichfalls der Beschäftigung solcher Armenkinder, die man von der Straße wegbringen wollte. Außerdem kam es 1830 im Waisenhaus zur Einrichtung eines Zucht- und Arbeitshauses, in dem Rechtsbrecher ihre Strafe verbüßten und abarbeiteten. Noch Ende des 19. Jahrhunderts wurden notorisch Arbeitsscheue aufgrund eines Gerichtsurteils dort eingewiesen.

Das Arbeitsverhalten der Insassen unterlag festen Normen. So durften sie mit dem Material nicht nachlässig umgehen und z. B. Tische und Schuhzeug nicht mit Werg säubern. Ferner sollten sie sich an ihrem Arbeitsplatz aufhalten und nicht am Ofen herumstehen. In den Arbeitspausen durften sich die Männer im Raum *„zwischen dem Männerhofe und Garten"*, die Frauen in der Allee zwischen Haustür und Landstraße aufhalten, so daß ein Kontakt untereinander verhindert wurde. Die Alumnen genossen also eine sehr beschränkte Bewegungsfreiheit, die nur durch die Erlaubnis zu befristeten sonntäglichen Ausgängen erweitert wurde.

Alle diese Repressionen zeigen, wie weitgehend die Sozialdisziplinierung dieses Personenkreises geplant war. Aber die in den Hausordnungen programmatisch geforderten

133
WAISENKINDER IN LÜBECK. Ölgemälde von Gotthardt Kuehl um 1884.
Weißnähen gehörte zu den hauswirtschaftlichen Tätigkeiten, in denen die Mädchen ausgebildet wurden.
(Gemäldegalerie Neue Meister Dresden)

134
NÄHSTUBE IM LÜBECKER WAISENHAUS NACH DEM ERSTEN WELTKRIEG. Photo.
Im Umgang mit Nadel, Faden und Nähmaschine wurden die Mädchen auf ihre künftige Bestimmung als Hausfrau vorbereitet. Eine Alternative war in jener Zeit kaum denkbar.
(Museum für Kunst und Kulturgeschichte Lübeck)

Verhaltensweisen blieben oftmals hinter der Realität des Alltags zurück. Der Gedanke, Arbeitsunwillige zu rastlos diszipliniert Arbeitenden im Sinne des „asketischen Protestantismus" (Max Weber) zu zwingen, bleibt jedoch unübersehbar. Und aufs Ganze gesehen hat er sich schließlich durchgesetzt.

In Kiel beschritt man 1793 einen ganz anderen Weg.[5] Die Gesellschaft freiwilliger Armenfreunde richtete kein Zucht- und Werkhaus ein, in dem die Armen zwangsweise beschäftigt wurden, sondern eine Arbeitsanstalt, in der sie gewisse Arbeiten lernten, die sie später zu Hause fortführen konnten. Sie kamen freiwillig in diese „Lernanstalt". Dort übte ein handwerklich vorgebildeter Werkmeister die Aufsicht aus und achtete auf Fleiß, Pünktlichkeit und Ordnung. Er vergab das Rohmaterial, nahm die fertigen Waren entgegen, zahlte die Löhne aus und führte darüber gewissenhaft Buch. Vier Spinnfrauen unterrichteten in Flachs-, Hede- und Wollspinnen, eine Spinnfrau gab Anweisungen zum Strümpfestricken. Diese Arbeiten übernahmen meist Frauen, während die Männer sich mit Wollekratzen für Hutfabriken oder mit Zupfen von Werg aus altem Tauwerk beschäftigten.

Die Kieler Arbeitsanstalt nahm nur gesunde und saubere Arme auf, die vorher ärztlich untersucht und auf ihre Reinlichkeit geprüft worden waren. Wer diesen Anforderungen genügte, mußte seine Personalien angeben, erhielt daraufhin ein mit Hede und einem Heckelbusch versehenes Spinnrad und ein Kartenblatt mit eingetragener Nummer, das am Spinnrad zu befestigen war, dann konnte er auf einem Schemel seinen Arbeitsplatz einnehmen. Wer ausgelernt hatte, durfte Spinnrad, Haspelkreuz oder Aufstekker und ein Pfund Flachs mit in seine Wohnung nehmen und dort weiterarbeiten. Je mehr ein Bedürftiger produzierte, desto geringer wurde die Armenunterstützung. Der Anreiz bestand darin, das Selbstwertgefühl zu wecken und sich von Almosen weitgehend unabhängig zu machen, um sich schließlich durch eigene Arbeit erhalten zu können.

Der Erfolg der Kieler Arbeitsanstalt war nicht immer so, wie erhofft worden war. Denn der Absatz der Produkte war von der allgemeinen Konjunkturlage und von der Konkurrenz abhängig. Davon wiederum hing die Anzahl der Armen ab, die mitarbeiten konnten. Im Laufe des 19. Jahrhunderts gelang es vorübergehend, die Herstellung auf Unterwäsche, Handschuhe, Kornsäcke und Beutelzeug für Ölmüller, sowie auf Stoffe wie Hemdenleinen, Beiderwand und Drell auszuweiten. Wer nicht unbedingt darauf angewiesen war, blieb ohnehin den Arbeitsanstalten lieber fern. Denn sie galten in dieser Zeit als Zucht- und Werkhäuser und wurden deswegen von den Armen möglichst gemieden.

Als 1866 die Verluste der Arbeitsanstalt zu groß wurden, hob man sie auf. Damit fand ein Unternehmen sein Ende,

135
SCHÜTZENVOGEL DER LÜBECKER WAISENKINDER VOR DEM ERSTEN WELTKRIEG. Photo. Höhepunkt im Jahresablauf der Waisenkinder war das Schützenfest im Sommer. Dafür sammelten sie in Begleitung eines Dienstmannes mit dem hölzernen Vogel Spenden ein.
(Museum für Kunst und Kulturgeschichte Lübeck)

136
GESANGSTUNDE IM LÜBECKER WAISENHAUS NACH DEM ERSTEN WELTKRIEG. Photo. Waisenkinder lernten vornehmlich Choräle, die sie dann auf Beerdigungen zu singen hatten.
(Lübecker Nachrichten Verlag)

135

das zur „*Förderung der Sittlichkeit und bürgerlicher Wohlfahrt*" gegründet worden war und in einigermaßen menschenwürdiger Weise sinnvoller Arbeitsbeschaffung gedient hatte.

Mit der Kieler Anstalt war übrigens auch eine Arbeitsschule für Kinder verbunden, in der diese je nach Alter und Fähigkeiten mit Stricken, Flachs- und Hedespinnen, Wollspinnen auf dem großen und kleinen Rad, Strümpfestricken und -stopfen, ferner mit Woll- und Haarpflücken, Nähen und Flicken von Kleidungsstücken beschäftigt wurden. Im Laufe der Zeit nähten die Mädchen auch Tücher, Hemden, Schürzen und anderes Weißzeug, fertigten die Knaben leichte Holz- und Flechtarbeiten, Pantoffeln und hölzerne Löffel an. Alle diese Tätigkeiten hatten als pädagogisches Ziel, sie auf einen handwerklichen Beruf vorzubereiten. Aber der Versuch, sie schon vor der Konfirmation bei Meistern in die Lehre zu bringen, scheiterte häufig genug. Vielleicht hatten diese noch immer Vorbehalte, armer Leute Kinder ins Handwerk aufzunehmen, vielleicht auch befürchteten sie, daß vor allem Knaben dieser sozialen Schicht wenig Ordnungssinn, Arbeitslust und Anstelligkeit zeigten.

So kam es 1846 zur Einrichtung einer Arbeitsschule, in der die Knaben Tischler-, Drechsler- und Buchbinderarbeiten erlernen konnten. Leider ging die Schule nach zwei Jahren aus Mangel an einer geeigneten Lehrkraft wieder ein.

Vor und während des 1. Weltkriegs trat auch die Kieler Stadtmission mit Arbeitsbeschaffung für Hilfsbedürftige in Erscheinung. Sie war 1904 in Kiel vom Diakonischen Werk der Evangelischen Kirche im Sinne Johann Hinrich Wicherns zu fürsorgerischen Zwecken ins Leben gerufen worden und unterhielt eine Männerarbeitsstätte, in der Holz zerkleinert und als Brennmaterial in die Kieler Haushalte geliefert wurde. Auf diese Weise konnten von April 1915 bis Ende März 1916 256 hilfsbedürftige Personen mit 12 219 Tagewerken beschäftigt werden. Andere Tätigkeiten waren das Sortieren von Papierabfällen und sogenannten Brocken, d. h. Kleidungsstücken, Schuhen, Mobiliar, Alteisen und Flaschen, die teils an Arme abgegeben, teils an Trödler verkauft wurden.[6]

Trotz allen Elans und vieler neuer guter Ideen wurde das Ziel, die arbeitsfähigen Armen in den Arbeitsprozeß einzugliedern, oft nicht erreicht. Dem standen vor allem wirtschaftliche Interessen, Innungsrechte und Marktpreise entgegen. Sie zwangen die Institutionen, Löhne unterhalb des ortsüblichen Niveaus zu zahlen, so daß die Armen doch wieder nur Almosen für das von ihnen Geleistete erhielten. Dadurch konnten sie wenig zur Selbsthilfe ermutigt, geschweige denn zur Arbeitsintensität motiviert werden. Erziehung zur Arbeit, Pädagogisierung, war unter diesen Voraussetzungen eine utopische Idee und eben nicht zu verwirklichen. Dennoch hat diese Idee die Zeitgenossen im

136

18. und 19. Jahrhundert, soweit sie sich mit dem Armenproblem ernsthaft auseinandersetzten, nicht losgelassen. Namentlich in der Vormärzzeit erschien in Schleswig-Holstein eine Menge Publikationen, die sich mit diesem sozialen Problem beschäftigten. 1833 verfaßte der Altonaer Apotheker Heinrich Zeise seine „*Vorschläge zur Errichtung von Arbeitsanstalten als zweckdienliche Mittel zur Versorgung jetziger Armer und Vorbeugung zunehmender Verarmung*", die er „*allen das vaterstädtische Wohl fördernden Mitbürgern*" widmete. Zeise vertrat die Ansicht, daß zwei Drittel der Unterstützten lieber ein geringfügiges Armengeld in Anspruch nähmen als zu arbeiten.[7]

Er sprach von „*faulen und widerspenstigen Herumtreibern*"[8] und forderte ihre Einweisung in Zwangsarbeitsanstalten. Dabei nahm er in Kauf, daß moralische Besserung dadurch kaum erreicht werden könne. Außerdem warnte er davor, daß die öffentliche Hand auf dem Gebiet der Arbeitsbeschaffung eine Sparsamkeitspolitik betreibe. Denn wenn Staat oder Städte sich nicht stärker bemühten, Handwerker und Arbeitsleute z. B. im Straßen- und Wegebau zu beschäftigen, werde die Belastung der Armenfürsorge immer größer werden.[9]

Ähnlich argumentierte 1846 C. D. H. Huss, Justizrat und Gerichtshalter adliger Güter in Holstein, in seiner Studie „*Ueber die Errichtung von Zwangsarbeitsanstalten in den Herzogthümern Schleswig und Holstein*", in der die Rede ist von der „*Nothwendigkeit des Arbeitszwangs als Präventivmittel gegen den Pauperismus*".[10] Huss bemühte sich zwar als Jurist, das Zwangsarbeitshaus von der Strafanstalt grundsätzlich zu unterscheiden. Bei dem einen handele es sich um ein Instrument zur Besserung der Insassen, während das andere primär dem Strafvollzug diene. Aber de facto bestand zwischen beiden Häusern kaum ein Unterschied, da in beiden Fällen strenge Aufsicht über die Arbeitstätigkeit geführt wurde, und beide zu den geschlossenen Anstalten rechneten.

Es gab aber nicht nur eine lebhafte Diskussion über Vor- und Nachteile von Arbeitsanstalten in den Herzogtümern, sondern auch zahlreiche Erfahrungsberichte. Sie zeigen, daß man im Lande sehr verschieden und nach Landschaften differenziert mit der Behandlung der armen Bevölkerung verfuhr.

In den ländlichen Armendistrikten war es lange Zeit üblich gewesen, die am „Wandeltisch" beköstigten Armen mit Arbeiten in Haus und Hof zu beschäftigen. Aber auch hier faßte Anfang des 19. Jahrhunderts der Arbeitsgedanke Fuß und führte zur Gründung von Arbeitshäusern, die nach dem gleichen Prinzip wie in den Städten organisiert waren, in denen jedoch landschaftlich sehr unterschiedliche Tätigkeiten ausgeübt wurden. In Meeresnähe dominierten Fischfang, Fischräuchern und Netzeflechten sowie Deicharbeiten. Auf der Geest spielten Torfarbeiten eine Rolle, in

137
SCHULARBEITEN IN OSDORF BEI ALTONA UM 1920. Photo.
Wie ernst der Bildungsauftrag zu dieser Zeit genommen wurde, läßt sich daran erkennen, daß auch arme Kinder bei der Erledigung ihrer Hausaufgaben betreut wurden.
[Vom Armenhaus zum Landpflegeheim 1871–1921, 1922]

138
ERNTEFEST IN OSDORF BEI ALTONA UM 1920. Photo.
Auch in den zwanziger Jahren war der landwirtschaftliche Betrieb ein wichtiger Faktor bei der Beschäftigung der Armen. Beim Erntefest trugen die Mädchen Kopftücher und gestreifte Schürzen.
[Vom Armenhaus zum Landpflegeheim 1871–1921, 1922]

der Heide das Besenbinden und in den Waldgebieten die Herstellung von Holzschuhen und hölzernen Gerätschaften wie Futtertrögen, Rechen, Schaufeln, Wagenleitern. Böttcherarbeiten wurden u. a. in Angeln, Schwansen und in der Probstei Münsterdorf gefertigt, die Fabrikation von Schwefelhölzern fand in Wagrien statt. Schließlich eigneten sich Textilarbeiten wie Spinnen, Kratzen, Stricken, Nähen und Weben überall zur Beschäftigung der Armen.[11]

Aber auf dem Lande scheuten sich die Menschen noch mehr als in der Stadt davor, in ein solches Arbeitshaus eingewiesen zu werden. Sicherlich belastete sie der Gedanke der Stigmatisierung, der in der kleinen dörflichen Gemeinschaft nur schwer wieder auszulöschen war. Deshalb ging hier die Zahl der Unterstützungssuchenden merklich zurück. Abschreckend war wohl auch, daß es in diesen Häusern unter der Leitung der Ökonomen in der Regel sehr streng zuging. So hieß es noch 1900 in Bergstedt über das Armenarbeitshaus: „Wer dor nich will, de kriegt wat ut de Armenkass", d. h. er bezog eine Tracht Prügel.[12] Als die Anzahl der Insassen gegen Ende des 19. Jahrhunderts immer mehr abnahm, scheint es in manchen Werkhäusern recht gemütlich zugegangen zu sein. Aus der Schilderung über ein Arbeitshaus in Norderdithmarschen um 1880 geht hervor, daß der Ökonom und seine Frau regelmäßig mit den anderen Bewohnern zusammen aßen, so daß geradezu das Gefühl einer Familiengemeinschaft aufkam. Häufig gingen die angefertigten Produkte an Auftraggeber, die den Armen persönlich bekannt waren, so daß die Arbeit mit menschlichen Kontakten verbunden war. Auch stand nun die wirtschaftliche Effizienz der Tätigkeit nicht mehr allein im Vordergrund, sondern die möglichst sinnvolle Beschäftigung der inzwischen überwiegend alten Insassen. Damit wandelte sich der Charakter dieser Häuser vom Arbeits- zum Altenheim.[13]

In vielen Fällen gehörten zu den Arbeitshäusern auch Felder, die von den Bewohnern bestellt werden mußten. Dadurch konnte ein Teil der Grundnahrungsmittel, vor allem die Kartoffel, selbst erwirtschaftet werden. In diese Richtung zielte auch eine andere Initiative, die seit Anfang des 19. Jahrhunderts in Schleswig-Holstein mehr und mehr an Bedeutung gewann, das waren die Armengärten. Als erster in Deutschland hatte der Schleswig-Holsteinische Statthalter Carl Landgraf zu Hessen diesen Gedanken 1809 auf seiner hessischen Besitzung Völckershausen verwirklicht. Mit Hilfe des aktiven Landinspektors Friedrich Wilhelm Otte ließ er nun auch in den Herzogtümern am Rande der Städte Armengärten anlegen. Dies gelang zuerst in der Stadt Schleswig, wo geeignete Parzellen vermessen und mit Beihilfe der Stadtkasse zur Verfügung gestellt wurden. Am Winterende 1821 wurden sie an 23 arbeitsfähige Arme, die vom städtischen Armenkollegium ausgewählt worden waren, verlost. Da das unkultivierte Land

139
WEIHNACHTSAUFFÜHRUNG IN OSDORF BEI ALTONA UM 1920. Photo.
Die Beteiligung am Krippenspiel stellte einen Höhepunkt im Leben eines Armenkindes dar.
(Vom Armenhaus zum Landpflegeheim 1871–1921, 1922)

140
KINDERKOMPANIE IN OSDORF BEI ALTONA UM 1920. Photo.
Waisenkinder wurden früh an harten Drill gewöhnt. Selbst beim Spiel ging es militärisch zu.
(Vom Armenhaus zum Landpflegeheim 1871–1921, 1922)

von unterschiedlicher Bodenbonität war, erhielten die Bearbeiter eine längere oder kürzere Abgabefreiheit von fünf oder vier Jahren. Ziel der Maßnahme war es, den Bedürftigen eine zusätzliche Einnahmequelle zu verschaffen. Hier konnten sie mit Frau und Kindern für den eigenen Bedarf arbeiten. Allerdings versäumten es die auf pädagogische Anreize bedachten Initiatoren nicht, ein eigenes Armenregulativ zu erlassen, in dem u. a. für besonderen Fleiß Prämien in Aussicht gestellt wurden.[14]

1822 entstanden im Landesteil Schleswig vor Friedrichsberg, südlich von Schleswig, aber auch nördlich der Stadt weitere Armengärten. Ferner gründeten sie sich am Stadtrand von Friedrichstadt, bei Flensburg, Tondern, Sonderburg, Hadersleben, Apenrade, Eckernförde, Tönning, Büsum und Burg auf Fehmarn. Auch in Holstein folgte man den Anregungen Ottes, der 1822 auf einer Rundreise durch die Herzogtümer in Verhandlungen mit den Städten, dem Wunsch des Königs entsprechend, das Anlegen von Armengärten propagierte. Insgesamt waren bis zum Frühjahr 1826 in Schleswig-Holstein bereits 314 Armengärten von 30 Tonnen Land eingerichtet worden. Kiel vergab erst im Jahre 1830 Parzellen an 26 Handwerker und Tagelöhner, die von Armut bedroht waren.[15]

Die Erträge waren zwar bescheiden – so errechnete man z. B. für Hadersleben einen jährlichen Nutzen von knapp 3 Reichstalern pro Armengarten –, aber die dahinter stehende Idee erwies sich als sinnvoll und zweckmäßig, ermöglichte sie den Armen doch, ohne äußeren Zwang und bei frischer Luft, anders als in den stickigen Werk- und Arbeitshäusern, für den eigenen Unterhalt zu sorgen. Manch einer gab freilich auf. Andere wieder, die ohnehin weitgehend für sich selbst aufkommen konnten, ergriffen gern die Gelegenheit, ihre Selbständigkeit zu wahren und der Arbeitsanstalt zu entgehen. So gelangten die Armengärten oft in die Hände derjenigen, die von Armut bedroht, aber noch keine Unterstützungsempfänger waren oder nur zu einem geringen Teil Almosen erhielten.

Das größte Unternehmen auf dem Gebiet agrarischer Arbeitsbeschaffung war die Armenkolonie Friedrichsgabe auf der Harksheide bei Quickborn. Der Gedanke, verarmte Stadtbewohner auf dem Lande anzusiedeln und landwirtschaftlich tätig werden zu lassen, kam aus England und Holland und wurde vom Konferenzrat Johann Daniel Lawaetz, Fabrikant in Altona, aufgegriffen und verwirklicht. Er gewann das Interesse König Friedrich VI., der 1821 548 Tonnen Land auf der Harksheide, drei Meilen nördlich von Altona, als Schenkung vermachte. Nach ihm nannte sich die Kolonie Friedrichsgabe. Eine Aktiengesellschaft, an der Mitglieder der königlichen Familie sowie hohe Beamte, Angehörige der Ritterschaft und Kaufleute Anteile erwarben, beschaffte das notwendige Kapital, um mit dem Aufbau der Siedlung zu beginnen. Zunächst wurden 20

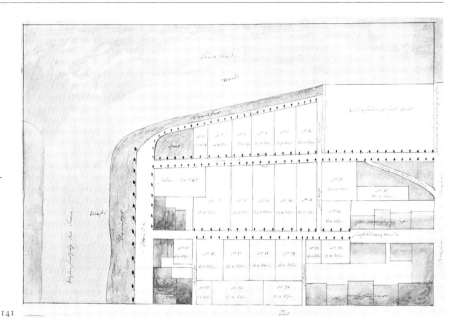

141
ARMENGÄRTEN IN FRIEDRICHSTADT 1823.
Auf schnurgeraden Parzellen bauten arme Familien Kartoffeln und Gemüse an und deckten damit einen wichtigen Teil ihres Nahrungsbedarfs.
(Schleswig-Holsteinisches Landesarchiv)

142
SCHREIBSTUBE DER KIELER STADTMISSION VOR 1914. Zeichnung.
In Armut geratene Männer mit gehobener Bildung wurden hier mit Schreibtischarbeiten beschäftigt.
(Bilder aus der Kieler Stadtmission, 1915/16)

Stellen mit Gebäuden von 80 qm, Zubehör und 7 Tonnen Land für ein bis zwei Kühe eingerichtet. Daneben bestand ein Areal von 244 Tonnen Land, das von allen Kolonisten gemeinsam wöchentlich an drei Tagen zu bearbeiten war. Jede Stelle wurde in Erbpacht vergeben und ging nach zwanzig Jahren auf den Pächter als Eigentum über. Die jährliche Pachtbelastung betrug damals nur 25 Reichstaler.

Die Entwicklung der Armenkolonie, deren Bewohner überwiegend aus Altona stammten, gestaltete sich im ganzen sehr erfreulich, obgleich die umliegenden Gemeinden das Unternehmen mit Sorge betrachteten. Denn sie befürchteten im Falle eines Scheiterns des Projektes, daß ihre Armenkassen zusätzlich mit dem Unterhalt der fremden Siedler belastet würde. Aber bereits drei Jahre nach der Gründung hieß es in einem Bericht für die Schleswig-Holsteinische Patriotische Gesellschaft:

„Es leben jetzt auf dieser Armenkolonie Friedrichsgabe 103 zufriedene, gesunde, dem Staate bisher meist sehr lästig gewesene, nun ihm immer nützlicher werdende Menschen, die auf ihrem eigenen Boden jetzt so viele Nahrungsmittel erzeuget haben, daß jede Familie, außer dem wichtigsten Gartengemüse und dem dort gut geratenen Wickenkaffee, sich im Durchschnitt eine Ernte von ungefähr vier Tonnen Buchweizen, sechs Tonnen Hafer, zwei Tonnen Feldrüben und cirka 19 Tonnen Kartoffeln, teils mit Grund erwarten dürfe, welches sich dem unentbehrlichen Bedürfnisse jeder Familie beim Besitz einer Kuh und sechs bis acht Schafen immer mehr nähert."[16]

Allerdings hatte Lawaetz sein gesamtes, nicht unbeträchtliches Vermögen der Armenkolonie vermacht und damit wesentlich zu ihrem Fortbestand beigetragen. In Friedrichsgabe gab es auch ein Schul- und Arbeitshaus, das 1823 durch einen Festakt in Anwesenheit des Königs eingeweiht wurde. Im Arbeitshaus sollten die Kolonisten während des Winters mit der Verarbeitung von Wolle usw. beschäftigt werden.

Erst im Jahre 1873 ist die Stiftung Friedrichsgabe, die erste dieser Art in Deutschland, durch Erlaß des preußischen Königs aufgehoben und in eine Landgemeinde umgewandelt worden.[17]

Wenn man zusammenfassend betrachtet, was an Versuchen zur Arbeitsbeschaffung der Armen in Lübeck und Schleswig-Holstein unternommen worden ist, dann zeigt sich eine starke Heterogenität. In Lübeck setzte sich der Werkhausgedanke bereits im 17. Jahrhundert durch, ohne daß es zunächst zu der wünschenswerten Trennung von arbeitswilligen und arbeitsscheuen oder gar kriminellen Armen kam. Ähnliche Verhältnisse wiesen die meisten Städte der Herzogtümer auf. Lediglich in der Waisenfürsorge brach sich die Einsicht Bahn, daß die Kinder im Interesse ihrer weiteren Entwicklung von den erwachsenen Armen unbedingt zu trennen waren.

143/144
FRAUENARBEITSSTÄTTE DER KIELER STADTMISSION VOR 1914. Photo und Zeichnung.
In den Baracken arbeiteten mittellose Frauen in der Wäscherei und in Näh- und Flickstuben.
(Bilder aus der Kieler Stadtmission 1915/16)

Auffallend ist für die Herzogtümer ferner, daß sich eine koordinierte Planung in der Armenbeschäftigung nicht verwirklichen ließ. Selbst in der ersten Hälfte des 19. Jahrhunderts gelang es noch nicht, überall Arbeits- und Werkhäuser sowie Waisenhäuser einzurichten. Auch die Anlage von Armengärten blieb auf Städte begrenzt. Ebenso kann keine Rede davon sein, daß arbeitsfähige Arme generell zu nutzbringender Arbeit angehalten wurden. Denn der Einsatz der Armen, ihre Beschäftigung und Betätigung waren einmal abhängig von ihrem Arbeitsvermögen und dem ganz persönlichen Interesse an Arbeit, zum andern war ihre Situation bedingt durch die geographische und administrative Verschiedenartigkeit des Landes und die weitgehende Selbständigkeit der Armenverwaltungen. So ergibt sich hier im Lande ein außerordentlich kontrastreiches Bild von der Betätigung der Armen.

145/146
MÄNNERARBEITSSTÄTTE DER KIELER STADTMISSION VOR 1914. Photo und Zeichnung. Arbeitslose sortierten gesammelte Kleidungsstücke und zerkleinerten Brennholz.
(Bilder aus der Kieler Stadtmission, 1915/16)

147
ARME FRAU AUS DITHMARSCHEN UM DIE JAHRHUNDERTWENDE. Zeichnung um 1900. Die Witwe Anna Margarethe Delfs strickte Strümpfe für Soldaten, um ihre sieben Kinder durchzubringen.
(Dithmarscher Presse-Dienst-Verlag Heide. Photo Thomas Backens)

VI. Gerätschaften und Abzeichen der Armut

Dürftige Nahrung, zerlumpte oder uniformierende Kleidung und Wohnen in Gebäuden der geschlossenen Armenpflege oder in Elendsvierteln signalisierten eine spezifische Armenkultur. Daneben gab es auch eine Reihe von mate-

148
ARMENBLOCK. KIRCHE IN OLDESLOE 1590.
Eindrucksvoll hält der Arme Lazarus in seiner linken Hand die Opferschale, mit der Rechten weist er auf das Geschwür an seinem Bein – eine Geste, die den Spender zum Mitleid bewegen und seine Opferbereitschaft ansprechen soll.
(Landesamt für Denkmalpflege Schleswig-Holstein)

riellen Geräten, die als Leitfossilien auf das Vorhandensein von Armut in der Öffentlichkeit hinwiesen. Diese Gegenstände, die oftmals viele Generationen lang überliefert wurden, sind uns aus bildlichen Darstellungen und als Realien bekannt, wie sie heute noch in Kirchen und Museen zu finden sind.

Zwei Gruppen von Sachgegenständen dieser Art lassen sich unterscheiden: Die einen gehörten zur Armenpflege, d. h. zu ihrer Finanzierung, Organisation und Durchführung, die anderen waren sichtbare Attribute der Armut, die von den Betroffenen selbst benutzt wurden, wodurch sie nach außen für jedermann als Arme zu erkennen waren. Allen diesen Gegenständen war gemeinsam, daß sie den Menschen der vorindustriellen Jahrhunderte aus unmittelbarer und immer wiederkehrender Anschauung bekannt waren, während wir sie gegenwärtig nach Ursprung und Funktion oft kaum noch identifizieren können.

Auch in Schleswig-Holstein und Lübeck bediente man sich in der Armenpflege bestimmter Sachgüter. So standen seit dem Mittelalter Armenblöcke (auch Opferstock, Gotteskasten, Kirchenkasten oder Kirchenstock genannt) von unterschiedlicher Größe in den Kirchen. Sie wurden in erster Linie zur Einsammlung und Verwahrung von Geldern benutzt, um daraus die Armenkosten zu bestreiten. Ursprünglich handelte es sich bei den Armenblöcken um ausgehöhlte Baumstämme (daher Stock), die in den Boden

150

149
ARMENBLOCK. KIRCHE IN SEESTER 1780.
Der mit einem Schloß gesicherte Block wird von einer Lazarusfigur aus dem 17. Jahrhundert getragen. Die gebückte Haltung symbolisiert das Schicksal der Elenden. Hunde lecken ihm die Schwären zur Linderung der Schmerzen.
(Landesamt für Denkmalpflege Schleswig-Holstein)

150
ARMENBLOCK. KIRCHE IN EUTIN 1650.
Das wuchtige, mit starken Eisenbändern gesicherte Stück zeigt, wie gefährdet das Geld war, das den Bedürftigen zugute kommen sollte.
(Landesamt für Denkmalpflege Schleswig-Holstein)

151
BILDTAFEL EINES ARMENBLOCKS. KIRCHE IN ELMSHORN 17. JAHRHUNDERT.
Mit solchen Illustrationen wie vom Armen Lazarus sollte die christliche Mildtätigkeit der Gemeinde angeregt werden.
(Landesamt für Denkmalpflege Schleswig-Holstein)

152
ARMENBLOCK. KIRCHE IN STELLAU 1678.
Nur zu gern verewigten sich prominente Stifter mit ihren Namen auf Opferstöcken.
(Landesamt für Denkmalpflege Schleswig-Holstein)

153
ARMENBLOCK. KIRCHE IN NIEBÜLL 1693.
Wer einen Opferstock gespendet hatte, wollte das bisweilen sichtbar dokumentieren: „BOYE FEDDERSEN HAT DIS ARM BLOCK GEGEBEN ANNO 1693".
(Landesamt für Denkmalpflege Schleswig-Holstein)

eingegraben, mit Eisenbändern beschlagen und mit bis zu zwanzig Schlössern versehen waren. Am oberen Ende befand sich ein trichterförmig herausragender Schlitz, durch den das Geld in ein mit Leder beutelartig ausgeschlagenes Inneres gesteckt wurde. Die Schlösser dienten nicht nur der Sicherung, sondern sollten auch gewährleisten, daß der Armenblock nur von mehreren Kastenherren, die jeweils einen Schlüssel dazu besaßen, gemeinsam geöffnet werden konnte, damit sich niemand heimlich an dem Inhalt bereichere. Ähnlich verhielt es sich mit den Opfertruhen. In der fürstlich Holstein-Plönischen Kirchenordnung von 1732 heißt es dazu sehr umständlich: *„Bei jeglicher Kirche soll ein Kirchen-Kasten, so mit einem Haupt- und zween Hang-Schlössern versehen, wo solche noch nicht befindlich, angelegt werden: den Schlüssel zu dem Haupt-Schloß hat der Pastor und die zu denen Hang-Schlössern die beiden ältesten Jurati in ihrer Verwahrsam."* [1]

Über die Funktion des Gewahrsams wird in derselben Quelle gesagt: *„In diesem Kirchenkasten sollen nicht nur die die Kirche angehenden Documenta, Briefschaften, Obligationen, Contracte, Kirchen-Bücher, Silber- oder Gold-Pfände, und dergleichen verwahrlich aufgehoben; sondern auch der baare Vorraht und was sonsten in der Woche einkommt, imgleichen was am Sonntage gesammelt wird, wöchentlich nach geendigtem Gottesdienst von dem Pastore und beiden ältesten Kirchen-Juraten oder*

derselben Collegen verschlossen werden: wie auch dieselbe oder jemand an ihrer stat, wenn etwas daraus genommen wird, gegenwärtig seyn müssen."[2]

Trotz mehrfacher Sicherung kam es immer wieder zum gewaltsamen Aufbrechen von Armenblöcken. Beraubung des Opferstockes galt als besonders verwerfliches Verbrechen und wurde dementsprechend hart bestraft. So berichtete der Geistliche von Norburg auf Alsen 1665 im Kirchenbuch, es seien 3 Mark aus dem Armenblock gestohlen worden. Noch im selben Jahr wurde der Dieb verhaftet, zum Tod durch den Strang verurteilt, hingerichtet und unter den Galgen gelegt.[3]

In protestantischer Zeit reduzierte sich die Funktion des Kirchenkastens. Er war nun nicht mehr Verwahrungsort für freiwillige Geldspenden zum Zwecke unterschiedlicher kirchlicher Aufgaben, sondern diente allein der Aufnahme von Almosen für die Armen. Diesem Bedeutungswandel entsprachen Inschriften wie „Der armut zum besten" und bildliche Darstellungen des Armen Lazarus, der mit seinen Beulen und Geschwüren vom Patron der Leprakranken zur Symbolfigur der Armut geworden war. Das zeigen die Beispiele von Oldesloe aus dem 16. und von Seester aus dem 17. Jahrhundert. Im Laufe der Zeit scheint die Erinnerung an den Aussatz immer mehr in Vergessenheit geraten zu sein. Jedenfalls fehlen an der Lazarusfigur des Armenblocks von Ütersen aus dem Jahre 1780 Hinweise auf solche Krankheitsmerkmale, und auch die begleitenden Hunde,

154
ARMENBLOCK. KIRCHE IN BEIDENFLETH 1709.
Wie sehr ein Opferstock gesichert werden mußte, zeigen hier die starken Ketten, die im Fußboden verankert sind.
(Landesamt für Denkmalpflege Schleswig-Holstein)

155/156
ARMENBLÖCKE. KIRCHE IN GIEKAU 1752, KIRCHE IN KAPPELN 19. JAHRHUNDERT.
Die Formen der Opferstöcke entsprechen dem jeweiligen Stil der Zeit. Der Block aus Giekau zeigt barocke Einflüsse, der aus Kappeln klassizistische.
(Landesamt für Denkmalpflege Schleswig-Holstein)

157
ARMENBLOCK HELGOLAND. Lithographie von C. Pabst nach Johann Röding, erste Hälfte 19. Jahrhundert.
Am Fuß der vom Unter- nach dem Oberland führenden Treppe stand ein Opferstock, in den Fischer und Lotsen ihren Obulus entrichteten, um vor allem Witwen und Waisen auf der Insel zu unterstützen.
(Altonaer Museum Hamburg)

die ihm die Schwären lecken, tauchen nicht mehr auf. Hier stellt die barockisierte Figur nur noch einen gewöhnlichen Bettler dar. Mit dem Verlust der Attribute taucht die Frage auf, ob es sich überhaupt noch um einen Lazarus handelt.

Bezeichnend für die meisten Armenblöcke wurden die Inschriften. Sie enthielten neben den Namen der Stifter auch Angaben über deren Funktionen innerhalb der Armenfürsorge. Damit sollte zweierlei zum Ausdruck kommen: Zum einen die materielle Opferbereitschaft des Gebenden. Denn die Anschaffung eines Armenblocks war nicht billig. Aus dem Kirchenrechnungsbuch der Gemeinde Neuenbrook in der Krempermarsch geht hervor, daß die Kirchengeschworenen 1731 90 Mark dafür ausgaben. Damals kostete eine gute Milchkuh etwa 60–70 Mark. Die hohen Kosten gingen nicht nur auf das stabile und massive Holz, sondern vor allem auf den Eisenbeschlag und die Schlösser zurück.[4] Zum andern war die ehrenamtliche Mitarbeit in der Armenversorgung ein gottgefälliges Werk, auf das man gern aufmerksam machte, zumal es zugleich das Ansehen in der Gemeinde förderte. Unübersehbar stellten die wuchtigen Armenblöcke mit oder ohne bildliche Formgebung in ihrer herausfordernden Präsenz im Mittelschiff der Kirche oder an ihrem Ausgang eine Mahnung an alle Gläubigen dar, die im protestantischen Selbstverständnis fest verankerte Wohltätigkeit den Armen gegenüber nicht zu vergessen.

Einen wesentlich einfacher zu handhabender Sammelbe-

158
OPFERTRUHE. KIRCHE IN BRUNSBÜTTEL.
Alter unbekannt.
Die starken eisernen Bänder und Nägel zur Sicherung verweisen auf eine solide Handwerksarbeit.
(Landesamt für Denkmalpflege Schleswig-Holstein)

159
OPFERTRUHE MIT ALMOSENTAFEL.
ST. MARIEN IN LÜBECK 1670.
Die figürliche Darstellung enthält ein ganzes Programm christlicher Symbolik zur Mildtätigkeit: Im unteren Feld der Arme Lazarus mit Almosenschale in der ausgestreckten Hand, darüber der Spruch „Wol dem, der sich deß Dürfftigen anímbt, den wirdt der Herr Erretten zur bösen Zeit, Psalm 41. Wer kerglich seet, wirdt kerchlich Erndten. Si Non Pavisti occidisti. Ambros: 170." Darüber der Gekreuzigte und rechts und links neben sich Caritas und Fides. Das Ganze gekrönt von Christus als Salvator Mundi.
(Museum für Kunst und Kulturgeschichte Lübeck)

160
ARMENKASSE DES ANTONIUS BELCKHAREN.
LÜBECK 1589.
Der in spanische Hoftracht gekleidete Patrizier soll bürgerliche Mildtätigkeit versinnbildlichen. Caritas nimmt seine Spende entgegen.
(Museum für Kunst und Kulturgeschichte Lübeck)

hälter als die Armenblöcke stellten die Opferbüchsen dar. Dabei handelte es sich um 20–40 cm hohe aus Eisen oder Eisenblech gefertigte Gefäße, meist von zylindrischer Form oder auch rund und mit einem durch ein kleines Vorhängeschloß gesicherten Deckel. In diesem befand sich ein Schlitz, durch den man die Geldmünzen einwerfen konnte. Die Opferbüchsen hingen entweder an einem hölzernen Pfeiler in der Kirche oder wurden zum Gottesdienst am Türausgang aufgestellt. Selten wiesen sie einen so feingearbeiteten, durchbrochenen Deckel auf wie in der evangelischen Kirche von Friedrichstadt. Auch Opferbüchsen boten also frommen und vermögenden Gemeindemitgliedern Gelegenheit, künstlerisch wertvolles Inventar für die Armenversorgung zu stiften, und in der Regel haben sie nicht versäumt, durch Inschriften auf sich aufmerksam zu machen. Daß sich bei der Vielzahl der Lübecker Kirchen heute noch zwölf Opferbüchsen im dortigen Museum für Kunst und Kulturgeschichte erhalten haben, kann nicht verwundern.

Eine große Rolle haben diese Geräte bei den Handwerkern gespielt. Nahezu jede Zunft besaß sie. In sie wurden Strafgelder eingezahlt, die bei Verstößen gegen die Zunftordnung zu leisten waren, aber auch freiwillige Beiträge. Sie dienten der Versorgung alter und kranker sowie mitteloser Zunftangehöriger und deren standesgemäßer Bestattung.

161

162

161
OPFERBÜCHSE. EVANGELISCHE KIRCHE IN FRIEDRICHSTADT 17. JAHRHUNDERT.
Das kesselförmige Gerät mit Tragbügel ließ sich leicht transportieren und nach Bedarf überall in der Kirche aufstellen.
(Landesamt für Denkmalpflege Schleswig-Holstein)

162
OPFERBÜCHSE. EVANGELISCHE KIRCHE IN FRIEDRICHSTADT 1712.
Nur selten finden sich so kunstvoll gearbeitete Exemplare wie dieses.
(Landesamt für Denkmalpflege Schleswig-Holstein)

163
OPFERBÜCHSE. KIRCHE IN NEBEL/AMRUM 1695.
Diese hängende Büchse sollte die Spender durch die Aufschrift an ihr künftiges Seelenheil erinnern.
(Landesamt für Denkmalpflege Schleswig-Holstein)

164
OPFERBÜCHSE. KIRCHE IN GROSS BORSBÜLL 1679.
Auf dem kunstvoll gearbeiteten Messinggerät finden sich nicht weniger als vier Bibelverse, die zur Gebefreudigkeit auffordern.
(Schleswig-Holsteinisches Landesmuseum)

163

Wie die Meister besaßen auch die Gesellen meist kupferne Opferbüchsen.[5]

Aber nicht nur in den Kirchen und in den Ämtern und Gesellenbruderschaften der Handwerker wurden Opferbüchsen aufgestellt, sondern ebenso an Bord von Schiffen. Die Seeleute zahlten Strafgelder oder freiwillige Spenden bei Bordfesten, wie z. B. beim Überqueren der Äquatorlinie oder nach einer lebensgefährlichen Situation auf See. In manchen Seestädten stand an der Schiffsbrücke ein Armenblock oder waren Opferbüchsen aufgestellt, in die die Seeleute beim Landgang Geld für die Armen steckten.[6]

Nach der schleswig-holsteinischen Armenordnung von 1736 bezogen die Armenkassen nach altem Herkommen, wie es hieß, auch Mittel aus Opferbüchsen in „*Wirths-, Wein-, Bier-, Schenk- und Krughäusern*" wo „*das bey denen Contracten gewöhnlich so genannte Gottesgeld, und was sonsten daselbst zu den Armen vorfällt, einzuwerfen ist*". Schließlich waren in den Posthäusern, Heuer-, Zoll-, Rathaus- und Kaufmannsstuben gleichfalls Büchsen aufgestellt.[7]

Als bewegliches Sammelgerät diente für Geldspenden der stehenden oder sitzenden Gemeinde im Gottesraum, in Lübeck z. B. aber auch „*alle Quartal vor der Kirche*", das Almosenbrett (Armenbrett, Bettelbrett, Sammelbrett,

164

Almosenschaufel, Klappe), das im Niederdeutschen Bede, Bedel, Belt, Bedelbrede (Beleg von 1481), Brede oder Bret genannt wurde.[8] Es handelt sich um ein hölzernes, tragbares Gerät in der Form eines flachen Kastens, der entweder im vorderen oberen Teil einen Schlitz hat oder offen ist. Am rückwärtigen Teil befindet sich ein Griff zum Herumreichen, davor ein senkrecht stehendes Brett, dessen Vorderseiten bemalt oder mit einer reliefartigen Holzplastik versehen ist. Die flache Gestalt der meisten Almosenbretter erinnert an eine ausgestreckte Hand, mit der um eine milde Gabe gebeten wurde, die der Spender dann auf den Handteller zu legen hatte. Dabei wurde aber Diskretion bewahrt: Das aufrecht stehende Brett vor dem Handgriff verwehrte demjenigen, der die Spende entgegennahm, den Blick darauf.

Almosenbretter waren im wesentlichen nur in den Kirchen des Ostseeraumes verbreitet, d. h. in Schleswig-Holstein, Lübeck, Mecklenburg, Pommern, Danzig, Ostfriesland, auf Gotland, in Schonen und in Norwegen. Hier ist wohl auch das Ursprungsgebiet dieses sakralen Gebrauchsgeräts zu suchen. Die Ausstrahlung in den niederdeutschen Raum war nur gering: Fünf Almosenbretter lassen sich in und um Soest, fünf in der Mark Brandenburg nachweisen.

Das älteste Exemplar stammt aus Bergedorf bei Hamburg vom Ende des 14. Jahrhunderts. Nach dem 17. Jahrhundert

165

166

165/166
OPFERBÜCHSEN. KIRCHE IN KEITUM/SYLT 1703, JOHANNISKIRCHE IN FLENSBURG 1764.
Auch schlichte und kleine Sammelgeräte erfüllten ihren Zweck.
(Landesamt für Denkmalpflege Schleswig-Holstein)

167
KOLLEKTENSCHALE. KIRCHE IN BERKENTHIN 1677.
Messingschale mit der Darstellung des Heiligen Michael.
(Landesamt für Denkmalpflege Schleswig-Holstein)

167

tauchen keine Beispiele in Schleswig-Holstein und Lübeck mehr auf.

Die Bezeichnungen für dieses sakrale Gerät wechselten von Landschaft zu Landschaft. In Schleswig-Holstein hieß es Bettelbrett, in Mecklenburg „Bedel", in Brandenburg „Opferkästchen", in Ostfriesland gar „Rippenstößer",[9] ein Hinweis darauf, daß entweder manches Gemeindemitglied dort während der Predigt eingeschlafen war und beim Einsammeln der Gaben mit dem Almosenbrett unsanft aufgeweckt werden mußte oder säumige Christen an ihre Gabenpflicht erinnert werden mußten.

Die Kollekten wurden von bestimmten Personen mit Hilfe des Almosenbretts eingesammelt. Handelte es sich um Gaben für Pestkranke, so trugen dazu erwählte Diakone das Gerät herum. Wurden Spenden für das Waisenhaus erbeten, übernahmen Waisenkinder diese Aufgabe. Ging es allgemein um die Gemeindearmen, reichten in der evangelischen Kirche die gewählten Presbyter das Almosenbrett unter den Gläubigen herum.

Schon in der „Reformation und Policey-Ordnung" für Eiderstedt von 1591 heißt es, *„das in allen Caspelkirchen die Kirchen geschwornen wochentlich einer umb den anderen mit dem seckelein oder bedetaffel in der Kirchen nach geendigter Predigt herumb gehen, und die Almußen samblen."*[10]

168
SAMMELBÜCHSE DER RENDSBURGER GLASER 1690
Das hölzerne mit Eisen beschlagene Gefäß diente zum Einsammeln von Geldbeträgen für verarmte Zunftgenossen.
(Rendsburger Heimatmuseum)

169
SAMMELBÜCHSE DER RENDSBURGER ZIMMERLEUTE AUS DEM FRÜHEN 19. JAHRHUNDERT.
Hier diente ein Hobel zur Aufnahme von Geld für arme Zunftangehörige.
(Rendsburger Heimatmuseum)

170
ALMOSENBRETT. KIRCHE IN SÜSEL ERSTE HÄLFTE 15. JAHRHUNDERT.
Der Diakon war für die Armenpflege zuständig. Deshalb erscheint er hier als Relief auf dem Sammelgerät.
(Landesamt für Denkmalpflege Schleswig-Holstein)

Gleichzeitig mit dem Almosenbrett muß es demnach mindestens seit der ersten Hälfte des 16. Jahrhunderts den Klingelbeutel (Seckelein) in Schleswig-Holstein gegeben haben. Tatsächlich findet sich bereits in der 1542 von Christian III. von Dänemark als Herzog von Schleswig und Holstein für die Herzogtümer erlassenen Kirchenordnung ein Abschnitt über die Unterhaltung der Armen, in dem es heißt, es sollten *„vornunfftige Godfrüchtige lüde... mit der armen büdeln vmmeghan vnde mildichlick vthdelen"*.[11] Hier ist also von einem Beutel die Rede, der mit dem Klingelbeutel identisch sein dürfte. Doch bewirkte dieser Passus der Kirchenordnung noch keineswegs, daß ein solches Sammelgerät nun in allen Kirchen des Landes angeschafft wurde. Vielmehr dauerte es in manchen Gemeinden lange, bis es dazu kam. Noch 1646 mußte König Christian IV. verfügen, daß auch in den Dorfkirchen der Klingelbeutel herumzutragen sei.[12] Selbst danach kann nicht von seiner allgemeinen Verbreitung in den Herzogtümern gesprochen werden. So wurde er erst 1699 in Emmelsbüll, Amt Tondern, eingeführt und im gleichen Jahr in Dagebüll. Der zuständige Geistliche schrieb aus diesem Anlaß ins Klingelbeutelbuch: *„Anno 1699 hat auf mein begehren und zureden die christliche gemeinde auf Dagebüll kosentiret, daß der lieben armuth zum besten inskünftige der klingelbeutel mögte umbgetragen werden"*.[13] Seine Einrichtung erwies sich als segensreich. In

171
ALMOSENBRETT. KIRCHE IN SIEVERSTEDT
16. JAHRHUNDERT.
Das schmucklose Bettelbrett – vermutlich vor der Reformation gefertigt – erhielt gesteigerte Bedeutung durch die Darstellung des heiligen Petrus als Stellvertreter Christi auf Erden.
(Schleswig-Holsteinisches Landesmuseum)

172
ALMOSENBRETT. KIRCHE IN OLDESLOE
16. JAHRHUNDERT.
An der rückwärtigen Seite der im Relief erscheinenden Apostel Petrus und Paulus hängt – hier nicht sichtbar – am Haken ein Glöckchen, wie es später für Klingelbeutel üblich wurde.
(Schleswig-Holsteinisches Landesmuseum)

173/174
ALMOSENBRETTER. KIRCHE IN SALEM 1664, KIRCHE IN ÜLSBY 17. JAHRHUNDERT.
Über dem tiefen, halboffenen Kasten für die Geldspenden erscheint die Darstellung des Armen Lazarus.
(Landesamt für Denkmalpflege Schleswig-Holstein)

den ersten Jahren lag die Höhe der eingesammelten Beträge zwischen 83 und 103 Mark, eine stattliche Summe für die nur 300 Seelen zählende Gemeinde.

Erst 1719 konnte der Tonderner Propst jedoch feststellen, daß in seinem Sprengel *"demnach der Klingbeutel als die allerälteste und freyeste Ahrt unter den Christen Allmosen zu samlen nun fast in dem gantzen Ampte Tundern introduciert"* sei.[14] Für die Stadt Hadersleben bestätigte Friedrich IV. 1717 anläßlich der Neuordnung des Klingelbeuteltragens, dies sei hier *"von jeher gebräuchlich und Herkommens gewesen"*.[15] Seit 1736, als die *"Versorgung wahrer Allmosenwürdiger Armer"* neu geregelt wurde, gehörten die Klingelbeutelgelder zu den regelmäßigen Einkünften der lokalen Armenkassen.

Klingelbeutel waren leichte Tuch- oder Samtbeutel, die an einer Stange befestigt und mit einem Glöckchen versehen waren. In der Regel zierten sie ornamentale Silberstickereien, häufig mit Jahreszahlen und frommen Sprüchen. Besonders wertvolle Klingelbeutel waren aus getriebenem Silber gearbeitet. Solche Stücke finden sich noch heute in Lübeck und tragen das Signum SA als Zeichen dafür, daß sie für das St. Annen Armen- und Werkhaus gestiftet worden waren. Auch die Erbfrau auf Toestorf, Ida Rumohr, geb. Qualen, verehrte der Gemeinde Rabenkirchen einen prächtigen Klingelbeutel.

172

173

174

Ein, gelegentlich auch zwei silberne Glöckchen am Schaft unmittelbar vor dem Klingelbeutel sollten offenbar die Teilnehmer des Gottesdienstes, die während der Predigt eingeschlafen waren, aufwecken und an ihre Christenpflicht erinnern, für die Armen in der Gemeinde ein Scherflein zu spenden.

So kostbar und repräsentativ manche Klingelbeutel auch ausgestattet sein mochten, so sehr ihre Verwendung dem Wohl der Armen zugute kam, haben die Kirchengeschworenen das Einsammeln mit dem Klingelbeutel, das in jeder Hinsicht als Ehrenamt galt, häufig doch als Last empfunden und es nur ungern getan. Deshalb versuchten Presbyter, die diesen Dienst leisten mußten, ihn möglichst auf andere abzuwälzen. Wiederholt finden sich Reskripte und Mandate der Obrigkeit, in denen die *„Abkaufung des Oneris des Klingelbeuteltragens"* (1717) oder die Übertragung dieser Tätigkeit an Unterschulmeister für ein *„kleines Douceur"*, wie z.B. in Bergenhusen 1791, Gegenstand administrativer Regelungen gewesen sind.[16] Man muß es als lästig empfunden haben, sich mit einer Bittgebärde um Almosen an die Gemeinde zu wenden. Auch besaß wohl nicht jeder Kasten- oder Klingelherr das nötige Selbstbewußtsein, sich in dieser Weise vor der Gemeinde darzustellen. Solch öffentliches Auftreten mag vor allem auf dem Lande ungewohnt gewesen sein und manch einen bewogen

176

175
ALMOSENBRETT. KIRCHE IN EUTIN
17. JAHRHUNDERT.
So aufwendig gestaltet wie dieses Bettelbrett mit zeitgenössischen Allegorien – Teufels- und Engelskopf – aus der Schule des berühmten schleswig-holsteinischen Schnitzers Hans Gudewerth des Jüngeren waren nur wenige.
(Schleswig-Holsteinisches Landesmuseum)

176
ALMOSENBRETT. LÜBECK
ENDE 19. JAHRHUNDERT.
Lübecker Gemeinden sammelten auch für die Waisenkinder, wie die Abbildung zeigt. Auffällig ist der enge Schlitz in der Lade. Er sollte die Höhe der Gabe vor neugierigen Blicken verbergen. Man spendete nicht mehr in aller Öffentlichkeit, sondern diskret.
(Museum für Kunst und Kulturgeschichte Lübeck)

Num. I.
Extract **Königlicher Verordnung** d. d. **Rendsburg** den 19 Octobr. 1646. **daß auch in den Dorf-Kirchen der Klingbeutel umzutragen.**

Weill auch in den Kirchen auf den Dörffern bishero mit dem Klingbeutell nicht umbgangen, solches aber annoch einen geringen Vorrath oder Aerarium geben könnte, woraus den Armen zue Zeiten beyzuespringen und zue succurriren, so soll nichts weniger auch solches nunmehro verordnet und in Gangk gebracht werden.

haben, diese Tätigkeit vorher regelrecht einzuüben und zu proben. Denn dies belegt eine kleine Anekdote über jenen zum Kirchenältesten gewählten nordschleswigschen Hofbesitzer aus Guderup, der eine Zipfelmütze an einer Stange befestigte und damit durch den Kuhstall schritt und sie den Tieren wie einen Klingelbeutel vor die Schnauze hielt.[17]

Zu besonderen Gelegenheiten war es üblich, sog. Becken außerhalb der Kirche aufzustellen oder aufzuhängen, um Geldopfer entgegenzunehmen. Es waren aus Messing getriebene Gefäße von kreisrunder Form mit abgesetztem Rand und 25–60 cm Durchmesser. Zunächst dürften die Becken hauptsächlich Gieß- und Aufnahmegeräte für die liturgische Handwaschung der Priester vor und während des Meßopfers gewesen sein.[18] Die Obrigkeit behielt sich die Aufstellung dieses Sammelgerätes für spezielle Anlässe vor, z.B. zur Einsammlung von Geldern für Untertanen, die „unglücklicher Weise in dergleichen Tyrannischer Türkischer Sclaverei entweder bereits geraten seyn, oder hiernächst und nachgerade darinn noch verfallen möchten", wie es in einem Reskript von 1716 hieß.[19] Zu diesem Zweck durften Becken im gesamten Königreich Dänemark am vierten Freitag nach Ostern und am Allerheiligentag vor der Kirche aufgestellt werden. Oder es war wie im Fürstentum Plön üblich, höchstens jeden dritten Sonntag mit Becken zu sammeln. Auch bei Hochzeiten und Beerdi-

178

179

177
KÖNIGLICHE VERORDNUNG VON 1646.
Obgleich die landesherrliche Obrigkeit immer wieder die Benutzung des Klingelbeutels anmahnte, setzte sich dieser doch erst Ende des 17. Jahrhunderts allmählich durch.

178
KLINGELBEUTEL. KIRCHE IN RATZEBURG 1629.
Die Sammelgeräte waren oft aus Samt gefertigt, reich verziert wie diese Unterseite mit dem Vers: „GOTT ZU EHREN DER KIRCHEN ZUM ZIR VEREHRET DIESEN BEUTEL HIER."
(Landesamt für Denkmalpflege Schleswig-Holstein)

179
KLINGELBÜCHSE. ST. ANNEN ARMEN- UND WERKHAUS LÜBECK UM 1698.
Die in kostbarer Silberarbeit getriebene figürliche Darstellung (Caritas?) steht in seltsamem Gegensatz zur Bedürftigkeit der Armenhausinsassen, für die gesammelt wurde. Sie ist wohl nur aus dem Bestreben der Stifter nach Selbstdarstellung zu erklären.
(Museum für Kunst und Kulturgeschichte Lübeck)

gungen wurden Becken aufgestellt. Wiederholte Mandate gegen allzu häufige Beckensammlungen zeigen, daß man gern auf diesem Wege außerordentliche Kollekten einforderte.[20] Noch 1822 ist in einem Patent der Königlich Schleswig-Holstein-Lauenburgischen Kanzlei die Rede davon, daß es Predigern nicht gestattet sein soll, Becken vor die Kirchentür zu stellen und die Gemeinde von der Kanzel aus zu Gaben an eine bestimmte Person oder für eine bestimmte Einrichtung aufzufordern.[21] Offensichtlich wollte man damit unkontrollierte Sammlungen verhindern und vermeiden, die Opferwilligkeit der Untertanen übermäßig zu strapazieren.

Die Bezeichnung Becken als Almosengerät begegnet uns bis in die zweite Hälfte des 19. Jahrhunderts.[22] Wenig wissen wir darüber, auf welchem Wege sich die Verteilung milder Gaben in der alltäglichen Praxis vollzog. Die Reichung von Naturalien geschah in der geschlossenen Armenpflege während der Mahlzeiten an langen Tischen. In der offenen Armenpflege war es z.B. im mittelalterlichen Lübeck üblich, Speisen von Straßen- oder Marktbuden aus zu verteilen; später wurden sie an den Haustüren erbettelt. Nur für Stralsund ist ein prächtig ausgestatteter Tisch belegbar, von dem aus Pfleger die Almosen verteilten. Dagegen sind Geldbeträge für Bedürftige aus Almosentaschen gereicht worden. Das waren Stoff- oder Ledertaschen in Form eines Trapezes mit abgerundeten oberen

180
KLINGELBÜCHSE. ST. ANNEN ARMEN- UND WERKHAUS IN LÜBECK UM 1710.
Der Name der Heiligen Anna und die Anna-Selbdritt-Darstellung erinnern an das einstige Kloster, das nach der Reformation zur Einrichtung der Armenpflege wurde.
(Museum für Kunst und Kulturgeschichte Lübeck)

181
KLINGELBÜCHSE (Seitenansicht). KIRCHE IN RABENKIRCHEN 1718.
Die Klingel am Griff stammt von 1744. Vielleicht fertigte man die Geräte gern deshalb aus Silber an, um den Klang von schweren Münzen leichter unterscheiden zu können und damit reichere Spenden anzuregen.
(Landesamt für Denkmalpflege Schleswig-Holstein)

Ecken, häufig aus einer äußeren gestickten Hülle mit zuknöpfbarer Einsatztasche bestehend und mit einem verschließenden Überhang versehen. Die Almosentasche gehörte zur vollkommenen Kleidung vornehmer Leute und wurde meistens am Gürtel oder an einem Gurt über der Schulter von Männern und Frauen getragen. Ursprünglich stammte sie aus dem Orient, wurde aber seit gotischer Zeit vor allem in Paris hergestellt. Auf einer Darstellung von Jacob Reyge in der Lübecker Marienkirche aus dem Anfang des 16. Jahrhunderts ist ein Mann zu sehen, der Münzen aus einem Becken in einen Opferstock füllt und an seinem Gürtel eine Almosentasche trägt. Wer sie mit sich führte, gehörte demnach zum vermögenden Teil der Bevölkerung.

Sein Prestige drückte sich außer in reicher Kleidung auch in jener Almosentasche aus, die deutlich erkennbar signalisierte, daß sein Reichtum ihm gestattete, davon Bedürftigen abzugeben. Insofern gehörte dieses Stück genauso zur Prachtausstattung eines Patriziers wie Schmuck und Edelsteine. Hier diente Armut zur kulturellen Fixierung patrizischer Selbstdarstellung.

Wenn Armenblock, Bettelbrett, Klingelbeutel, Almosenbüchse, Becken und Almosentaschen sichtbare Zeichen organisierter Armenpflege waren, so stellten Glocken hörbare Signale dar. Spitäler wie das Heiligengeist-Hospital in Lübeck, das Neustädter Spital und Stiftungen wie das Prä-

183

184

182
KLINGELBÜCHSE (Vorderansicht) KIRCHE IN RABENKIRCHEN 1718.
Die figürliche Darstellung des christlichen Glaubens (Fides) als eine der Kardinaltugenden gab dem Spender die Gewißheit gottwohlgefälligen Handelns.
(Landesamt für Denkmalpflege Schleswig-Holstein)

183/184
KLINGELBEUTEL. KIRCHE IN ULSNIS 1742, KIRCHE IN SATRUP 1743.
Sammelgeräte aus Stoff waren am weitesten verbreitet und häufig mit biblischen Sprüchen bestickt.
(Landesamt für Denkmalpflege Schleswig-Holstein)

bendenkloster in Elmshorn und das zum Gut Damp gehörende Johannis-Stift besaßen Glocken, mit denen sie ihre Insassen zu Andachten und Gottesdiensten riefen. Auch könnten die Glocken dazu benutzt worden sein, die Bedürftigen zur Ausgabe milder Gaben zusammenzurufen.

Dort, wo sich Gebetglocken in Häusern der geschlossenen Armenpflege befanden, mischte sich deren Ton unüberhörbar in den Klang der all- und sonntäglichen Glockenrufe und mahnte nicht nur die Armen, sich ihres Schicksals bewußt zu sein und um die Hilfe Gotes wie mildtätiger Menschen zu bitten, sondern rief auch jenen, die vermögend waren, ins Gedächtnis, daß Nächstenhilfe Christenpflicht war. So stellten Armenglocken ein materialisiertes und akustisch wahrnehmbares Symbol für diesseitige Not dar.

Das Handglöckchen war Attribut des Heiligen Antonius. Es gilt zunächst in der Ikonographie als Symbol für die Abwehr der Dämonen. Da Antonius Patron der Krankenpfleger war und die sich nach ihm als Antoniter bezeichnenden Ordensbrüder im Dienst der Armen- und Krankenpflege standen, könnte das Glöckchen im Sinne einer Krankheit und Armut abwehrenden Funktion verstanden werden. Übrigens trugen auch die vielen „Antonius-Schweine" des Ordens ein Glöckchen am Hals zum Zei-

185
ALMOSENTASCHE. SKULPTUR VON JACOB REYGE ANFANG 16. JAHRHUNDERT.
Ein vermögender Bürger schüttet Münzen aus einer Lade in den Armenblock. So stellte man sich opferbereite Mildtätigkeit vor. Dazu gehörte auch die gefüllte Almosentasche, aus der Arme direkt Gaben erhielten.
(Museum für Kunst und Kulturgeschichte Lübeck)

185

chen, daß sie sich zugunsten der Versorgung von Bedürftigen in den Städten mästen durften.

Dem hohen Ansehen, das die von Bürgern ehrenamtlich ausgeübte Armenpflege in der Öffentlichkeit genoß, entsprach, daß sich die Administrationen eigener Petschaften bedienten. So verfügte z. B. Elmshorn über ein Siegel mit der Gravur „Elmshorner Armen Collegium", und in Kiel trägt das älteste Siegel der „Gesellschaft freiwilliger Armenfreunde" die Jahreszahl 1794. Noch viel älter aber war das Siegel des Heiliggeist-Hauses in Flensburg mit der Aufschrift „Hospitalium Flensal(b)urgum", das schon aus der Zeit um 1300 stammen soll.[23]

Daß man sich zur Unterbringung der Armenakten gelegentlich eines eigenen Gewahrsams bediente, zeigt der Archivschrank aus Vollerwiek in Eiderstedt von 1873. Die seit Generationen angesammelten Protokolle, Korrespondenzen, Rechnungsbestände, Quittungen, Hausordnungen usw. nahmen häufig ein solches Ausmaß an, daß es nötig wurde, für sie ein eigenes Archiv anzulegen. Noch heute gehören die sog. Armensachen unter den aktenmäßigen Überlieferungen zu den umfangreichsten Beständen der zentralen und lokalen Archive.

Ein weiteres Abzeichen öffentlicher Armenverwaltung stellten die Messingschilder dar, die die Armenvögte an

186
Brummtopf (?). Bettlerfigur am Lübekker Marstall Ende 14. Jahrhundert. Der Bettler hält ein bauchiges Gefäß in Händen, das ein Lärminstrument sein könnte, mit dem er auf sich aufmerksam machen möchte.
(Museum für Kunst und Kulturgeschichte Lübeck)

ihrem Rock zur Kennzeichnung hoheitlicher Gewaltausübung trugen. Die Bettelvögte wurden vom Rat angestellt. Sie entstammten der untersten Sozialschicht und waren oft selbst einmal Arme gewesen. Ihr öffentliches Ansehen war gering. Die Aufgaben, die sie zu erfüllen hatten, bestanden darin, den organisierten Bettel zu überwachen, fremde Bettler aus der Stadt zu vertreiben und dafür zu sorgen, daß die Bürger nicht über das festgelegte Maß an Belästigung hinaus von den Armen gestört wurden. Es waren also vor allem polizeiliche Funktionen, die ihnen zukamen. In Schleswig-Holstein hießen sie allgemein Prachervögte (mhd. pfrengen = pressen und Pracher = zudringlicher Bettler). Es gab sie nicht nur in den Städten, sondern auch in jedem größeren Dorf. Sie mußten die Bettler fernhalten und durften ihnen sogar das Erbettelte abnehmen, um es für sich zu verwenden. Johann Friedrich Schütze berichtet in seinem Holsteinischen Idiotikon (1800–1806) dazu die Anekdote von einem einäugigen Prachervogt, zu dem ein Bettler getreten sei und gesagt habe: „*Gnädiger Herr Prachervaagt, dröff ick woll en bitjen in de Straat herumgahn?*" Der Vogt habe es erlaubt mit den Worten: „*Wenn man noch sien rechten Titel kriegt, mag man woll een Oog todoon.*"[24]

Wie geringschätzig man mit Bettelvögten umging, belegt der Spottvers aus der Herrschaft Pinneberg: „*Jochen*

187

187
GLÖCKCHEN. BLASIUSALTAR IN BURG AUF FEHMARN ENDE 15. JAHRHUNDERT.
Das Instrument in der Hand des Heiligen Antonius könnte der Abwehr von Krankheit und Armut gedient haben.
(Photo Holger Janzen)

188
ARMENHAUSGLOCKE. GIESSER FRANCISCUS VON ROEN 1663.
Ihr Klang kündigte einst die Gebetsstunde im Präbendenstift Elmshorn an.
(Konrad-Struve-Museum Elmshorn)

188

Pochen Prachervaaagt hett all de Lüd ut't Tochthuus jaagt."[25] Entsprechend wurden sie auch außerhalb ihres eigentlichen Dienstbereiches mit untergeordneten oder gar schmutzigen Arbeiten beschäftigt. Das geht aus einer Kieler Rechnung aus dem Jahre 1641 hervor, in der es heißt: *„Dem Prachervogt für Reinmachung den Kirchhoff wie die Herrn Geistlichen ihr Holz bekahmen, so von den Haußleuten wegen Fütterung ihrer Pferde ist unsauber gemachet worden, 4 Schilling."*[26]

Noch in der ersten Hälfte des 19. Jahrhunderts waren die Prachervögte im Amtsbezirk des Klosters Itzehoe fleißig unterwegs, um Gaststätten, Herbergen, Straßen, ja selbst kleine Nebenwege auf Bettler und Vagabunden hin zu durchforsten, und in den Klosterakten für das Jahr 1832 steht, daß der Bettelvogt des Dorfes Langwedel streng angewiesen wurde, jeden herumstreifenden Vagabunden aufzugreifen und dem Bauernvogt zuzuführen.[27] In Eutin hatte er während des Gottesdienstes für Ruhe und Ordnung zu sorgen. In der Brunswik bei Kiel sollte er darauf achten, daß Hausbesitzer keine fremden Personen und Gesindel aufnahmen. Konnte er solche Verstöße nachweisen, erhielt er für jede Anzeige 2 Reichstaler, für jeden dingfest gemachten Bettler 2 Schillinge Lübsch. Züchtigungen mußte er an straffälligen Bettlern unentgeltlich durchführen. Nicht einmal die Beschaffung von Ruten und Stöcken wurde ihm bezahlt.[28]

189
PETSCHAFT. ELMSHORNER ARMENKOLLEGIUM 18. JAHRHUNDERT.
Mit dem wachsenden Umfang der Armenversorgung im Laufe der Jahrhunderte wuchsen auch die Verwaltungsaufgaben. Ihr amtlicher Charakter wurde durch Stempel unterstrichen.
(Konrad-Struve-Museum Elmshorn)

190
SIEGEL. HEILIGEN-GEIST-HAUS IN FLENSBURG UM 1300.
Im ausgehenden Mittelalter legten sich die Institute der geschlossenen Armenpflege unverwechselbare symbolische Kennzeichen zu. In Flensburg war es ein Siegel mit der Abbildung des Heiligen Laurentius und der lateinischen Inschrift: „SIGILLUM HOSPITALIUM FLENSABURCHI".
(Christian Voigt, Flensburg, 1919)

191
SIEGEL DER GESELLSCHAFT FREIWILLIGER ARMENFREUNDE IN KIEL 1794.
In bürgerschaftlicher Selbsthilfe gelang es karitativen Vereinigungen Ende des 18. Jahrhunderts in den Städten, dem Armenproblem wirksam zu begegnen. Ihre gemeinnützige, polizeiähnliche Aufgabenerfüllung betonten sie gern durch ein offizielles Siegel.
(E. Graber, Kiel und die Gesellschaft freiwilliger Armenfreunde in Kiel 1793–1953, 1953)

192
ARCHIVSCHRANK FÜR AKTEN DER ARMENPFLEGE. VOLLERWIEK 1873.
(Kreisarchiv Husum)

Das Entgelt, das die Bettelvögte für ihre Tätigkeit erhielten, war denkbar gering. Wenn ein Maurergeselle in Hamburg um 1860 mit einem Jahreseinkommen von 500 Mark rechnen konnte, erhielt der Bettelvogt in Husum zu dieser Zeit nur 93 Mark und 12 Schillinge.[29] Diese dürftigen Einkünfte zwangen die Amtsinhaber oft, Nebentätigkeiten wie Nachtwächterdienste oder Arbeiten außerhalb des Ortes anzunehmen. Die Folge war, daß sie ihre eigentliche Aufgabe nur unzureichend erfüllten und entlassen wurden. Im übrigen war der Beruf des Bettelvogts so wenig attraktiv, daß in der Regel nur Bedürftige dafür gewonnen werden konnten. Daran änderte sich auch dann nichts, wenn wie in Lübeck und Eutin eine Uniform zur Ausübung der hoheitlichen Aufgaben gestellt wurde.[30] Nach allgemeiner Auffassung haftete dem Bettelvogt ähnlich wie Bütteln, Henkern und Abdeckern der Geruch der Unehrlichkeit an, was ihn von vornherein trotz Wahrnehmung amtlicher Funktionen aus der bürgerlichen Gesellschaft ausschloß.

Seit der preußischen Zeit gab es in Schleswig-Holstein keine Bettelvögte mehr. Die Armenversorgung wurde nach dem 1871 eingeführten Gesetz über den Unterstützungswohnsitz geregelt. Betteln blieb weiterhin untersagt und wurde polizeilich verfolgt. Privatleute suchten sich zusätzlich davor durch Emailleschilder mit der Aufschrift „*Betteln und Hausieren verboten*" zu schützen. Diese Hin-

193
ARMENVOGT-ABZEICHEN. WEDEL 1829.
Krone und Monogramm signalisierten hoheitliche Aufgaben und verliehen dem Armenvogt den Status einer Obrigkeitsperson.
(C. Brauns (Hg.), Stadt an der Elbe, Marsch und Geest, 1962)

194
ALMOSENZEICHEN. NÜRNBERG FRÜHES 16. JAHRHUNDERT.
Arme mußten sie an der Kleidung tragen, um als Bedürftige von der städtischen Fürsorge anerkannt zu werden.
(Germanisches Nationalmuseum Nürnberg)

195
ABHÖRBOGEN DER STADT KIEL 1901.
Die Bürokratisierung der Armenpflege nahm mit dem Wachstum der Städte und den immer komplizierter werdenden Rechtsvorschriften zu.
(Bürgerbuch der Stadt Kiel 1909)

196
TÜRSCHILD IN KIEL UM 1900.
In vielen Miethäusern versuchten Hausbesitzer, die Bewohner vor Betteleien zu schützen. Armut wurde immer mehr aus dem Alltag verdrängt.
(Photo Frauke Dettmer)

weise waren überall in den Städten an den Haustüren zu lesen und haben sich zum Teil in den Mietstockwerkhäusern bis in unsere Zeit hinein erhalten. Milde Gaben zu erbitten, erschien nun ebenso lästig wie Kurzwarenverkauf an der Haustür und rangierte auf einer Ebene mit Hinweisschildern wie *„Füße abtreten"* und *„Fahrräder nicht an die Hauswand lehnen"*, die typisch wurden für den Versuch, das Leben in den Treppenhäusern durch Reglementierungen von solchen Verhaltensweisen freizuhalten, die bürgerlichen Normvorstellungen von Sauberkeit und Ordnung widersprachen.

Mehr noch als die genannten spezifischen Geräte und Abzeichen der Armenpflege wiesen unverkennbare Attribute der Bedürftigen selbst auf deren bedauernswerte Lage hin. Dazu gehörte zunächst einmal die zerlumpte Kleidung. Sie tritt auf vielen bildlichen Zeugnissen von Bettlern durch schadhafte Stellen, eingerissene Löcher und ausgefranste Säume in Erscheinung. Häufig mußten die Armen barfuß gehen. Ja, zuweilen konnten sie ihre Blöße nur dürftig bedecken.

Das am meisten typische Attribut des Bettlers war der Bettelstab. Der Ursprung des Stabes geht nach den Forschungen des Rechtshistorikers Karl v. Amira auf den Wander- und Botenstab zurück.[31] Daraus entwickelte sich dann

194

196

195

die Krücke des Krüppels und der Tast- und Suchstock des Blinden. Aber auch gesunde Bettler benutzten den Stab als Halt, wohl auch zum Schutz. Der Bettelstab wurde aus einem Stecken gefertigt, von dem die Rinde entfernt war, so daß er weiß erschien. Daher rührt das Sprichwort von dem, der „*mit dem weißen Stab zum Tor hinausgeht*", d. h. sein Vermögen verloren hat. Gleichermaßen galten kleine vierkantig zugeschnittene schlanke Holzstäbe mit eingetieften Marken am unteren Ende als Bettelstäbe. Sie besaßen die gleiche Funktion wie Bettelzeichen, die von der Obrigkeit als amtlicher Ausweis für die Berechtigung zum Betteln ausgegeben wurden. Schon nach 1500 soll dieses Kennzeichen für konzessioniertes Betteln in Flandern eingeführt worden sein. Auf einem Altarbild von 1518, das in Antwerpen für die Lübecker Marienkirche angefertigt wurde, kann man im Vordergrund einen amputierten Krüppel erkennen, der am Strick um den Leib neben einem Holzteller einen solchen kleinen Bettelstab trägt.[32]

Gelegentlich befestigten die Bettler an ihrer Kleidung aus Blei oder Zinn geformte Plaketten. In der für die Städte Lauenburg und Ratzeburg geltenden Polizeiordnung von 1582 heißt es daher: „*Es soll zur Verhütung des Lediggangs keinem, er sei jung oder alt, zu betteln verstattet sein, er habe denn ein Stadtzeichen von Blei an seinem Kleide, welches niemans, als so vom Pastoren oder dem Rate*

197
DIE HEILIGE ELISABETH
UND DER AUSSÄTZIGE.
SINGECHOR DES
HEILIGEN-GEIST-HOSPITALS LÜBECK
ANFANG 15. JAHRHUNDERT.
In Demut und christlicher Liebe kämmt die Heilige einem Leprakranken das Haar. In der Hand hält er eine Leprosenklapper, Symbol seiner Krankheit.
(Museum für Kunst und Kulturgeschichte Lübeck)

dessen würdig erkannt wird, mitgeteilt werden."[33] Aus Kiel wissen wir z. B., daß die Stadtarmen jeden Dienstag in der Klosterkirche ein geistliches Examen über sich ergehen lassen mußten, bevor sie für würdig erachtet wurden, einen Blechpfennig mit dem städtischen Nesselblatt in Empfang zu nehmen.[34] Dieses metallene Zertifikat war im Rahmen der neuzeitlichen Straffung der Armenfürsorge in den Städten an die Stelle mittelalterlicher Zeichen wie der Jacobsmuschel und des am Hut getragenen Löffels getreten, die auf Hunger und Bedürftigkeit hinwiesen. Wer auf diese Weise behördlich zum Betteln legitimiert worden war, durfte sein Glück dennoch nicht auf eigene Faust versuchen. Vielmehr hatte er sich in die Reihe seiner Schicksalsgenossen einzugliedern und konnte nur an bestimmten Wochentagen und unter Aufsicht um milde Gaben bitten. In Kiel versammelten sich die Armen am Sonnabend auf dem Markt in drei Betteltrupps und zogen unter Führung von Bettelvögten durch die Straßen der Stadt. Im Jahre 1765 waren es 89 Stadtarme, die diesen schweren Gang wöchentlich einmal antraten.[35]

Nach Form und Größe ähnelten die Bettelabzeichen der Jakobsmuschel der Wallfahrer, die zu Tausenden im Mittelalter das Grab des Heiligen Jakob in Santiago di Compostella besuchten und dieses Zeichen am Hut mit nach Hause brachten. Ohnehin war es in der frühen Neuzeit

198
AUSSÄTZIGER MIT LEPROSENKLAPPER.
TITELMINIATUR ZUM KOPIALBUCH
DES NÜRNBERGER
SONDERSIECHENALMOSENS
MITTE 15. JAHRHUNDERT.
In eine faltenreiche Kutte gekleidet und mit verhüllten Händen verbirgt der Leprose seine ansteckende Krankheit. Nur die dreiblätterige Klapper verweist auf seinen Zustand.
(Stadtarchiv Nürnberg)

schwer, den Pilger, der, soweit er nicht der Oberschicht angehörte, zu Fuß wanderte und ein graues oder braunes Büßergewand trug, vom Bettler zu unterscheiden. Denn der einfache Pilger mußte sich unterwegs zum Gnadenort seinen Unterhalt erbetteln. Auch er trug einen Stab in der Hand, eine Tasche oder einen Beutel über der Schulter. Bettelsack und Bettelstab ließen sich davon kaum unterscheiden. Höchstens die Gurde (frz. gourde = Kürbis), eine flache, aus einem getrockneten Kürbis bestehende, später jedoch aus Glas, Ton oder Metall gefertigte Flasche, die am Gürtel getragen wurde, mag neben der Muschel als typisches Attribut des Pilgers gegolten haben.

Als Eßgeräte führten die Bettler kleine hölzerne Schalen am Gürtel sowie einen Löffel am Hut mit.

Auffallend ist, daß die Armen auf vielen Darstellungen als Krüppel auftreten. Nicht nur, daß sie sich mühevoll auf Krücken stützen mußten, häufig genug waren ihnen auch Gliedmaßen amputiert worden. Dann liefen sie entweder auf Stelzfüßen oder benutzten muldenartige Rutschbretter, an denen ihre bandagierten Beine festgebunden waren. Auf vielen zeitgenössischen Bildern fehlen den Personen die Füße. Womit das zusammenhängt, ist schwer zu sagen. Möglicherweise litten die Füße unter den langen Märschen, die ein Bettler – oft barfuß unterwegs – im Laufe

199

200

201

199
DREIBLÄTTERIGE LEPROSENKLAPPER 1738.
Form und Material (Holz) des Geräts blieben über Jahrhunderte gleich.
(Museum Elisabeth Weeshuis Culemborg/Niederlande)

200
SIECHENSCHELLE 15. JAHRHUNDERT (?)
Sie diente wie die Leprosenklapper als Lärmgerät, um Gesunde auf Distanz zu halten, sie aber auch zum Almosengeben aufzufordern.
(Diözesanmuseum Hildesheim)

201
BETTELNDER LEPROSE.
HOLZSCHNITT AUS SEBASTIAN MÜNSTERS
KOSMOGRAPHIE 1534.
Mit dem Bettelsack über der Schulter macht der Aussätzige mit der Klapper auf sich aufmerksam.
(Germanisches Nationalmuseum Nürnberg)

seines Lebens zurückgelegt hatte, so daß es zu Entzündungen und Verletzungen kam, die nach dem damaligen Stand der Medizin schließlich zur Amputation der betroffenen Gliedmaßen führten.

Aus dem Rahmen der im Mittelalter weit verbreiteten Bedürftigen fielen die Leprosen heraus. Ihre Krankheit war der Aussatz. Da sie wegen der Ansteckungsgefahr gemieden wurden, mußten sie stets eine hölzerne Klapper bei sich tragen, mit deren knarrendem Geräusch sie ihr Kommen ankündigten. Die Insassen des Oldesloer St. Jürgenspitals besaßen seit je her das Recht, an einem Donnerstag und Sonntag mit der Warnklapper in der Hand Almosen zusammenzubetteln. Dieser Brauch blieb noch bis ins 17. Jahrhundert erhalten, als der Aussatz längst verschwunden war und die Spitalarmen sich der Klapper nicht mehr zu bedienen brauchten.[36] Ob es in der Nähe der St. Jürgenspitäler einen „Seekenpfahl" gegeben hat, wie dieser für das Hamburger St. Georgs-Hospital überliefert ist, läßt sich nicht eindeutig nachweisen, erscheint aber durchaus vorstellbar. Immerhin ist ein solcher Pfahl auf dem Aquarell von Grelsstorff vor dem Husumer St. Jürgen-Gasthaus zu vermuten. Es handelte sich bei dem Hamburger Beleg wohl um einen festen durch einen Pfahl markierten Standort, von dem aus der Sieche die Vorbeigehenden um Gaben bat. Dazu heißt es: *„Und weiterhin an dem Weg nach dem Strohaus,*

202/203
KRÜPPEL MIT HAND- UND FUSSKRÜCKEN.
HEILIGENTHALER ALTAR IN DER
LÜNEBURGER MARIENKIRCHE 1444–1447,
ENGLISCHE NACHBILDUNGEN
19. JAHRHUNDERT ODER SPÄTER.
Die Beine auf Kufen geschnallt bewegten sich die Bettler mühsam mit vierbeinigen Handkrücken fort.
(Niedersächsisches Landesmuseum, Science Museum London)

da stand ebenfalls ein Wetterdach und darunter der ‚Seekenpfahl', in alten Zeiten der Posten eines armen Siechen, der hier in seiner Tracht, im weißgrauen bis auf die Füße herabfallenden Kittel, das Haupt mit dem Sorgentüchlein umwunden, auf milde Gaben wartete. Den altherkömmlichen Siechenstock, den langen Stab mit dem Ledersäckel, hielt er den Vorüberwandelnden demüthig hin und sprach dazu bittlich: ‚Gevet doch den armen Seeken wat.'"[37]

Wir wissen heute nicht, was es für den einzelnen Armen bedeutet hat, durch bestimmte Attribute als mittellos und bedürftig identifiziert zu werden. Wer von Geburt an zu dieser randseitigen Gruppe gehörte, kannte nur ein Leben außerhalb der Gesellschaft. Wer einst von Stand gewesen war und das Schicksal der Verarmung erlitten hatte, womöglich noch körperliche Leiden dazu erdulden mußte, den traf das Los des Bettlerdaseins sicherlich sehr hart. Denn ein Wiedereinstieg in die ständische Feudalgesellschaft gelang nur sehr selten. Vorübergehende Mittellosigkeit, wie sie Pilgern oder Handwerksgesellen während ihrer Wanderungen beschieden war, ließ sich dagegen eher ertragen und führte ja in der Regel nicht zu Gesundheitsschädigungen oder gar Schwerbehinderungen. Die Erforschung der Mentalitäten der Armen bleibt indessen schwierig, weil es kaum Selbstzeugnisse gibt und die Klagen der Zeitgenossen die Färbung jener epochalen Zeitstile tragen, die das Denken der Menschen jeweils bestimmten.

204
AUSSÄTZIGER MIT KRÜCKEN. LUKASALTAR
ST. JACOBIKIRCHE HAMBURG 1499.
Ein Leprose weist auf seine Not hin: Armkrücke, Korbflasche, Bettelschale.
(Kirchenarchiv Hamburg)

205
DENKKREUZ. ARMENFRIEDHOF ST. LORENZ
LÜBECK 1597.
Nicht nur im Leben, sondern auch im Tode blieben die Armen von der übrigen Gesellschaft getrennt. Der Lübecker Rat nahm Rücksicht auf die ständische Ordnung und ließ *"GOTT ZU EHREN VND DEN ARMEN THOM BESTE"*, wie auf dem Kalkstein zu lesen ist, einen eigenen Gottesacker anlegen.
(Photo Ortwin Pelc)

Anmerkungen

Einführung

1. Abel 1974.
2. Sachße/Tennstedt 1980, S. 27 f.
3. Vgl. dazu Küther 1983 und Sievers 1989a.
4. Zur Pauperismusdiskussion vgl. Jantke/Hilger (Hg.) 1965.
5. Lindenlaub 1967; Boese 1939.
6. Roscher 1906.
7. Fischer 1980.
8. Sachße/Tennstedt 1980; Sachße/Tennstedt 1981; Fischer 1980.
9. Vgl. zu diesen Fragen Sievers 1989b.
10. Bausinger 1981, S. 9.
11. Vgl. dazu Sievers/Zimmermann 1989c; Zimmermann 1989.
12. Korff 1983; vgl. dazu auch Sudeck 1931.
13. So aus Schweden, Dänemark, den Niederlanden, Niedersachsen, Hamburg und Nürnberg.

I. Der Kreis der Armen, ihre Patrone und weltlichen Wohltäter

1. CCRH 1753, S. 979.
2. Kraack 1969, S. 65.
3. Göbell (Hg.) 1986, S. 178.
4. Voigt (Hg.) 1929, S. 367.
5. Archiv der Hansestadt Lübeck.
6. Grönhoff 1966, S. 50 f.
7. Sievers 1986, S. 138.
8. Sievers 1989a, S. 57; vgl. dazu auch Kramer 1987, S. 298 ff.
9. Kirchenrechnungen Wilster für 1666 und 1667, Stadtarchiv Wilster III G 3, Nr. 1259 und 1260. Eine ergiebige Quelle für Exulanten stellt auch das Rechnungsbuch des Kirchspiels Neuenkirchen an der Stör für die Jahre 1644–1732 dar, vgl. dazu Detleffsen 1901.
10. Kirchenrechnung Wilster für 1692, III G 3, Nr. 1259–1260.
11. Stadtrechnungen Oldenburg für 1642/43, 1666/67, 1670/71, 1673/74, Stadtarchiv Oldenburg A IV/1, 2–4; Kirchenrechnung Wilster für 1692 III G 3 Nr. 1259–1260; Langmaack 1981, S. 114–117. Leider enthalten die Quellenhinweise keine exakten Zeitangaben.
12. Schlesw.-Holst. Bll. f. Pol. u. Kultur 1801, S. 334.
13. Schlesw.-Holst. Provinzialberichte 1787, 1. Bd., S. 111.
14. Vgl. dazu Sievers 1989a, S. 60 f.
15. Sievers 1989a, S. 57–59; Sievers 1990.
16. Fischer 1980, S. 16.
17. Behrens 1829, S. 223 f.; Pelc 1986b, S. 7–16; Zur Situation der Lübecker Armenpflege vgl. vor allem Pelc 1986a.
18. Lawaetz 1816, S. 124.
19. Gottlieb 1984, S. 8–12.
20. Hansen (Hg.) 1882, S. 612; Aubin/Zorn (Hg.) 1976, S. 613; Barfels 1914, S. 74.
21. Zur Haltung des Mittelalters den Armen gegenüber vgl. Mollat 1984. Über die Problematik der Gabe haben gearbeitet: Baudy 1986 und Hannig 1988.
22. Zur Ikonographie der Heiligen, vgl. Braun 1943; Wimmer 1959.
23. Kraack 1969, S. 65.
24. Helmer 1925, S. 143.
25. Kraack 1969, S. 65.
26. Helmer 1925, S. 144.
27. Kraack 1969, S. 236–239.
28. Hayessen 1925, S. 12–14.
29. Hayessen 1925, S. 16.
30. Hayessen 1925, S. 22; Kurze Beschreibung Lübecks 1814, S. 73–129.
31. Kröger 1955, S. 22; Voigt (Hg.) 1929, S. 366.
32. Janzen 1982, S. 10.
33. Das ergibt sich bei der Durchsicht der Arbeit von Seestern-Pauly 1831.
34. Ahrens 1969; Schlesw.-Holst. Biogr. Lexikon 1971, S. 236–238.
35. Sievers 1970, S. 21–35; Schlesw.-Holst. Biogr. Lexikon. Vorarbeiten dazu 1962, S. 74–77.
36. Sievers 1984, S. 164, 171.
37. Lübker/Schröder 1829, S. 341; Hamann 1985, S. 4–8; Bauer/Bohnsack u. a. 1987; v. Essen 1990.
38. Schlesw.-Holst. Biogr. Lexikon 1971, S. 152 f.; Hoffmann 1937, S. 406–429; Kopitzsch 1982, S. 778 f., 781 f., 784 f. Das Zitat auf Seite 781.
39. Biographisches Lexikon 1985, S. 307–309; Pelc 1986a, S. 174; Biographisches Lexikon 1985, S. 313–315.

II. Nahrungsversorgung der Armen

1. Zweiter Brief des Apostels Paulus an die Thessalonicher, Kap. 3, Vers 10.
2. Abel 1974, S. 279 f.
3. Finck 1985, S. 29, 31.
4. Abel 1974, S. 52.
5. Abel 1974, S. 165.
6. Flensburg 1966, S. 230; vgl. dazu auch Göttsch 1984.
7. Abel 1974, S. 26.
8. Vgl. dazu Tolksdorf 1972; Teuteberg/Wiegelmann 1986.
9. Hayessen 1925, S. 13.
10. Zander 1982, S. 9.
11. Zum Begriff „Seelenbad" vgl. Kretzenbacher 1958, S. 106.
12. Zimmermann 1977, S. 108.
13. Sutermus war ein Gericht, das aus aufgewärmtem Stockfisch bestand, der mit Semmeln und Milch zu einem Mus gekocht wurde, galt aber auch als Bezeichnung für Reste-Essen, vgl. Mensing 1933, Sp. 941.
14. Das Waisenhaus in Lübeck 1847, S. 46 f.
15. Das Waisenhaus in Lübeck 1847, S. 47.
16. Kraus 1965, S. 54.
17. Graber 1953, S. 140 f.
18. Sievers 1970, S. 229.
19. Kröger 1955, S. 99 ff.
20. Schadow 1979, S. 174 f.
21. Hanssen 1842, S. 295.
22. Hanssen 1842, S. 294.
23. Hanssen 1832b, S. 12 ff.
24. Sparmann 1932.
25. Hanssen 1832a, S. 267.
26. Rottgardt 1976, S. 91 f.
27. Rottgardt 1976, S. 14.
28. Klose/Sedlmaier 1956, S. 24 f.
29. Graber 1953, S. 144.
30. 1825 hatte Kiel 10 035 Einwohner, siehe Wissing 1929, S. 8.
31. Dunker 1930, zur Verpflegung der Bettler s. S. 94 und 99.
32. Mensing 1933, 4. Bd., Sp. 834; vgl. dazu auch Selk 1972, S. 36–38.
33. Mensing 1929, 2. Bd., Sp. 25–33.
34. Mensing 1933, 4. Bd., Sp. 187–193; vgl. auch Kretzenbacher 1966, S. 56.

35. Der Beleg stammt aus dem Deutschen Volksliedarchiv in Freiburg i. Br. und wurde mir freundlicherweise von Frau Sabine Pich zur Verfügung gestellt.
36. Abel 1974, S. 97. Abel belegt diese Nahrung anhand des „Koch- und Backbuches" eines Gelnhausener Arztes aus dem Jahre 1574. Doch dürfte ähnliche Notnahrung auch in Schleswig-Holstein während Hungerkrisen immer wieder herangezogen worden sein.

III. Kleidung der Armen

1. Vgl. dazu Könenkamp 1983, S. 122 Anmerkung 3.
2. Jaacks 1983, S. 133.
3. Schlesw.-Holst.-Lauenb. Provinzialberichte 1828, S. H., S. 297.
4. „Alphabetische Liste aller der am ... gehaltenen Nachsuchungen von sämtlichen Obrigkeiten des Herzogthums ... angehaltenen Herumstreifer und Bettler." Diese Listen erschienen gesondert für die Herzogtümer Schleswig und Holstein/Herrschaft Pinneberg gedruckt für die Jahre 1794, 1799, 1802, 1804, 1805, 1809 und befinden sich heute u. a. in der Universitätsbibliothek in Kiel.
5. Warncke 1930, S. 15.
6. Warncke 1930, S. 13.
7. Warncke 1930, S. 23.
8. Warncke 1930, S. 24.
9. Jensen 1913, S. 202.
10. Graber 1953, S. 134.
11. Graber 1953, S. 134 ff.
12. Bürgerbuch der Stadt Kiel 1903, S. 124; vgl. zur Situation in Kiel auch Schmidt 1984.
13. Bürgerbuch der Stadt Kiel 1903, S. 124.
14. Bürgerbuch der Stadt Kiel 1903, S. 124–126.
15. Bürgerbuch der Stadt Kiel 1903, S. 126 f.
16. Schröder 1915/16.
17. Hanssen 1842, S. 292, 294, 296.
18. Hanssen 1832b, S. 13.

IV. Wohnverhältnisse der Armen

1. Bedal 1978, S. 88; Behausungen Verarmter berücksichtigt Plath 1972.
2. Vgl. dazu Pfeil 1971, S. 17.
3. Foucault 1976. Dazu Breuer 1983.
4. Unübertroffen als frühe architekturgeschichtliche Untersuchung auf dem Gebiet der geschlossenen Armenfürsorge in Lübeck ist noch immer Hayessen 1925. Bemerkenswert ist die Arbeit von Skoda 1974, ferner Geist/Kürvers 1980. Interessante Aspekte bringt neuerdings Scheftel 1988.
5. Vgl. dazu Bedal 1978, S. 13.
6. Neuerdings dazu Jetter 1986.
7. Schlee 1971, S. 9.
8. Gläntzer 1980, S. 31–54.
9. Vgl. dazu die besonders eindrucksvollen Schilderungen bei Schönfeldt 1897, S. 7 f.
10. Roth 1983, S. 65.
11. Zur allgemeinen Geschichte des Hospitals gibt es eine reichhaltige Literatur. Wichtige Titel sind aufgeführt bei Jetter 1986. Zur Geschichte des Lübecker Heiligen-Geist-Hospitals Hammel 1980, S. 68–69 und Neugebauer 1980, S. 69–73. Zur Geschichte dieser Einrichtung in Schleswig-Holstein vgl. die ausgezeichnete Arbeit von Meinert 1949; Holtmann 1969; Hanssen 1928.
12. v. Melle 1713.
13. Behrens 1829, S. 233.
14. Stier 1961, S. 11.
15. Stolle 1970, S. 13.
16. Plessing 1914, S. 220.
17. Plessing 1914, S. 220.
18. Plessing 1914, S. 222.
19. Plessing 1914, S. 233.
20. Plessing 1914, S. 234.
21. Plessing 1914, S. 237.
22. Plessing 1914, S. 241.
23. Plessing 1914, S. 243.
24. Plessing 1914, S. 243.
25. Zander 1982, S. 10.
26. Zander 1982, S. 15.
27. Peters 1958, S. 122.
28. Schönfeldt 1969, S. 36.
29. Vgl. dazu im Folgenden Voss 1902.
30. Voss 1902, S. 25.
31. Voss 1902, S. 59.
32. Voss 1902, S. 70.
33. Voss 1902, S. 73.
34. Storm 1967, S. 496 f.
35. Riewerts 1969, S. 78.
36. Kröger 1955, S. 17. Alle folgenden Angaben über das Heiligen-Geist-Hospital finden sich dort und bei Wolff 1884.
37. Flensburg. Geschichte einer Grenzstadt 1966, S. 87.
38. Sach 1875, S. 84.
39. Zum Folgenden vgl. Lafrenz 1985 und Meißner 1979, S. 21.
40. Schlee 1979, S. 31.
41. v. Schröder 1827, S. 201 ff.
42. Zum Folgenden vgl. Metelmann 1909 und Rodenberg 1894.
43. Zum Folgenden vgl. Struve 1970.
44. Struve 1930, S. 13.
45. Vgl. dazu Keil 1986, S. 85.
46. Leistikow 1986, S. 105, 107 f.
47. Homolka 1986, S. 157.
48. Flensburg. Geschichte einer Grenzstadt 1966, S. 18 Anm. 60. Kröger 1955, S. 15; Rohling 1955, S. 270.
49. Schulze 1988, S. 111 ff.
50. Hayessen 1925, S. 34.
51. Hayessen 1925, S. 35.
52. Hayessen 1925, S. 35.
53. v. Lütgendorff 1936, S. 43 f.
54. v. Lütgendorff 1936, S. 56 f.
55. Kohlmorgen 1982, S. 26. Zur Person Füchtings s. auch Schlesw.-Holst. Biogr. Lexikon 1985, S. 73 f.
56. Kohlmorgen 1982, S. 235.
57. Kohlmorgen 1982, S. 232.
58. Seestern-Pauly 1831.
59. Jessen 1910.
60. Jessen 1910, S. 432.
61. Jessen 1910, S. 435.
62. Lafrenz 1985; Appuhn 1956, S. 49; Sach 1875.
63. Ehlers 1926, S. 89; Lieboldt/Winkler 1885.
64. v. Wobeser 1920; Lüders 1969.
65. Lüders 1969, S. 68.
66. Vgl. dazu Metelmann 1909.
67. Rodenberg 1894, S. 40.
68. Oldekop 1908; Ehlers 1926, S. 184.
69. Lüders 1970.
70. Vgl. dazu Kurze Beschreibung Lübecks 1814, S. 90–93; Das Waisenhaus in Lübeck 1847; Petit 1918.
71. Funk 1803.
72. Funk 1903, S. 70 f.
73. Funk 1903, S. 37.
74. Funk 1903, S. 38.
75. Funk 1903, S. 127.
76. Funk 1803, S. 132.
77. Kröger 1955.
78. Kröger 1955, S. 57.
79. Grönhoff 1960.
80. Grönhoff 1960, S. 130 f.
81. Grönhoff 1960, S. 133.
82. Grönhoff 1960, S. 132.
83. Lund 1900.
84. Lund 1900, S. 134.
85. Schmitt 1956, S. 15 ff.
86. Verwaltungsberichte Altona 1873 ff.
87. Tonn 1876.
88. Sachße/Tennstedt 1980, S. 229.
89. Verwaltungsbericht Altona 1873, S. 79.
90. Ehlers 1926, S. 181 f.
91. Verwaltungsbericht Altona 1871, S. 76, 1875, S. 69; Ehlers 1926, S. 182.
92. Verwaltungsbericht Altona 1871, S. 77.
93. Verwaltungsbericht Altona 1873, S. 79.

94. Verwaltungsbericht Altona 1872, S. 85.
95. Zur Arbeitspädagogik vgl. Sachße/Tennstedt 1980, S. 34 f.
96. Kraus 1882, S. 622 f.
97. Kurze Beschreibung Lübecks 1814, S. 88–90.
98. Kurze Beschreibung Lübecks 1814, S. 81.
99. Zander 1982, S. 22.
100. Rönnpag 1973, S. 106.
101. Hansen-Schmidt 1935.
102. Vom Armenhaus 1922.
103. Funk 1803, S. 19.
104. Kröger 1955; Rohling 1955, S. 296–298.
105. Kröger 1955, 72 f.
106. Hausordnung für die Alumnen der Armen- und Arbeits-Anstalt zu Flensburg 1881.
107. Stadtarchiv Husum D2/A Nr. 71, Bl. 14/18 und A Nr. 54, Bl. 7.
108. Brief vom 26.11.1859, Stadtarchiv Husum A 54, Bl. 55–67.
109. Hausordnung für die Alumnen der Armen- und Arbeitsanstalt zu Husum vom 25.03.1884.
110. Schreiben vom 24.06.1861, Stadtarchiv Husum. Schon 1859 hatte der Arzt Bedenken geäußert wegen der Wanzenplage, Stadtarchiv Husum A 44, Bl. 37–42.
111. Schreiben vom 19.09.1871, Stadtarchiv Husum A 44, Bl. 37–42.
112. Angaben darüber finden sich in den Generalberichten (1867–1883) und Gesammt-Berichten (1884–1894) über das öffentliche Gesundheitswesen der Provinz Schleswig-Holstein; vgl. dazu Sievers 1988.
113. Generalbericht für 1875, S. 42.
114. Regulativ für die Verpflegungs- und Arbeits-Anstalt in Wilster, Itzehoe 1850.
115. Vgl. dazu Andresen 1982.
116. Kurze Beschreibung Lübecks 1814, S. 105.
117. Verzeichnis der Privat-Wohltätigkeits-Anstalt 1901, S. 20–23.
118. Verzeichnis der Privat-Wohltätigkeits-Anstalt 1901, S. 56–61.
119. Andresen 1982, S. 123 ff.
120. Sievers 1986, S. 121; Kröger 1955, S. 22–24.
121. Sievers 1986, S. 121.
122. Kröger 1955, S. 47.
123. Oldekop 1906, S. 8.
124. Rohling 1955, S. 373.
125. Schreiben vom 19.06.1853, Stadtarchiv Husum A 54, Bl. 55–67.
126. Kraus 1882, S. 619.
127. Oldekop 1906, S. 11; Schmidt 1963.
128. Oldekop 1906, S. 34; Lorenzen 1968, S. 244.
129. Seestern-Pauly 1831, S. 336.
130. Seestern-Pauly 1831, S. 304 f.
131. v. Hennings 1983, S. 140.
132. Kramer/Wilkens 1979, S. 154 f.
133. Oldekop 1906, S. 100; Stender 1971, S. 103 f.
134. Seestern-Pauly 1831, S. 195 f.
135. Janzen 1982, S. 11.
136. Janzen 1982, S. 12; Nannen = Dithmarscher Geschlecht.
137. Janzen 1982, S. 12.
138. Janzen 1982, S. 12.
139. Janzen 1982, S. 19.
140. Sparmann 1932.
141. Der Bericht stammt von G. Busch an den Verfasser im Jahre 1983.
142. Ebda.
143. Sparmann 1932.
144. Bericht von G. Busch.
145. v. Hennings 1983, S. 140–142.
146. Funk 1966, S. 18–20.
147. Bedal 1973.
148. Heß 1985, S. 88.
149. Fischer 1987, S. 15.
150. Generalbericht 1881, S. 39 f.
151. Generalbericht 1881, S. 39 f.

V. Beschäftigung der Armen

1. Sachße/Tennstedt 1980, S. 34.
2. Sachße/Tennstedt 1980, S. 30.
3. Kurze Beschreibung Lübecks 1814, S. 81.
4. Petersen 1963, S. 7–37; Voigt 1963, S. 38–40; Flensburg. Geschichte einer Grenzstadt 1966, S. 250; Kröger 1955.
5. Zum Folgenden vgl. Graber 1953, S. 194–204.
6. Schröder (Hg.) 1915/16.
7. Zeise 1833, S. VIII.
8. Zeise 1833, S. XII.
9. Zeise 1833, S. VII.
10. Huss 1846, S. 3.
11. Erichsen 1955, S. 248 f.
12. Briefliche Mitteilung von Gustav Busch/Hamburg am 8.11.1982 an den Verfasser.
13. Lemke 1925, S. 109 ff.
14. Erichsen 1956, S. 120.
15. Erichsen 1956, S. 123.
16. Ehlers (Hg.) 1922, S. 424. Neuerdings liegt die Arbeit von v. Essen 1990 vor. Vgl. ferner dazu Erichsen 1956, S. 124–129.
17. Ehlers 1922, S. 129.
18. Erichsen 1955, S. 247.

VI. Gerätschaften und Abzeichen der Armut

1. Systematische Sammlung 1830, 3. Bd., S. 81.
2. Systematische Sammlung 1830, 3. Bd., S. 74.
3. Raben 1946, S. 97 f.
4. Neumann 1969, S. 405.
5. Vgl. dazu am Beispiel Hamburgs: Gerber 1933.
6. Henningsen 1987, S. 111 f.
7. CCRH 1749, 1. Bd., S. 544.
8. Schmitt (Hg.) 1948, Sp. 167.
9. Wenzel 1936, S. 140–143.
10. CSS 1734, 1. Bd., S. 148.
11. Michelsen (Hg.) 1920, S. 86.
12. Repertorium des CCRH 1757, S. 531.
13. Lensch 1904, S. 269.
14. Lensch 1904, S. 270.
15. CSS 1734, 2. Bd., S. 524.
16. CSS 1734, 2. Bd., S. 524; Chronologische Sammlung 1791, S. 67.
17. Raben 1946, S. 98.
18. Schmitt (Hg.) 1948, Sp. 151.
19. So z. B. für die in der Türkei Gefangenen, für die aber laut Reskript v. 1716 nur zweimal jährlich mit Becken gesammelt werden durfte, CCRH 1749, 1. Bd., S. 704.
20. Vgl. dazu die Hinweise im Repertorium des CCRH 1757, Sp. 179. Zur Holstein-Plönischen Kirchenordnung: Systematische Sammlung 1830, 3. Bd., S. 95.
21. Chronologische Sammlung 1823.
22. Sie findet sich in Husum noch 1857, s. Stadtarchiv Husum Nr. A 12 1857–67.
23. Voigt (Hg.) 1929, S. 180.
24. Mensing 1931, 3. Bd., Sp. 1106.
25. Mensing 1931, 3. Bd., Sp. 1105 f.
26. Mensing 1931, 3. Bd., Sp. 1106.
27. Neumann 1978, S. 52.
28. Grönhoff 1955, S. 250.
29. Gerber 1933, S. 215. Die Angabe über das Einkommen eines Husumer Bettelvogtes findet sich im Stadtarchiv Husum.
30. Zander 1982, S. 25.
31. v. Amira 1913, S. 224.
32. Stier 1950, S. 306 f.
33. Stier 1950, S. 308.
34. Grönhoff 1966, S. 50.
35. Grönhoff 1966, S. 50.
36. Bangert 1925, S. 153.
37. Nach Boedecker 1974, S. 25.

Literatur

Abel, Wilhelm (1974)
Massenarmut und Hungerkrisen im vorindustriellen Europa, Hamburg.

Arens, Gerhard (1969)
Caspar Voght und sein Mustergut Flottbek, Hamburg.

Amira, Karl v. (1913)
Der Stab im germanischen Rechtsbrauch. Grundriß des germanischen Rechts, Straßburg.

Andresen, Rainer (1982)
Das alte Stadtbild, Lübeck. Geschichte der Wohngänge, Lübeck.

Appuhn, Horst (1956)
300 Jahre Präsidentenkloster, in: Beiträge zur Schleswiger Stadtgeschichte 1, S. 49 ff.

Aubin, Hermann/Zorn, Wolfgang (Hg.) (1976)
Handbuch der deutschen Wirtschafts- und Sozialgeschichte, Bd. 2, Stuttgart.

Aussatz. Lepra. Hansen-Krankheit (1982)
Ein Menschheitsproblem im Wandel.
Teil I: Katalog
Teil II: Aufsätze. Jörn Henning Wolf (Hg.), Würzburg.

Bangert, Friedrich (1925)
Geschichte der Stadt und des Kirchspiels Oldesloe, Bad Oldesloe.

Barfels, Friedrich (1914)
Die Wirkungen der Invalidenversicherung in Schleswig-Holstein, phil. Diss., Kiel.

Baudissin, Adelbert Graf (1865)
Schleswig-Holstein Meerumschlungen. Kriegs- und Friedensbilder aus dem Jahre 1864, Stuttgart.

Baudy, Dorothea (1986)
Heischegang und Segenszweig. Antike und neuzeitliche Riten des sozialen Ausgleichs: Eine Studie über die Sakralisierung von Symbolen, in: Saeculum XXXVII, Heft 3–4, S. 212–227.

Bauer, Ingrid/Bohnsack, Jochen u. a. (1987)
Armut, Arbeit und bürgerliche Wohltätigkeit – Johann Daniel Lawaetz und seine Zeit, Behörde für Arbeit und Soziales (Hg.), Hamburg.

Bausinger, Hermann (1983)
Eröffnung des Kongresses und Begrüßung, in: Umgang mit Sachen. Zur Kulturgeschichte des Dinggebrauchs. 23. Dt. Volkskunde-Kongreß in Regensburg vom 6–11. Oktober, Regensburg.

Bedal, Konrad (1973)
Doppelkaten. Zu einer Hausform im gutswirtschaftlichen Bereich, in: Kieler Blätter zu Volkskunde V, S. 93–112.

Bedal, Konrad (1978)
Historische Hausforschung. Eine Einführung in Arbeitsweise, Begriffe und Literatur, Münster.

Behrens, Heinrich Ludwig und Carl Georg (1829)
Topographie und Statistik von Lübeck und dem mit Hamburg gemeinschaftlichen Amte Bergedorf, Lübeck.

Biographisches Lexikon (1970–1979)
Schleswig-Holsteinisches Biographisches Lexikon Bd. 1–5, Neumünster.

Biographisches Lexikon (1982–1987)
Biographisches Lexikon für Schleswig-Holstein und Lübeck, Bd. 6–8, Neumünster.

Boedecker, Dieter (1974)
Die Entwicklung der Hamburgischen Hospitäler seit Gründung der Stadt bis 1800 aus ärztlicher Sicht, med. Diss., Hamburg.

Boese, F. (1939)
Geschichte des Vereins für Socialpolitik, 1872–1932.

Braun, Joseph (1943)
Tracht und Attribute der Heiligen in der deutschen Kunst, Stuttgart.

Breuer, Stefan (1983)
Die Formierung der Disziplinargesellschaft: Michel Foucault und die Probleme einer Theorie der Sozialdisziplinierung, in: Vierteljahrsschrift für Sozial- und Wirtschaftsgeschichte 12, S. 256–264.

Bürgerbuch der Stadt Kiel (1903)
Bürgerbuch der Stadt Kiel. Sammlung der städtischen Statute, Regulative und Verordnungen, Kiel.

Chronologische Sammlung (1748 ff.)
Chronologische Sammlung der im Jahre ... ergangenen Verordnungen und Verfügungen für die Herzogthümer Schleswig und Holstein, Kiel.

CCRH (1749–1753)
Corpus Constitutionum Regio-Holsaticarum, 3 Bde., Altona.

CSS (1794–1812)
Corpus Statutorum Slesvicensium, 3 Bde., Schleswig.

Clasen, Martin (1962/63)
Vom 600jährigen „Hospital zum Heiligen-Geist" vor Neustadt, in: Jahrbuch für den Kreis Oldenburg, S. 39–59 und 20–33.

Das Waisenhaus in Lübeck (1847)
Das Waisenhaus in Lübeck in seinem dreihundertjährigen Bestehen, Lübeck.

Detlefsen, Detlef (1901)
Ein Beitrag zur Geschichte des Bettels, in: ZSHG 31, S. 115–135.

Dunker, Hans (1930)
Werbungs-, Verlobungs- und Hochzeitsgebräuche in Schleswig-Holstein, phil. Diss., Kiel.

Ehlers, Hans (1926)
Aus Altonas Vergangenheit, Altona.

Ehlers, Wilhelm (Hg.) (1922)
Geschichte und Volkskunde des Kreises Pinneberg, Elmshorn.

Erichsen, Ernst (1955)
Das Bettel- und Armenwesen in Schleswig-Holstein während der ersten Hälfte des 19. Jahrhunderts, Teil 1, in: ZSHG 79, S. 217–256.

Erichsen, Ernst (1956)
Das Bettel- und Armenwesen in Schleswig-Holstein während der ersten Hälfte des 19. Jahrhunderts, Teil 2, in: ZSHG 80, S. 93–148.

Essen, Manfred v. (1991)
Johann Daniel Lawaetz und die Armenkolonie Friedrichsgabe, in: QFGSH Bd. 95, Neumünster (im Druck).

Finck, Arnold (1985)
Nasse und trockene Sommer in früheren Jahrhunderten, in: Christiania Albertina 20, n. F., S. 29–31.

Fischer, Ludwig (1987)
Das arme Haus. Notizen zu einem einzigartigen Baudenkmal, in: Der Maueranker, VI, S. 14–16.

Fischer, Wolfram (1980)
Armut in der Geschichte. Erscheinungsformen und Lösungsversuche der „Sozialen Frage" in Europa seit dem Mittelalter, Stuttgart.

Flensburg. Geschichte einer Grenzstadt (1966)
Flensburg. Geschichte einer Grenzstadt, Gesellschaft für Flensburger Stadtgeschichte e. V. (Hg.) Flensburg (= Schriften der Gesellschaft für Flensburger Stadtgeschichte e. V. Nr. 17).

Foucault, Michel (1976)
Überwachen und Strafen. Die Geburt des Gefängnisses, Frankfurt.

Forstner, Dorothea (1961)
Welt der Symbole, Innsbruck.

Funk, Hans (1966)
Vom Armenkaten zum Gesindehaus in Klinkrade, in: Die Heimat 73, S. 18–20.

Funk, Martin Samuel (1901)
Kurze Übersicht über die Entwicklung der Armenpflege in Lübeck, Lübeck.

Funk, Nicolaus (1803)
Geschichte und Beschreibung des Waisen-, Schul- und Arbeitshauses in Altona, Altona.

Gebert, Carl Friedrich (1901)
Die Marken und Zeichen Nürnbergs, Nürnberg.

Geist, Johann Fr./Kürvers, Klaus (1980)
Das Berliner Mietshaus 1740–1862, Berlin.

Generalbericht (1881)
Generalbericht über das öffentliche Gesundheitswesen der Provinz Schleswig-Holstein für das Jahr 1880, Kiel.

Gerber, William (1933)
Die Bauzünfte im alten Hamburg. Entwicklung und Wesen des vaterstädtischen Maurer- und Zimmerergewerbes während der Zunftzeit, Hamburg.

Geremek, Bronislav (1988)
Geschichte der Armut. Elend und Barmherzigkeit in Europa, München.

Gläntzer, Volker (1980)
Ländliches Wohnen vor der Industrialisierung, Münster.

Göbell, Walter (Hg.) (1986)
Die Schleswig-Holsteinische Kirchenordnung, Neumünster.

Göttsch, Silke (1984)
Hungerunruhen-Veränderungen im traditionellen Protestverhalten, in: Zeitschrift für Volkskunde 80, S. 170–182.

Gottlieb, S. (1984)
Der Anteil der Almosenempfänger an der Bevölkerung der Herzogtümer Schleswig und Holstein, in: Rundbrief des Arbeitskreises für Wirtschafts- und Sozialgeschichte Schleswig-Holsteins 30, S. 8–12.

Götzinger, E. (1885)
Reallexikon der Deutschen Altertümer, Leipzig.

Graber, Erich (1953)
Kiel und die Gesellschaft freiwilliger Armenfreunde 1793–1953. Ihr soziales, kulturelles und wirtschaftliches Wirken, Kiel.

Grimm, Jacob und Wilhelm (1852–1961)
Deutsches Wörterbuch, 16 Bde., Berlin.

Grönhoff, Johannes (1955)
Nachtwächter, Polizeidiener, Armenvogt, in: Die Heimat 62, S. 250.

Grönhoff, Johannes (1960)
Bei den Kieler Waisenkindern auf dem Damperhof, in: Mitteilungen der Gesellschaft für Kieler Stadtgeschichte, S. 125–136.

Grönhoff, Johannes (1966)
Litzenbrüder und Prachervögte und andere vergessene Berufe im alten Kiel, Kiel.

Hamann, Werner (1985)
J. D. Lawaetz. Kaufmann, Menschenfreund, Patriot, in: Schleswig-Holstein, S. 4–8.

Hammel, Rolf (1980)
Zur frühen Geschichte des Heiligen-Geist-Hospitals in Lübeck, in: Archäologie in Lübeck, S. 69–73.

Handwörterbuch (1927–42)
Handwörterbuch des Deutschen Aberglaubens, 10 Bde., Berlin.

Handwörterbuch (1971–1989)
Handwörterbuch zur deutschen Rechtsgeschichte, 4 Bde, Berlin.

Hannig, Jürgen (1988)
Ars donandi. Zur Ökonomie des Schenkens im frühen Mittelalter, in: Richard van Dülmen (Hg.), Armut, Liebe, Ehe. Studien zur historischen Kulturforschung, Frankfurt, S. 11–37.

Hansen, Karl (1971)
Arme brauchen keinen Stuhl, in: Dithmarschen, S. 18.

Hansen, Peter Christian (Hg.) (1882)
Schleswig-Holstein, seine Wohlfahrtsbestrebungen und gemeinnützigen Einrichtungen, Kiel.

Hansen, Reimer (1926)
Geschichte der Stadt Itzehoe, in: Heimatbuch des Kreises Steinburg Bd. III, S. 3–32.

Hansen-Schmidt, Max (1935)
Die Chronik des Altonaer Arbeitshauses, Altona.

Hanssen, Georg (1832a)
Historisch-statistische Darstellung der Insel Fehmarn, Altona.

Hanssen, Georg (1832b)
Statistische Forschungen über das Herzogthum Schleswig mit besonderer Rücksicht auf nationale Eigenthümlichkeiten, Gemeindewesen, Steuerverhältnisse und den gegenwärtigen Zustand der Bauernwirtschaften, Heidelberg.

Hanssen, Georg (1842)
Das Amt Bordesholm im Herzogthume Holstein. Eine statistische Monographie auf historischer Grundlage, Kiel.

Hanssen, Peter (1928)
Die St. Jürgen-Stifte und -Hospitäler in Schleswig-Holstein, in: Die Heimat 38, S. 121–129.

Hayessen, Walter (1925)
Die Gebäude der Lübecker Wohlfahrtspflege, Diss. Braunschweig.

Heiberg, Carl F. (1835)
Mittheilungen über das Armenwesen mit Rücksicht auf die Herzogthümer Schleswig und Holstein und die Organisation desselben in der Stadt Schleswig. Altona.

Helmer, Georg (1925)
Die Geschichte der privaten Feuerversicherung in den Herzogtümern Schleswig und Holstein, Berlin.

Hennings, Burkhard v. (1983)
Die Armenkate in Westerau, in: Stormarner Hefte 9, S. 140.

Henningsen, Henning (1987)
Der Seemann und die Frau, Herford.

Heß, Helmut (1985)
Chronik von Uelvesbüll, Uelvesbüll.

Hoffmann, Paul Th. (1937)
Nicolaus Funk. Ein Beitrag zur Geschichte des Altonaer Geisteslebens, in: Nordelbingen 13, S. 406–429.

Holtmann, Solveigh (1969)
Hospitäler, Krankenhäuser und karitative Einrichtungen im Herzogtum Schleswig, med. Diss., Kiel.

Holtschmidt, Adolf (1922)
Die Wohngänge und Stiftungshöfe in Lübeck. Ein Beitrag zum Städtebau und Kleinwohnungswesen, Diss. Hannover.

Homolka, Anita (1986)
Die Lebensgewohnheiten der Leprakranken im Spätmittelalter, in: Jörn H. Wolf (Hg.), Aussatz, Lepra, Hansen-Krankheit, Würzburg (= Kataloge des Dt. Medizinhistorischen Museums Bd. 1, Teil II), S. 151–161

Huss, C. D. H. (1846)
Ueber die Errichtung von Zwangsarbeitsanstalten in den Herzogthümern Schleswig und Holstein, Hamburg.

Jantke, Karl/Hilger, Dietrich (Hg.) (1965)
Der deutsche Pauperismus und die Emanzipationskrise in Darstellungen und Deutungen der zeitgenössischen Literatur, Freiburg.

Janzen, Johann Albrecht (1982)
Armenwesen im Kirchspiel Lunden vom 16.–19. Jahrhundert, in: Dithmarschen 1, S. 9–22.

Jensen, Wilhelm (1913)
Chronik des Kirchspiels St. Margarethen. Zugleich eine Geschichte der südwestlichen Wilstermarsch, Glückstadt.

Jessen, Willers (1910)
Zwei Ahlefeldtsche Stiftungen, die Marienkapelle in Hadersleben und der Goschhof in Eckernförde, in: ZSHG 40, S. 340–483.

Jetter, Dieter (1986)
Das europäische Hospital. Von der Spätantike bis 1800, Köln.

Keil, Gundolf (1986)
Der Aussatz im Mittelalter, in: Jörn H. Wolf (Hg.), Aussatz, Lepra, Hansen-Krankheit, Würzburg (= Kataloge des Dt. Medizinhistorischen Museums Bd. 1, Teil II), S. 85–102.

Klee-Gobert, Renata (^{2}1970)
Die Bau- und Kunstdenkmale der Freien und Hansestadt Hamburg, 2. Bd., Altona-Elbvororte, Hamburg.

Klose, Olaf/Sedlmaier, Richard (1956)
Alt-Kiel und die Kieler Landschaft, Heide.

Kohlmorgen, Günter (1982)
Johann Füchting und Füchtings Hof in Lübeck. Ein Beispiel für die Anfänge sozial wirkenden Kleinwohnungsbaues, Lübeck (= Veröffentlichungen zur Geschichte der Hansestadt Lübeck, R. B. Bd. 8).

Köhnke, Hans Hinrich (1970)
Elmshorn, Chronik einer Stadt, Elmshorn.

Könenkamp, Wolf Dieter (1983)
„Bedürfnis und Norm" in der Kleidung., in: Konrad Köstlin/Hermann Bausinger (Hg.), Zur Kulturgeschichte des Dinggebrauchs. 23. Dt. Volkskunde-Kongreß in Regensburg, Regensburg, S. 111–128.

Kopitzsch, Franklin (1982)
Grundzüge einer Sozialgeschichte der Aufklärung in Hamburg und Altona, 2. Tle, Hamburg.

Korff, Gottfried (1983)
Bilder der Armut, in: Christoph Sachße/Florian Tennstedt (Hg.), Bettler, Gauner, Arme und Proleten. Armenfürsorge in der deutschen Geschichte, Reinbek, S. 14–31.

Kraack, Gerhard (1969)
Das Gildewesen der Stadt Flensburg (= Schriften der Gesellschaft für Flensburger Stadtgeschichte e. V. Nr. 19), Flensburg.

Kramer, Karl-S./Wilkens, Ulrich (1979)
Volksleben in einem holsteinischen Gutsbezirk, Neumünster (= Studien zur Volkskunde und Kulturgeschichte Schleswig-Holsteins Bd. 4).

Kramer, Karl-S. (1987)
Volksleben in Holstein (1550–1800), Kiel.

Kraus, Antje (1965)
Die Unterschichten Hamburgs in der ersten Hälfte des 19. Jahrhunderts, Stuttgart.

Kraus, E. (1882)
Das Armenwesen, in: Peter Christian Hansen (Hg.), Schleswig-Holstein, seine Wohlfahrtsbestrebungen und gemeinnützigen Einrichtungen, Kiel, S. 602–629.

Kretzenbacher, Leopold (1958)
Die Seelenwaage. Zur religiösen Idee des Jenseitsgerichts auf der Schicksalswaage in Hochreligionen, Bildkunst und Volksglaube, Klagenfurt.

Kretzenbacher, Leopold (1966)
Südosteuropäische Primitivinstrumente vom „Rummelpott"-Typ in vergleichend musikvolkskundlicher Forschung, in: Südosteuropa-Schriften Bd. 7.

Kröger, M. (1955)
Flensborghus (Geschichte eines Hauses), Masch. Manuskript im Stadtarchiv Flensburg XII Hs 1046.

Kurze Beschreibung Lübecks (1814)
Kurze Beschreibung der freien Hansestadt Lübeck, Lübeck.

Kürtz, Jutta (Hg.) (1982)
700 Jahre Wilster, Skizzen aus der Geschichte einer alten Marschstadt, Wilster.

Küther, Carsten (1983)
Menschen auf der Straße. Vagierende Unterschichten in Bayern, Franken und Schwaben in der zweiten Hälfte des 18. Jahrhunderts, Göttingen.

Lachmund, Fritz (1964)
Alt-Altona. Eine Bilderchronik in zeitgenössischen Photos, Hamburg-Altona.

Langmaack, Bernd (1981)
Das Armenbuch zu Hohenwestedt der Jahre 1661–1739. Eine Analyse, in: Rendsburger Jahrbuch 31, S. 114–124.

Lafrenz, Deert (1985)
Die Kunstdenkmäler der Stadt Schleswig, München.

Lawaetz, Johann Daniel (1816)
Bericht und Gutachten betreffend das Armenwesen, in: Schriften der Schleswig-Holsteinischen patriotischen Gesellschaft 1. Bd., H. II u. III.

Leistikow, Dankwart (1986)
Bauformen der Leproserie im Abendland, in: Jörn H. Wolf (Hg.), Aussatz, Lepra, Hansen-Krankheit, Würzburg (= Kataloge des Dt. Medizinhistorischen Museums Bd. 1, Teil II), S. 103–149.

Lemke, Friedrich (1925)
Alte Formen ländlicher Wohlfahrtspflege, Heide.

Lensch, M. (1904)
Die Einführung des Klingelbeutels im Amt Tondern, in: Schriften des Vereins für Schleswig-Holsteinische Kirchengeschichte II R., III. Bd.

Lieboldt, Johannes C./Winkler, Albert (1885)
Das Neue Reventlow-Stift in Altona, Berlin.

Lindenlaub, D. (1967)
Richtungskämpfe im Verein für Socialpolitik, 1890–1914, Wiesbaden.

Lorenzen, Greta (1968)
Das ehemalige „Armenstift" in Damp, in: Schleswig-Holstein, S. 244.

Lübker, D. L./Schröder H. (1829)
Lexikon der Schleswig-holsteinischen und Lauenburgischen Schriftsteller von 1796–1828, Altona.

Lüders, Herbert-Geert (1969)
Die Ottesche Armenstiftung in Eckernförde, in: Jahrbuch der Heimatgemeinschaft Eckernförde 27, S. 60–92.

Lüders, Herbert-Geert (1970)
Der Bürgerstift-Verein in Eckernförde, in: Jahrbuch der Heimatgemeinschaft Eckernförde 28, S. 12–32.

Lund, Heinrich (1900)
Das Christians-Pflegehaus in Eckernförde, in: Die Heimat 10, S. 108–113 und 126–134.

Lütgendorff, Willibald Leo Frh. v. (1936)
Lübeck zur Zeit unserer Großeltern, Lübeck.

Mau, Heinrich (1893)
Die Gesellschaft freiwilliger Armenfreunde in Kiel von 1793–1907. Zweite Auflage der Festschrift zur Feier des hundertjährigen Bestehens der Gesellschaft, Kiel.

Meinert, Ernst-Adolf (1949)
Die Hospitäler Holsteins im Mittelalter. Ein Beitrag zur mittelalterlichen Stadtgeschichte, phil. Diss., Kiel.

Meißner, Jan (1979)
Zur Baugeschichte des Grauen Klosters der Franziskaner in Schleswig, in: Beiträge zur Schleswiger Stadtgeschichte 24.

Melle, Hans Jacob v. (1713)
Gründliche Nachricht von der Stadt Lübeck, Lübeck.

Mensing, Otto (1927–35)
Schleswig-Holsteinisches Wörterbuch in 5 Bänden, Neumünster.

Metelmann, Dietrich (1909)
Das Kieler Stadtkloster. Gedenkschrift zur Einweihung seines Neubaus am 20. 10. 1909, Kiel.

Metzger, Max (1911)
Die alte Profanarchitektur für Lübeck, Lübeck.

Michelsen, Ernst (1920)
Schleswig-Holsteinische Kirchenverordnung von 1542, Kiel.

Milde, Carl Julius (^{2}1975)
Lübecker ABC. Eine Liebeserklärung aus alter Zeit, Lübeck.

Mollat, Michel (1984)
Die Armen im Mittelalter, München.

Münsterberg, Emil (1900)
Bibliographie des Armenwesens, Berlin.

Neugebauer, Manfred (1980)
Zur Baugeschichte des Heiligen-Geist-Hospitals in Lübeck, in: Archäologie in Lübeck, Lübeck.

Neumann, Otto (1969)
Die Kosten für einen Armenblock, in: Die Heimat 76, S. 405.

Neumann, Otto (1978)
Prachervogt in Holstein – Pracherbüsche in Pommern, in: Die Heimat 85, S. 52.

Oldekop, Henning (1906)
Topographie des Herzogtums Schleswig, Kiel.

Oldekop, Henning (1908)
Topographie des Herzogtums Holstein, Kiel.

Pelc, Ortwin (1986a)
Die Armenversorgung in Lübeck in der ersten Hälfte des 19. Jahrhunderts, in: Zeitschrift des Vereins für Lübeckische Geschichte und Altertumskunde 66, S. 1–174.

Pelc, Ortwin (1986b)
Die Zahl der Armen und die Unterstützungsleistungen in Lübeck, in: Rundbrief des Arbeitskreises für Wirtschafts- und Sozialgeschichte Schleswig-Holsteins 35, S. 7–16.

Pelc, Ortwin (1986c)
Frauenbeteiligung an der Armenversorgung in Lübeck. Eine Aufforderung von Ludwig Suhl aus dem Jahr 1809, in: Der Wagen, S. 93–100.

Peters, Gustav (1970)
Der Armenblock in der Eutiner Kirche (1780), in: Jahrbuch für Heimatkunde Eutin, S. 88).

Petersen, Hans-Friedrich (1963)
Der Pietismus in Flensburg, in: Aus Flensburgs Geschichte, Flensburg (= Schriften des Vereins für Flensburger Stadtgeschichte 16), S. 7–37.

Petit, Chr. H. (1918)
Das Lübecker Waisenhaus. Kurzer Bericht über seine Entstehung und Entwicklung bis auf die Gegenwart, Lübeck.

Pfeil, Elisabeth (1971)
Das Wohnen als soziologisches Problem, in: Gerd Spies (Hg.), Wohnen. Realität und museale Präsentation. 1. Arbeitstagung der Arbeitsgruppe Kulturgeschichtliche Museen in der Dt. Gesellschaft für Volkskunde, Braunschweig, S. 17–36.

Plath, Helmut (1972)
Elendswohnungen in der Altstadt Hannover um 1933, in: Zeitschrift für Volkskunde 68, S. 61–89.

Plessing, Wilhelm (1914)
Das Heiligen-Geist-Hospital in Lübeck im 17. und 18. Jahrhundert. Beiträge zur Geschichte seiner Verfassung, Verwaltung und Einrichtung, Lübeck.

Raben, Jens (1946)
Klingpung og Fattigblok, in: Sønderjyske Maanadsskrifter 22, S. 97.

Reallexikon (1937–1987)
Reallexikon zur deutschen Kunstgeschichte, 8 Bde, München.

Reicke, Siegfried (1961)
Das deutsche Spital und sein Recht im Mittelalter, Stuttgart (Neudruck Amsterdam).

Regulativ Wilster (1850)
Regulativ für die Verpflegungs- und Arbeitsanstalt in Wilster, Itzehoe.

Religion in Geschichte und Gegenwart (^{3}1957–65).
Religion in Geschichte und Gegenwart. Handwörterbuch für Theologie und Religionswissenschaft, 6 Bde, Tübingen.

Riewerts, Brar (1969)
Die Stadt Husum in Geschichte und Gegenwart, Husum.

Rodenberg, Karl (1894)
Aus dem Kieler Leben im 14. und 15. Jahrhundert, in: Mitteilungen der Gesellschaft für Kieler Stadtgeschichte, Kiel.

Rohling, Ludwig (1955)
Die Kunstdenkmäler der Stadt Flensburg, München (= Die Kunstdenkmäler des Landes Schleswig-Holstein).

Rönnpag, Otto (1973)
Das Charlottenviertel in Eutin, in: Jahrbuch des Kreises Eutin, S. 99–114.

Roscher, Wilhelm (^{3}1906)
Die Armenpflege und Armenpolitik, in: Wilhelm Roscher, System der Volkswirtschaft, 5. Bd., Stuttgart und Berlin.

Roth, Klaus (1983)
Zum Umgang des Menschen mit seiner Wohnumwelt, in: Konrad Köstlin/Hermann Bausinger (Hg.), Umgang mit Sachen. Zur Kulturgeschichte des Dinggebrauchs. 23. Dt. Volkskunde-Kongreß in Regensburg, Regensburg, S. 62–67.

Rottgart, Hans-H. (1976)
Kerle, Käuze, Originale, Neumünster.

Sach, August (1875)
Geschichte der Stadt Schleswig nach urkundlichen Quellen, Schleswig.

Sachße, Christoph/Tennstedt, Florian (1980)
Geschichte der Armenfürsorge in Deutschland vom Spätmittelalter bis zum Ersten Weltkrieg, Stuttgart.

Sachße, Christoph/Tennstedt, Florian (Hg.) (1986)
Soziale Sicherheit und soziale Disziplinierung. Beiträge zu einer historischen Theorie der Sozialpolitik, Frankfurt a. M.

Schadendorff, Hans (1966)
Die Woldenhorster Kirche in Ahrensburg, Ahrensburg.

Schadow, Perdita (1979)
Nahrungsversorgung und Nahrungsgewohnheiten, in: Kai Detlev Sievers (Hg.), Materialien zur Kulturgeschichte Kiels aus der Zeit des Zweiten Dt. Kaiserreichs 1871–1918, Kiel (= Sonderveröffentlichungen der Gesellschaft für Kieler Stadtgeschichte Bd. 8).

Scheftel, Michael (1988)
Gänge, Buden und Wohnkeller in Lübeck. Bau- und sozialgeschichtliche Untersuchungen zu den Wohnungen der ärmeren Bürger und Einwohner einer Großstadt des späten Mittelalters und der frühen Neuzeit, Neumünster.

Schenda, Rudolf (1986)
Die Verfleißigung der Deutschen. Materialien zur Indoktrination eines Tugend-Bündels, in: Utz Jeggle/Gottfried Korff/Martin Scharfe/Bernd Jürgen Warneken (Hg.), Volkskultur in der Moderne, Reinbek, S. 88–108.

Schewe, Josef (1960)
Das St. Georgsberger Bedelbrett, in: Lauenburgische Heimat 29, S. 22–23.

Schlee, Ernst (1971)
Das Wohnen in volkskundlicher und kulturhistorischer Sicht, in: G. Spies (Hg.) Wohnen. Realität und museale Präsentation. 1. Arbeitstagung der Arbeitsgruppe Kulturgeschichtlicher Museen in der deutschen Gesellschaft für Volkskunde, Braunschweig, S. 9–16.

Schlee, Ernst (1979)
„Justiz" und Rathaus in Schleswig, in: Beiträge zur Schleswiger Stadtgeschichte 24, S. 23–37, Schleswig.

Schleswig-Holst. Bl. f. Polizei u. Kultur (1801)
Schleswig-Holsteinische Blätter für Polizei und Kultur Bd. 1, Tübingen.

Schleswig-Holst. Provinzialberichte (1787 ff.)
Schleswig-Holsteinische Provinzialberichte, Kiel, Altona und Kopenhagen.

Schlippe, Bernhard (1963)
Das Heiligen-Geist-Hospital zu Lübeck. Eine baugeschichtliche Betrachtung mittelalterlichen Hospitalwesens, in: Der Wagen, S. 23–30.

Schmidt, Britta (1984)
Offene Armenpflege in Kiel 1871–1914, in: Kieler Blätter zur Volkskunde XVII, S. 87–178.

Schmidt, Harry (1963)
Kirche und Gottesbuden in Ahrensburg, in: Sparen und Bauen. Januar, Februar, August.

Schmidt, Otto (Hg.) (1948)
Reallexikon zur deutschen Kunstgeschichte, Stuttgart-Waldsee.

Schmidt, Werner (1956)
Lorenz v. Stein. Ein Beitrag zur Biographie zur Geschichte Schleswig-Holsteins und zur Geistesgeschichte des 19. Jahrhunderts, Ekkernförde.

Schönfeldt, Gustav (1897)
Beiträge zur Geschichte des Pauperismus und der Prostitution in Hamburg, Weimar (= Sozialgeschichtliche Forschungen. Ergänzungsheft zur Zeitschrift für Sozial- und Wirtschaftsgeschichte Heft VI).

Schröder, J. (1915/16)
Bilder aus der Kieler Stadtmission, Kiel.

Schröder, Johannes v. (^{2}1854)
Topographie des Herzogthums Schleswig, Oldenburg i. H.

Schröder, Johannes v./Biernatzki, Hermann (1855, 1856)
Topographie der Herzogthümer Holstein und Lauenburg, des Fürstenthums Lübeck und des Gebiets der freien und Hanse-Städte Hamburg und Lübeck, 2 Bde., Oldenburg i. H.

Schrøder, Urban (1965)
Om Klingpungen og dens brug i sønderjyske kirker, in: Sønderjyske Maanedsskrift 41, S. 280–284.

Schulze, Wilhelm (1988)
Die Lepra in Kiel im Mittelalter, in: Mitteilungen der Gesellschaft für Kieler Stadtgeschichte, Kiel.

Seelig, Wilhelm (1870)
Elbherzogtümer, in: A. Emminghaus (Hg.), Das Armenwesen und die Armengesetzgebung in europäischen Staaten, Berlin, S. 108–133.

Seestern-Pauly, Friedrich (1831)
Actenmäßiger Bericht über die im Herzogthume Holstein vorhandenen milden Stiftungen, Schleswig.

Sievers, Kai Detlev (1970)
Volkskultur und Aufklärung im Spiegel der Schleswig-Holsteinischen Provinzialberichte, Neumünster (= QFGSH Bd. 58).

Sievers, Kai Detlev (1984)
Professor Niemann und der Spargedanke, in: Manfred Pix/Josef Wysocki (Hg.), Sparkassen in der Geschichte. Dokumente, Beiträge und Diskussionen zur Sparkassengeschichte.

Sievers, Kai Detlev (1986)
Zur historischen Demographie der Armen im Kirchspiel St. Nikolai zu Flensburg Ende des 18. Jahrhunderts, in: Kieler Blätter zur Volkskunde XVIII, S. 115–142.

Sievers, Kai Detlev (1987)
Sparkassen als Bestand sozialer Absicherung in Schleswig-Holstein vor der Bismarck'schen Sozialgesetzgebung, in: Zeitschrift für Bayerische Sparkassen-Geschichte 1, S. 99–117.

Sievers, Kai Detlev (1988)
Die schleswig-holsteinischen Medizinalberichte der Kaiserzeit als sozialhistorische Quelle, in: Ingwer E. Momsen (Hg.) Schleswig-Holsteins Weg in die Moderne. Zehn Jahre Arbeitskreis für Wirtschafts- und Sozialgeschichte Schleswig-Holsteins, Neumünster, S. 391–401.

Sievers, Kai Detlev (1989a)
Vaganten und Bettler auf Schleswig-Holsteins Straßen. Zum Problem der mobilen Unterschichten an der Wende vom 18. zum 19. Jahrhundert, in: ZSHG 114, S. 51–71.

Sievers, Kai Detlev (1989b)
Volkskultur und Armut, in: Kieler Blätter zur Volkskunde XXI, S. 5–24.

Sievers, Kai Detlev/Zimmermann, Harm-Peer (1989c)
Formen der geschlossenen Armenfürsorge in schleswig-holsteinischen Städten im Zeitraum von 1841–1914. Ein Forschungsprojekt der DFG am Seminar für Volkskunde der Universität Kiel, in: Kieler Blätter zur Volkskunde 21, S. 235–244.

Sievers, Kai Detlev (1990)
Illustrationen des Gottorfer Herzogs Karl Friedrich zur Strafjustiz gegen Zigeuner, in: Nordelbingen 59 (im Druck).

Sievert, Hedwig (1964)
Kiel einst und jetzt. Vom Kanal bis zur Schwentine, Kiel.

Sieverts, Kay (1965)
Klingpungen i Tønder, in: Sønderjyske Maanedsskrifter 41, S. 228–229.

Skoda, Rudolf (1974)
Wohnhäuser und Wohnverhältnisse der Stadtarmut (ca. 1750–1850). Erläutert anhand von Beispielen aus Quedlinburg, Halle, Hamburg und Berlin, in: Jahrbuch für Volkskunde und Kulturgeschichte, S. 139–170.

Sparmann, Friedrich (1932)
50 Jahre Versorgungsheim in Bergstedt, in: Bramfeld-Poppenbütteler Zeitung vom 5. 4.

Steensberg, Axel (1963)
Dagligliv i Danmark, Bd. 1, Kopenhagen.

Stender, Friedrich (1971)
Das Bürgerhaus in Schleswig-Holstein, Tübingen.

Stier, Wilhelm (1950)
Ein Bettelstab auf einem Altarbild von 1518 in Lübeck, in: Die Heimat 57, S. 306–308.

Stier, Wilhelm (1961)
Das Heiligen-Geist-Hospital in Lübeck, Lübeck.

Stolle, Dörte (1970)
Das Heiligen-Geist-Hospital zu Lübeck. Eine sozialhygienische Studie, Clausthal-Zellerfeld.

Storm, Theodor (1967)
Sämtliche Werke, Berlin und Darmstadt.

Struve, Konrad (1930)
Elmshorn, in: Magistrat der Stadt Elmshorn (Hg.), Deutschlands Städtebau, Berlin.

Struve, Karl (1935–56)
Geschichte der Stadt Elmshorn, Elmshorn.

Sudeck, Elisabeth (1931)
Bettlerdarstellungen vom Ende des XV. Jahrhunderts bei Rembrandt, Strassburg (= Studien zur deutschen Kunstgeschichte H. 279).

Systematische Sammlung (1830)
Systematische Sammlung der für die Herzogthümer Schleswig und Holstein erlassenen ... Verordnungen und Verfügungen, Kiel.

Teuteberg, Hans J./Wiegelmann, Günter (1986)
Unsere tägliche Kost. Geschichte und regionale Prägung, Münster (= Studien zur Geschichte des Alltags, Bd. 6).

Tolksdorf, Ulrich (1972)
Ein systemtheoretischer Ansatz in der ethnologischen Nahrungsforschung, in: Kieler Blätter zur Volkskunde IV, S. 55–72.

Tonn, H. J. (1876)
Das Baur'sche Rettungshaus zu Altona, eine Erziehungsanstalt für sittlich verwahrloste Knaben, Altona.

Verwaltungsberichte Altona (1871–1881)
Verwaltungsberichte des Magistrates zu Altona für die Jahre ..., Altona.

Verzeichnis der Privat-Wohltätigkeits-Anstalten (1901)
Verzeichnis der Privat-Wohltätigkeits-Anstalten im Lübeckischen Freistaate, Lübeck.

Voigt, Christian (Hg.) (1929)
Flensburg. Ein Heimatbuch, Flensburg.

Voigt, Christian (1963)
Waisenhaus und Armenhaus, in: Aus Flensburgs Geschichte, Flensburg (= Schriften des Vereins für Flensburger Stadtgeschichte e. V. Nr. 16), S. 38–40.

Vom Armenhaus (1922)
Vom Armenhaus zum Landpflegeheim. 1871–1921, Altona.

Voss, Magnus (1902)
Chronik des Gasthauses zum Ritter St. Jürgen zu Husum, Husum.

Warncke, Johannes (1930)
Lübecker Trachten, Lübeck.

Wentzel, Hans (1936)
Schleswig-Holsteinische Bettelbretter und andere Almosengeräte, in: Die Heimat 46, S. 140–143.

Wentzel, Hans (1948)

Bettelbretter, in: Reallexikon zur Deutschen Kunstgeschichte, Bd. II, Sp. 167 ff.

Wimmer, Otto (1959)
Handbuch der Namen und Heiligen mit einer Geschichte des christlichen Kalenders, Innsbruck.

Wissing, Jürgen (1929)
Boden- und Wohnverhältnisse in Kiel von der Mitte des 19. Jahrhunderts bis zum Jahre 1914, Jena (= Bonner Staatswissenschaftliche Untersuchungen H. 15).

Wobeser, H. Fontenay v. (1920)
Eckernfördes Blütezeit und die Familie Otte. Ein Beitrag zur älteren Geschichte der Stadt Eckernförde, Eckernförde.

Wolff, A. (1884)
Das ehemalige Franziskanerkloster zu Flensburg, in: ZSHG 16, S. 157–198.

Zander, Erich (1982)
Die Geschichte des Armenwesens in der Stadt Eutin vom Mittelalter bis zum Ersten Weltkrieg. Ein Beitrag zur Stadtgeschichte, Eutin.

Zeise, Heinrich (1833)
Vorschläge zur Errichtung von Arbeitsanstalten, als zweckdienlichstes Mittel zur Versorgung jetziger Armer und Vorbeugung zunehmender Verarmung, Altona.

Zimmermann, Harm-Peer (1989)
Das städtische Arbeits- und Armenhaus in Eckernförde 1824–1914, in: Kieler Blätter zur Volkskunde 21, S. 25–98.

Personenverzeichnis

Adolf, Herzog von Gottorf   45, 48
Ahlefeld, Elisabeth v., Priörin   76
Ahlefeld, Friedrich C. B. v., Klosterpropst   76
Ahlefeld, Gottschalk v., Bischof   54
Ahlefeld, Johann Rudolf v., Gutsherr   75
Amira, Karl v., Rechtshistoriker   111
Anna, Heilige   104
Anna und Joachim, Eltern Marias   20, 21
Antonius der Große, Heiliger   19, 106, 108
Atzersen, Thomas, Flensburger Pastor   22
Augusta, Herzogin von Gottorf   45

Barbara, Heilige   21
Baur, Johann Daniel, Altonaer Kaufmann   65
Behn, Altonaer Bürgermeister   68
Behrens, Carl Georg   15
Behrens, Heinrich Ludwig   15
Bernhardin von Siena, Heiliger   18, 20
Belckharen, Antonius, Lübecker Kaufmann   95
Boe, Maler   74
Buchwaldt, Friedrich v., Klosterpropst   76
Buchwaldt, Hans Adolf v., Gutsherr   75
Büsch, Johann Georg, Publizist   23
Bundsen, Jes, Maler   32
Butterbrodt, Paul, Gastwirt   31

Camer, Henning von der, Kieler Bürgermeister   56
Christian III., König von Dänemark   100
Christian IV., König von Dänemark   100
Christian VI., König von Dänemark   63
Christian VIII., König von Dänemark   68, 113
Cossel, Paschen v., Gutsherr   75

Dalsgaard, Christian, Maler   28
Danckwerth, Caspar, Husumer Arzt und Historiograph   13
Davout, Louis Nicolas, französischer Marschall   15
Dethlefsen, Jürgen, Husumer Bürger   45
Diokletian, römischer Kaiser   18

Ebert, Friedrich, Schriftsteller   31
Elisabeth v. Thüringen, Heilige   19, 20, 27, 111
Ellendsheim, Henriette Frederica v., Kieler Bürgerin   56
Ewinghusen, Tidemann, Lübecker Ratmann   72

Faber, Johann Joachim, Maler   23
Fabricius, Johann Christian, Kieler Professor   31
Feddersen, Boye, Niebüller Stifter   92
Feuerbach, Anselm v., Kieler Professor   31
Fikentscher, Otto, Maler   15
Foucault, Michel, französischer Sozialhistoriker   38
Franz II., deutscher Kaiser   23
Friedrich I., König von Dänemark   43, 47
Friedrich IV., König von Dänemark   101
Friedrich V., König von Dänemark   12, 63
Friedrich VI., König von Dänemark   25, 88
Friedrich August, Fürstbischof von Lübeck   43
Füchting, Johann, Lübecker Ratsherr   52
Funk, Nikolaus, Altonaer Pastor   25, 59

Georg, Heiliger   18, 19, 43
Glandorp, Johann, Lübecker Ratsherr   52
Glesynk, Hynrick, Bürger aus Wilster   45
Greggenhofer, Georg, Eutiner Hofbaumeister   40, 43, 76
Grelstorff, Johann, Maler   42, 115
Gröger, Julius, Maler   45

Hansen, Christian Friedrich, Architekt   60
Hanssen, Georg, Kieler Professor   37
Henschel, Dorothea, Malerin   30
Hollen, L. H. von, Gutsherr   75
Höwelen, Gotthard, Lübecker Bürgermeister   73
Huss, C. D., Justizrat   86

Ilhorn, Hans, Lübecker Kaufmann   51

Jacobus d. Ä., Heiliger   113
Jessen, Carl Ludwig, Maler   16
Johann Adolf, Herzog von Gottorf   48
Johann I., Graf von Holstein   48
Johannes von Lübeck, Bischof   48

Kaerius, Petrus, Kupferstecher   14
Karl Landgraf zu Hessen   63, 87
Katharina von Siena, Heilige   20
Keere, Peter van der, Kupferstecher   46
Keller, Gottfried, Dichter   33
Kellinghusen, Hans, Flensburger Kaufmann   22, 73
Kielmann von Kielmannseck, Johann, Gottorfer Kanzler   54
Kleinsang, Christian, Maler   17, 47
Klöcker, Johann, Flensburger Bürgermeister   73
Koch, Friedrich Wilhelm v., Maler   15
Kuehl, Gotthardt, Maler   39, 61, 62, 82, 83

Labrousse, E., französischer Wirtschaftshistoriker   27
Lange, Heinrich, Maler   46
Laurentius, Heiliger   18, 19
Lawaetz, Johann Daniel, Altonaer Bankier und Fabrikant   24, 25, 88, 89
Lazarus, der arme   19, 20, 33, 91, 92, 94
Leja, Benjamin und Joseph, Altonaer Optiker   57
Leonhard, Heiliger   21
Lorck, Maria Chr., Flensburger Bürgerin   60
Ludwig XIV, König von Frankreich   13

Martin, Heiliger   17, 18, 34
Melle, Hans Jacob, Lübecker Theologe   41
Milde, Carl Julius, Maler   70
Möller, H., Zeichner   69
Moyelken, Evert, Lübecker Bürger   21
Münster, Sebastian, Kosmograph   114
Muhlius, Friedrich Gabriel, Kieler Konferenzrat   61, 62

Nacke, Dietrich, Flensburger Bürgermeister   73
Nicolaus II., Lübecker Bischof   28, 43
Niemann, August Christian Heinrich, Kieler Professor   23, 29
Nöbbe, Erwin, Zeichner   53
Nyegaard, dänischer Kapitän   57

Orlamünde, Graf Albrecht v. 76
Otte, Christian und Söhne, Eckernförder Kaufleute 55, 63
Otte, Friedrich Wilhelm, Landinspektor 87, 88

Pabst, C., Lithograph 94
Pestalozzi, Johann Heinrich, Pädagoge 65
Pontoppidan, Erik, Topograph 42

Raadsig, P., Maler 31
Rantzow, Anna Dorothea, Priörin 76
Rantzow, Christian Graf von 48
Rantzau, Peter, Gutsherr 75
Reventlow, Christian Detlev Graf zu, Altonaer Oberpräsident 55, 59
Reyge, Jacob, Künstler 105, 106
Röding, Johann, Maler 94
Roen, Franciscus van, Glockengießer 108
Roscher, Wilhelm, Professor 8
Rumford, Benjamin Graf von, Physiker 29
Rumohr, Ida von, Gutsherrin 101
Rusen, Lef, Lundener Stifter 77
Russe, Johann, Dithmarscher Chronist 22

Sachau, Nicolaus von, Bischof 43
Schildt, Carl, Maler 29
Schlee, Ernst, Museumsdirektor 38
Schröder, Ernst, Zeichner 53
Schütze, Johann Friedrich 108
Schweil, H., Maler 31

Seestern-Pauly, Friedrich, Königl. Amtmann 53, 74
Simplicius, Papst 17
Sixtus II., Papst 18
Spreeten, Micheel, Lundener Stifter 77
Stallknecht, Claus, Altonaer Stadtbaumeister 55
Stein, Lorenz von, Staatswissenschaftler 65
Stolle, Carl Theodor, Maler 46
Storm, Theodor, Dichter 46
Suhl, Ludwig, Lübecker Jurist 26

Thor Smeden, Reinhold, Flensburger Bürger 11, 73
Torelli, Stefano, Maler 20, 22

Vake, Harder, Flensburger Bürger 73
Valerian, römischer Kaiser 18
Voght, Caspar von, Hamburger Großkaufmann 23
Vrohwede, Dietrich, Lübecker Bürger 50

Wagner, Luise, Malerin 16
Walbaum, Johann Julius, Lübecker Arzt 26
Waldemar, Herzog von Schleswig 46
Warburg, Pius, Altonaer Bankier 57
Warncke, Johannes, Lübecker Historiker 35
Wichern, Johann Hinrich, evang. Theologe 65, 85
Willingers, Johann, Maler 14
Winckler, Johann, Altonaer Weinhändler 57
Wisch, Claus von der, Schleswiger Junker 10

Zeise, Heinrich, Altonaer Apotheker 86

Ortsnamen

Aerroe 16
Ahrensbök 16
Ahrensburg 72, 75
Angler 13
Altona 24 f., 54 f., 57, 59, 62, 65 f., 68
Amiens 17
Angeln 32
Antwerpen 112
Apenrade 88

Bahrenfeld 65 f.
Ballum 30, 37
Beidenfleth 94
Bergedorf 15, 98
Bergstedt 30, 75–78, 87
Berkenthin 98
Böhmen 13

Bordesholm 30, 37, 62
Bramfeld 78
Brandenburg, Mark 13
Bredstedt 16
Breitenburg 49
Brunsbüttel 95
Büsum 88
Burg auf Fehmarn 88

Dänischer Wohld 32
Dagebüll 100
Damp 73, 75, 105
Danzig 98
Dersau 75

Eckernförde 29, 53–55, 57 f., 65, 88
Eiderstedt 16, 32, 99

Elmshorn   16, 46, 49, 92, 105 f., 108 f.
Emmelsbüll   100
Eutin   40, 68, 81, 92, 102, 110

Fehmarn   16, 30, 108
Flensburg   10, 12, 16, 20, 22, 28 f., 44, 47, 50, 61, 65, 69 f., 73, 81, 83, 88, 98, 106, 109
Flottbek   22
Friedrichsberg   88
Friedrichstadt   88, 96

Garding   50
Giekau   94
Gilena   18
Glückstadt   10, 29
Gotland   98
Gravenstein   81
Grömitz   21
Groß-Borsbüttel   96
Grünberg   13
Guderup   103
Gudow   81

Hadersleben   88, 101
Hald   34
Hamburg   12, 15, 23, 28 f., 110, 115 f.
Harksheide   25, 88
Heiligenstedten   31, 79
Helgoland   94
Hessen   13
Hohenwestedt   13
Husum   16, 42–44, 70 f., 74, 81, 110, 115

Itzehoe   50, 109

Jerne   18
Jersbek   75

Keitum   98
Kiel   11, 20 f., 23, 27, 29–31, 36 f., 46, 50, 55–59, 61, 63, 69, 71 f., 84 f., 88 f., 106, 109 f., 113
Klein-Grönau   49 f.
Klein-Waabs   79
Klinkrade   78 f.
Klipplev   21
Kopenhagen   14
Krempe   50
Kunitz   13

Langwedel   109
Lauenburg   112
Lausitz   14
Lübeck   9, 11, 15–18, 21 f., 25, 27 f., 32–35, 37, 39–41, 43, 50 f., 53, 58, 60–62, 66 f., 70–72, 79, 81–84, 89, 95–97, 99, 102–105, 107, 110, 112, 116
Lüneburg   34, 115
Lüneburger Heide   13
Lunden   75–77

Marburg   20
Marne   16, 24
Marokko   13
Mecklenburg   13, 98
Meldorf   20
Mölln   28
München   13

Nebel   96
Neuenbrook   95
Neustadt   17, 47 f., 105
Niebüll   92

Norburg   94
Nordstrand   16, 20
Norwegen   98
Nürnberg   81, 110, 113

Oldenburg   21
Oldesloe   91, 94, 100, 115
Oldenswort   16
Osdorf   67–69, 86 f.
Ostfriesland   98
Ostpreußen   14
Ottensen   65

Paris   105
Petersdorf auf Fehmarn   21
Pfalz   13
Polen   14
Pommern   13, 98
Plön, Fürstentum   103
Preetz   10, 74, 76

Rabenkirchen   101, 104 f.
Ratzeburg   103, 112
Reinfeld   16
Rendsburg   10, 99
Rom   18
Rostock   14

Salem   100
St. Margarethen   36
Santiago di Compostela   113
Satrup   105
Schauenburg, Grafschaft   13
Schierensee   75
Schlesien   14
Schleswig   45, 47, 54, 67, 81
Schlutup   20
Schonen   98
Seester   92, 94
Segeberg   24
Sehestedt   64
Siena   19
Sieverstedt   100
Sonderburg   88
Stegen   75
Steinau   13
Steinburg   16
Stellau   92
Stormarn   77 f.
Stralsund   104
Süsel   99

Thüringen   13
Tönning   88
Toestorf   101
Tondern   16, 80, 88, 101
Tripolis   13
Tunis   13

Ülsby   100
Uelvesbüll   79
Uetersen   16, 33, 95
Ulsnis   105

Völkershausen   87
Vollerwiek   107, 109

Wedel   110
Westerau   77, 79
Wien   34
Wilster   13, 36, 45, 69
Windeby   64

Haus-O...
für die Alumnen der Armen-

§ 1. Jeder in die Anstalt Eintretende hat sich unter Aufsicht de[s] Oeconomen, beziehentlich dessen Ehefrau, einer gründlichen körperlichen Reinigung zu unterwerfen.

§ 2. Sofort nach dem Aufstehen, welches im Sommer Morgens 5 Uhr im Winter um 7 Uhr stattzufinden hat, begeben sich die Alumnen nach vor[her]iger gründlicher Waschung in die ihnen angewiesenen Arbeitslocale, wo da[s] Frühstück portionenweise verabreicht wird.

§ 3. Die Arbeitszeit währt in den 4 Monaten Mai bis August vo[n] 6 Uhr Morgens bis Mittags, und Nachmittags von 1 bis 7 Uhr; in de[n] übrigen 8 Monaten von 7 Uhr Morgens bis Mittags, und Nachmittags vo[n] 1 bis 7 Uhr, Morgens und Nachmittags während des ganzen Jahres durc[h] eine halbstündige Ruhepause unterbrochen.

§ 4. Die Alumnen haben die ihnen vom Oeconomen übertragene[n] Arbeiten mit möglichstem Fleiß zu verrichten, und sich dabei aller störende[r] namentlich aber aller unsittlichen Gespräche zu enthalten.

§ 5. Um 12 Uhr wird zu Mittag gegessen, nachdem vorher ein Geb[et] gesprochen ist.

§ 6. In den Ruhepausen während der Arbeitszeit können die Alumne[n] sich nach Anweisung des Oeconomen auf dem Hofplatz der Anstalt i[m] Freien ergehen.

§ 7. Um 7½ Uhr Abends wird das Abendbrot verabreicht und u[m] 9 Uhr zu Bette gegangen.

§ 8. Die Alumnen haben an Sonn- und Festtagen dem Gottesdien[st] in der Kirche, in Verhinderungsfällen der erbauenden Vorlesung in der Anstal[t] beizuwohnen, sowie in der Regel zweimal im Jahre am Abendmahl in d[er] Kirche theilzunehmen.

§ 9. Die Alumnen dürfen die Anstalt nur mit Erlaubniß oder i[m] Auftrage des Oeconomen verlassen; bei vorschriftsmäßiger Führung kann d[ie] Erlaubniß zum Ausgehen während der Nachmittagsstunden der Sonn- u[nd] Festtage in der Regel ertheilt werden, dem Oeconomen ist jedoch vorher anz[u]geben, wohin der Betreffende gehen will; Schankstellen dürfen von Alumn[en]